郴州通典

余秋雨题

郴州通典

文献总目

郴州市文史研究会
《郴州通典》编辑部　主编

国家图书馆出版社

图书在版编目（CIP）数据

郴州通典．文献总目 / 郴州市文史研究会，《郴州通典》编辑部主编．— 北京：国家图书馆出版社，2020.12（2021.6 重印）

ISBN 978-7-5013-7215-7

Ⅰ．①郴… Ⅱ．①郴… ②郴… Ⅲ．①古籍—图书目录—汇编—郴州 Ⅳ．① Z122.643 ② Z838

中国版本图书馆 CIP 数据核字（2020）第 263030 号

国家图书馆出版社
官方微信

书　　名　郴州通典・文献总目
著　　者　郴州市文史研究会　《郴州通典》编辑部　主编
项目统筹　殷梦霞
责任编辑　张爱芳　张慧霞　司领超
封面设计　翁　涌

出版发行　国家图书馆出版社（北京市西城区文津街 7 号　100034）
（原书目文献出版社　北京图书馆出版社）
010-66114536　63802249　nlcpress@nlc.cn（邮购）
网　　址　http://www.nlcpress.com
印　　装　北京科信印刷有限公司
版次印次　2020 年 12 月第 1 版　2021 年 6 月第 2 次印刷

开　　本　787 × 1092（毫米）　1/16
印　　张　32.75
字　　数　461 千字

书　　号　ISBN 978-7-5013-7215-7
定　　价　168.00 元

《郴州通典》编纂出版指导小组

总顾问： 刘志仁

组长： 李　评

副组长： 贺建湘　欧阳建华　王　东　雷晓达

成员： 杨赛保　龙齐阳　陈　剑　陈文军　袁寿红　黎新民　王琼华　马治平

《郴州通典》编辑部

总　纂：
雷晓达

副总纂：
马治平　曹知法　吴　兴　曾广高　刘专可

编　辑：
尹友波　肖芝灵　李靓才　傅平艳　何国庭　薛章东　李　星

特聘专家：
李文才　梁瑞郴　李沥青　雷纯勇　苏家澍　郭垂辉　陈第雄　周志强
雷晓宁　邓振明　张伟然　谢武经

特约文史研究员：
陈　岳　冯志国　姜贻伟　张家文　邓存健　王硕男　周新华　李映山
李鹤林　黄元强　唐孝辉　蒋瑞祥　张式成　段移生　何　琦

前言

『郴』字独属郴州。郴者，『林邑』之谓也。

郴州历史悠久。始祖炎帝播五谷、尝百草、工耒耜的遗迹仍在，舜帝南巡，治水患、平天下的足迹尚存。春秋战国时为楚国苍梧郡，秦末汉初徙义帝于郴，乃以此设都城。秦置郴县，汉称桂阳郡，隋改桂阳郡为郴州。此后随朝代更替、区划更改，郴邑州府之名亦多次更称。郴州山川秀丽。唐韩愈《送廖道士序》云：『郴之为州，又当中州清淑之气，蜿蟺扶舆磅礴而郁积。』宋时邑人陈纯夫撰郴州联：『北瞻衡岳之秀，南直五岭之冲。』《〔万历〕郴州志》曰：『四面青山列翠屏，龙乐深潜鱼自乐。』徐霞客远游郴州后谓之无寸土不丽。郴州为楚粤孔道、商旅重镇。民国初年时驻郴州的湖南督军谭延闿在其日记中写道：『通海以前洋货皆由郴入腹地。』『郴多高房大厦，盖犹是为承平丰豫之遗。』郴州乃人文渊薮，中原文化、湖湘文化、岭南文化在这里交汇，农耕文化在这里发祥，理学文化、仙释文化古韵芳香，源远流长。也有古代寓郴之士在郴州存留的文化亮点。丰腴的文化厚土哺育滋养了郴州群星璀璨般的先哲先贤，他们留下的卷帙繁浩的文献古籍，以及遍存于城乡各地的摩崖石刻、金石碑文，是郴州历史文化的重要载体和突出标志，是穿越时空的珍贵历史文化遗产。

『继绝存真，传本扬学』，将散落的文化遗珠搜集入典册，将历史文化的根和魂留存，将延续千年的郴州文脉传承光大，将淹没在古籍里的智者贤言引为古为今用的镜鉴，是欣逢盛世的当代郴州人继往开来的历史担当！

盛世是一个读史、救史、纂史、藏史的崇文重典时代。党中央、国务院和省委、省政府高度重视，多次下文做出明确指示。郴州市委、市政府提出加强地方文献资料的整理和研究，编纂出版郴州的『四库全书』。市委文史工作领导小组做出具体部署，聘请郴籍国内文史研究专家担任学术顾问，组织有情怀的文史专家组建编辑部，形成市委领导、政府组织、市委文史工作领导小组主持、市文史研究会负责实施的工作格局。一场以挖掘抢救、搜罗整理、编纂出版地方文献为目的，『网罗一邑历史文献典籍于一书』的《郴州通典》编纂出版工作正式启幕。

《郴州通典》古籍文献的搜集整理，坚持全面普查、应收尽收之原则，以搜集文集及零散文献汇总为重点，突出抢救郴州地方文献中稿本、抄本及流传稀少的刻本，尤其注重抢救孤本善本和影响力大、学术价值高的著作。整理收录极富郴州文化个性和极具地域文化特色的金石类著作和简牍类作品及部分有价值的民国时期档案文献目录，使之成为郴州文献典籍整理中的一个显著特色。

文献典籍乃经史之本，参之以历代《会要》及百家传记之书，亦有臣僚奏疏、名流宴谈、稗官记录之作，内容包罗万象，版本源流众多。大至经史子集、风物方志，小至趣事逸闻、志怪猎奇，无不网罗其中。编纂出版《郴州通典》是一项浩大的文化工程。因风化、虫蛀、霉变等自然侵蚀及兵燹、焚禁、损毁等人为因素，加之郴人短于『立言』『立存』，郴州文献典籍散佚严重。唐前郴邑著述更为罕见，市内留存的具有历史价值的文献亦少之又少。其古籍要么『有目无书』，要么『有书无目』。文献典籍底本的搜集犹如海中拾贝，步履艰难。幸而国家图书馆、湖南图书馆等伸出援手，方厘清头绪，渐现端倪。兹搜兹编，筚路蓝缕。两千余年郴州历史人文、学术风尚、社会习俗，靡不毕见。终成一百八十册的地方历史文献丛书编纂出版之盛举。

《郴州通典》编纂秉承五项原则。（一）尊重原著、敬惜字纸原则。不遗一墨，不漏一字。精心挑选版本，一般选择善本、孤本、稀见本影印出版。有蠹损、残缺、漫漶不清者，如有相同版本则予补配，如无相同版本则保持原貌，目的在于给研究者提供一个真实的原始版本。（二）不干预原则。对所有选录的文献典籍『不点不校』，保持所选历史文献的完整性与真实性，不因编者的点校而对原文产生歧义，引起误读。（三）不裁选原则。对所选文献只按经、史、子、集分类编排，将『风物方志』放归史部。每种文献前设置导言，概要介绍著者生平、思想学术贡献和著作内容、特点、社会影响及版本源流。（四）收录规范原则。原则上只选录郴籍人士著述及反映郴人郴事的文献典籍。对虽非郴州籍，但久居郴州，且其主要著述在郴州完成者，对郴州历史文化有较大影响者，从严选择入录。（五）纸质文献与电子文献同时出版原则。纸质文献突出『好中选优』『优中选精』，电子文献突出『全』，应收尽收。

『睹乔木而思故家，考文献而爱旧邦。』《郴州通典》的问世，首次对郴州历史文献和文化遗产进行了一次大普查、大汇集和大整理；首次系统、全面再现了现存郴州（民国以前）传世古籍文献原貌，将郴州在中华民族历史演进中的地位以及对中华文明的贡献清晰地呈现给世人。是迄今为止全面反映郴州历史文献著作的集成大观。对于传承优秀传统文化，展示历史文化底蕴，提高郴州的美誉度和影响力，促进当代郴州文化繁荣、经济发展，都具有重要的文化价值、学术价值和社会价值。

《郴州通典》编辑部

二〇二〇年八月

凡例

一、《郴州通典》（以下简称《通典》）是一部大型的历史文献丛书，旨在系统搜集整理和抢救保护郴州文献典籍，传承弘扬郴州历史文化。

二、《通典》分为《文献总目》《文献精选》《典籍文献》《金石简牍》四类编纂出版。

三、收录范围

（一）内容范围：郴籍人士（含寓贤）著述。

（二）时间范围：所收文献下限为一九一一年。个别门类延至民国时期。

（三）地域范围：原则上为现行政辖区内作者的著述和与郴州有关的著述。对历史上曾属于郴州地区的、对郴州文化深具影响的一些著述也收录在内。

四、《通典》以所收录文献的学术价值、使用价值、史料价值较高为原则，适当兼顾版本价值、收藏价值。

五、分卷编排

各类分卷编排，个人著述以人物分卷或合卷出版；反映郴州历史文化的按内容分卷出版；个别新发现未能及时入编相应各卷者，卷末列编目提要，留待日后汇辑出版。

所收著述前均冠一导言，介绍其作者生平、著作版本、成书年代、学术源流及文献文化价值。

《文献总目》分古代文献目录、民国文献目录两部分编排。古籍书目中经、史、子、集作者只著录一次履历。

民国文献中著述目录不注明馆藏。

《文献精选》按郴人名家文献、寓郴名家文献两部分编排。重在遴选郴州文化精华，彰显郴州文化特质。

《典籍文献》以影印方式出版，依经、史、子、集四部编排，其中四部分编不能容纳者按四部原则俱入所属部类。『风物方志』以州、府、县为单位精选后分别编排。

《金石简牍》类以金石、简牍分别出版，金石以碑刻为主，以拓片、实物配以适当文字说明。简牍以郴州出土晋代简牍为主，适当选取里耶、走马楼出土有关郴州的简牍影印出版。

六、版本择用

《郴州通典》收录典籍文献以国家图书馆、湖南图书馆及国内有关各大图书馆藏版本为基础，以海内外其他公藏机构和个人藏书为补充。对符合收录范围的著作一般不做裁选，以保证收录著作的系统性和完整性。

同一种著作有多个版本的择善而从，个别有特殊价值的，可多个版本并选。

《金石简牍》类的金石部分以文物部门认定的具有文物价值、史料价值、研究价值的实物为底本。

七、版式规范

《典籍文献》类按统一规格影印，个别特殊者另做处理。底本原有之批校、题跋、印鉴和刻印的墨迹等概予保留。

底本有残缺者，原则上以相同版本补配；有缺页者，在相应位置标注。

每种著作均制作书名页，标明书名、卷数、著者、版本、版框尺寸及底本收藏者。

八、索引编制

各卷编讫，另编制总书目、书名索引、著者索引，以便检索。

《文献总目》编辑说明

何谓目录，『目』即书名或篇名，『录』即叙录，对书名或篇名的说明和编次，一般包含书（篇）名、作者、刻版、提要、分类等要素。我国目录学萌芽于先秦，开创于两汉，传承光大于唐宋元明，至清代已成为显学，涌现出众多目录学名家名作，产生了我国规模最大、书目最全的《四库全书总目》。古代贤哲对目录的功能和作用有许多精辟之语。唐代毋煚在《古今书录序》中云：『览录而知旨，观目而悉词，经坟之精术尽探，贤哲之锐思咸识，不见古人之面，而见古人之心。』『将使书千帙于掌眸，披万函于年祀。』反之，犹如『孤舟泳海，弱羽凭天，衔石填溟，倚杖逐日』。作者以极形象精炼的语言，阐释了目录的重要作用。清人王鸣盛著《十七史商榷》亦云：『目录之学，学中第一要紧事，必以此问途，方能得其门而入。』一语道破了目录学是读书治学的入门之学。我国历史源远流长，文献典籍浩如烟海，面对卷帙浩繁的文史资料，若无分类编次和叙明源流的目录书，学者必为此所苦所困。因此，把目录学著作誉为打开文献典籍宝库的一把钥匙是很贴切的。

基于此种认识，郴州市文史研究会、《郴州通典》编辑部在出版《郴州通典》这部鸿篇巨著时，决定编辑一部《郴州通典·文献总目》，旨在为学习研究郴州历史文化爱好者提供门径和指南，为其掌握郴州文献古籍基本概况，了解图书资料保存状况，考辨这类典籍的源流线索，研究郴州历代文化现象和特点，提供一定的方便和帮助。

为尽可能多地搜集郴州文献古籍目录，《郴州通典·文献总目》秉承应收尽收，应选尽选的搜集原则，只要富有时代特征、地域特色，具有一定文献价值的古籍文献，无论铅印、刻印、石印、油印、手抄本均在目录的征集之列。与入选《郴州通典》的文献古籍区别在于：入典者必入录，入录者不一定入典；入典者全文影印，入录者著录书目、著者、内容提要、版本信息。搜集范围从先秦至民国时期郴州人（含寓郴）写的及描写郴州的所有文献古籍，包括民国时期的重要档案文献。全书以一九一二年为界分为古代文献、民国文献两大部分。古代文献按经、史、子、集四部编排，每部后又按著者生卒年编排，生卒年不详的，按其大致生活年代排列；民国文献分著述目录和档案目录，分别按县（市、区）地域排列，书目内容包括作者、书名（档案名）、年代、卷数（页码）、内容提要、著作方式、版本类别、收藏者（单位）（民国文献中的著述目录不标明馆藏）等要素。本书资料征集的来源和渠道，主要是各种古籍书目、各类图书馆、档案馆及民间古籍收藏者。

《郴州通典·文献总目》的编辑出版，既是对全国、全省涉郴古籍文献的一次大汇总，也是对全市文献目录资料的一次大普查，是一项牵涉面广、时代跨度长的繁重任务。编辑部同仁以对郴州文史事业的深厚情怀和担当精神，不辞辛劳，全力以赴、通力协作、各展所长，圆满地完成了对涉郴文献古籍的查询、鉴别、著录、评价及目录编制等各项编辑任务。《文献总目》古代文献目录由尹友波编著，民国文献目录由曹知法、吴兴、傅平艳、尹友波、李靓才编著。

《郴州通典》编辑部
二〇二〇年八月

目录

民国文献目录

古代文献目录

一、经部

（一）易类

周易直解一卷　（明）王敏撰　佚

王敏，字捷甫，号蓉叟，桂阳州人。明永乐四年（1406）由拔贡知大竹县，后调罗城县，累官桂林司刑。

易辨二卷　（明）罗以礼撰　佚

罗以礼，字尚敬，桂阳州人。少颖敏，通《春秋》，明永乐六年（1408）举人，十三年进士，授行人司行人，奉使塞外，迁户部郎中。明宣德五年（1430）以荐补西安知府，至官未几，遭母丧归，服阕补绍兴府知府，久之移建昌，致仕归。

讲易随笔　（明）雷仲徽撰　佚

雷仲徽，字世俊，桂阳州人。明成化时廪生，父伯修由塘山背迁小房门，仲徽筑精舍，读书其中。

易疑初筮告蒙约十二卷　（明）何孟春撰　佚

何孟春（1474—1536），字子元，号燕泉，郴州人。明弘治六年（1493）进士，授兵部主事，旋以郎中出理陕西马政。明正德初历任河南布政司参政、太仆寺卿，后以右副都御史巡抚云南。明嘉靖初迁吏部左侍郎，代署部事，出为南京工部左侍郎，六年（1527）削籍归，卒于家，隆庆中赠尚书，谥『文简』。工诗文，少游李东阳门下，为『茶陵诗派』柱石。

周易河洛定议　（明）何孟春撰　佚

何孟春生平见『经部·易类·易疑初筮告蒙约十二卷』条。

河图洛书解　（明）何孟春撰　佚

何孟春生平见『经部·易类·易疑初筮告蒙约十二卷』条。

易说集成　（明）何绍箕撰　佚

何绍箕，字岳南，兴宁县人。幼孤，事母抚两弟，备极孝友。由贡生历任孝感训导、通城教谕。

读易心解四卷　（明）陈尚伊撰　佚

陈尚伊（1531—1615），字汝聘，号任庵，桂阳州人。治《诗经》应举，明嘉靖四十年（1561）举人。明隆庆二年（1568）进士，授永丰县令。明万历元年（1573）迁刑部江西司主事，改工部员外郎，八年由河南按察司佥事迁广西布政司左参议，十年正月擢云南按察副使，同年十二月以病乞休，二十一年三月起复为云南按察副使，同年十月擢江西布政司左参政，旋致仕归乡。

易测十卷　（明）曾朝节撰　存

曾朝节（1534—1604），字直卿，号植斋，临武县人。明嘉靖三十七年（1558）中举。明万历五年（1577）以一甲第三名进士及第，授编修，任职史馆，升侍读，旋擢国子监祭酒，再迁礼部侍郎，兼经筵日讲官。三主京畿乡试，累官至礼部尚书。居朝二十余年，神宗拟选入阁，以年老坚辞，三十二年卒于京师寓所。

是书分上经五卷，下经五卷。前有冯琦、冯梦祯序及自序，卷末附《谢冯琢庵（冯琦）宗伯书》《谢李宝坻瀛川书》两篇（封）。《四库全书存目》著录。书取王弼《周易注》、孔颖达《周易正义疏》、程颐《易传》、朱熹《周易本义》及杨简《杨氏易传》诸书参互考订。《四库全书总目提要》称其『大旨主于观辞玩占，一切卦图、卦变之说，悉所不取，颇足扫宋《易》之葛藤。然其去取众说，则未能一一精审也』。

有明万历间刻本，上海图书馆、南京图书馆藏。

注易图　（明）袁子让撰　佚

袁子让（1565—1612），字仔肩，又字元静，号七十一峰主人，郴州人。明万历十三年（1585）举人，二十九年进士，授嘉定知州，课士爱民，振兴文教，政绩卓著。三十七年擢兵部员外郎，后致仕归。

易经纂编　（明）朱先魁撰　佚

朱先魁，桂阳县人。明崇祯时岁贡。

周易辨正一卷　（清）喻国人撰　佚

喻国人（1611—1702），字大受，号春山，郴州人。明崇祯十五年（1642）举人。明亡，隐居不仕。博览群书，对纬地、乐律、月令、河渠、井田、兵制等别出识解，曾蜚声京城，主办同仁书院。潜心著述三十余年，著《周易辨正》《河洛定议赞》等三十五种，被尊为『湖南宿儒』。

全易十有八变成卦定议一卷　（清）喻国人撰　佚

喻国人生平见『经部·易类·周易辨正一卷』条。

周易对卦数变合参一卷　（清）喻国人撰　佚

喻国人生平见『经部·易类·周易辨正一卷』条。

周易生生真传一卷　（清）喻国人撰　佚

喻国人生平见『经部·易类·周易辨正一卷』条。

河洛定议赞一卷　（清）喻国人撰　佚

喻国人生平见『经部·易类·周易辨正一卷』条。

河洛真传一卷　（清）喻国人撰　佚

喻国人生平见『经部·易类·周易辨正一卷』条。

五十学易图 （清）萧洪治撰 佚

萧洪治，字自本，晚号三式，宜章县人。明天启时诸生，遭乱，弃巾服远遁。精五行日者言，隐形于家，自称『伞屐人家』。吴三桂慕其名，遣人访之，婉言谢绝。后遍游海内，所至交其贤家。晚携二子卜居常宁，筑舍曰『五十居』。著述宏富，凡七十余种。

周易复古 （清）萧洪治撰 佚

萧洪治生平见『经部·易类·五十学易图』条。

明易图 （清）萧洪治撰 佚

萧洪治生平见『经部·易类·五十学易图』条。

易系辞辨解 （清）何文麃撰 佚

何文麃（1623—1699）字景照，桂阳州人。精医术、天文。年二十明亡，不欲应试。吴三桂叛，礼聘出仕，避而不见。后游里巷中，托医术自隐。知州敬慕其行，常屈己就见，然莫能致。雅好博览，以著述为志。

参订易经四卷 （清）王杰撰 佚

王杰，字常人，宜章县人。清康熙四十九年（1710）贡生，潜心理学，人称为『笃学先生』。

易卦说 （清）罗万卷撰 佚

罗万卷，字凝亭，桂东县人。清乾隆十八年（1753）拔贡。性聪俊学，后淡于科名，以著书为业。

易诗书三经解　（清）胡凤仪撰　佚

胡凤仪（1736—1798），字嘉绩，号勦亭，兴宁县人。清乾隆二十六年（1761）州试第一入庠，四十二年廪生，试辄高等，学使屡举优行，后屡举不第，遂授徒为业。

周易慧香捷解　（清）王宸正撰　佚

王宸正，字复旦，兴宁县人。

周易述翼二十四卷　（清）邓玉撰　佚

邓玉，号辉堂，永兴县人。太学生，好博览，老犹手不离卷，涉笔不落恒蹊。

周易辑义初编四卷　（清）卢兆鳌撰　存

卢兆鳌（1764—?），字瀛骧，号桐坡，安仁县人。清乾隆五十七年（1792）中举。清嘉庆六年（1801）进士，借补沅州府教授，十八年补授广东平远知县，有治绩，后历署澄海、长乐、乐会等县，护理嘉应州知州，擢万州知州。清道光十年（1830）改化州，旋署潮州同知。著有《周易辑义》，初、二、三刻板存粤东怀经堂，四刻板存于家。

是书前有自序，内容以《周易》六十四卦先后顺序编排，《续修四库全书总目提要》著录。

有清道光七年（1827）刻本，国家图书馆、中国科学院国家科学图书馆、天津图书馆、辽宁省图书馆藏。

周易辑义续编四卷　（清）卢兆鳌撰　存

卢兆鳌生平见『经部·易类·周易辑义初编四卷』条。

是集前有自序和校阅者唐焕章序，是卢兆鳌与粤东好友丁镜人、郭善堂『析疑辨难，反复商明……不吝不骄相与讲，去其非而趋是』(续编自序语)。其内容是对初编的进一步补充、修正、完善，内容和编排体例与初编相同。有清道光十四年（1834）刻本，中国科学院国家科学图书馆、上海图书馆、山东省图书馆藏。

周易辑义三编　（清）卢兆鳌撰　佚

卢兆鳌生平见『经部·易类·周易辑义初编四卷』条。

周易辑义四编　（清）卢兆鳌撰　佚

卢兆鳌生平见『经部·易类·周易辑义初编四卷』条。

周易经传图表　（清）郭启哲撰　佚

郭启哲，字屯北，兴宁县人。廪生，学问渊博，工诗古文词，晚年研精理学。

大易讲　（清）郭启哲撰　佚

郭启哲生平见『经部·易类·周易经传图表』条。

大衍河图　（清）郭启哲撰　佚

郭启哲生平见『经部·易类·周易经传图表』条。

易学质疑　（清）张杰兴撰　佚

张杰兴，安仁县人。生员，学问渊博，诗词古文逼近大家。

易鉴三十八卷　（清）欧阳厚均撰　存

欧阳厚均（1766—1846），字福田，号坦斋，安仁县人。清乾隆五十九年（1794）举人。清嘉庆四年（1799）进士，授户部主事，升员外郎中，继擢陕西司郎中，在部十五载，改浙江道御史等，后主持岳麓书院二十七年。倍受朝廷嘉奖。有《易鉴》《坦斋全集》等著作传世。

书中将以往象数、义理、筮占之说一概屏弃，专引古今史事解释六十四卦三百八十爻。

有清道光二十七年（1847）刻本，南开大学图书馆、辽宁省图书馆藏；清同治三年（1864）刻本，山东省图书馆、湖北省图书馆、辽宁省图书馆、中国科学院国家科学图书馆、北京大学图书馆、湖南图书馆藏。

周易本相释疑十二卷　（清）吴鲸撰　佚

吴鲸，字东湄，桂阳州人。少以贫失学，二十八岁始入学，为诸生。清乾隆六十年（1795）中举。清嘉庆二十三年（1818）补醴陵训导，撰《宋元明讲学诸语录》，未就，而卒于学斋。与邓善鹤相善。

《沅湘耆旧集》录其诗十五首。

周易义核鉴撮韵言　（清）张宪撰　佚

张宪，原名来庆，号铁甫，安仁县人。清嘉庆十八年（1813）举于乡，博览群书，精通经史，掌教宜溪书院。

戊戌爻辰图歌　（清）周腾蛟撰　佚

周腾蛟，字星符，号摄虚，桂阳县人。庠生。

易增注　（清）张汝捷撰　佚

张汝捷，桂阳州人。

是书以秦汉以来注《易》者，不下数百家，专主理则入于隐晦，专主数则入于谶纬，今通行惟晋王弼、宋程子、明来氏三家而已。特为增补其义，故曰增注。《续修四库全书总目提要》著录，云：『汝捷补注，尚未能其长而纠其短，犹未能称为说易家之巨擘也。』

纂辑周易折中　（清）何国华撰　佚

何国华，字祝三，桂阳县人。贡生，性沉静端凝，敦孝友。著有《纂辑周易折中》《纲鉴备要》。

周易质八卷首一卷末一卷　（清）邓蘖撰　存

邓蘖，字伯兼，号果盦，桂东县人。

是书凡上下经三卷，系辞传二卷，说卦、序卦、杂卦各一卷。前有衡山赵恒惕序，所解皆融会群言，撷取精要，不条列姓名，间驳辨其得失。而臃文诠释，简括宏深，大旨以切于人事为本。《续修四库全书总目提要》著录，云：『全书纲领，具于斯矣，书中于河图洛书，多所剔决，盖以图书为道家所宗，非易之本义是也。而于四象之名，乃谓后汉魏伯阳《周易参同契》，以乾坤坎离为天地日月四象为得，岂以参同契焉，非道家言内丹者之书乎？』

有民国十四年（1925）铅印本，湖南图书馆藏。

周易质 （清）何瑞彦撰 佚

何瑞彦，字美士，桂东县人。由岁贡授保康训导，致仕归，辟钟山草堂，潜心著述，精研易理，通医术。屡举乡饮大宾，县令表其闾，卒年九十。

周易卦爻人事证二卷 （清）邓炳明撰 存

邓炳明，字梓堂，桂阳州人。清光绪二十三年（1897）拔贡，三十二年补授湖南常宁训导，掌教嘉禾珠泉书院。

是书分上、下两卷，前有民国七年（1918）自序，谓：『然其注之存者，仅三十卦，而又不完，且纪周家应期，而于政典治乱之要俱未尝及，因不揣冒昧，裒集前人之说，以补之。』

有民国十四年（1925）长沙铅印本，湖南图书馆藏。

羲经辑要四卷 （清）邓炳明撰 佚

邓炳明生平见『经部·易类·周易卦爻人事证二卷』条。

周易大象述义 （清）彭政枢撰 存

彭政枢（1855—1930），字莪原，号莪齐，又号仙裳，桂阳州人。清同治九年（1870）岁贡，选举孝廉方正，升江苏候补知县。清光绪二十九年（1903）入浙江学政陈兆文幕，辛亥革命后为湖南省参议员、省长公署顾问。

民国五年（1916）任船山学社社长，同年八月调任湖南一师校长，旋以家中变故辞职，十九年卒于家。

此为讲演王船山著作《周易大象》的讲演稿。

有民国《船山学报》铅印本，湖南图书馆藏。

易通十卷易通释例一卷　（清）刘次源撰　存

刘次源（1877—1928），号甓佣，晚号屯园，永兴县人。清光绪二十八年（1902）举人，游学日本。归国后充湖南南路师范学堂监学，旋返郴，会同郴州知州金蓉镜开办中学堂。后报捐郎中，分度支部学习行走，越一载实授度支部郎中。清宣统元年（1909）以四品京卿衔充甘肃正监理财政官，以弹劾甘肃布政使毛庆蕃知名于时，后充币制局审查员、研究所评议员、盐政处参事员等职，民国二年（1913）署福建民政长，后任全国税务处总办等职。

是书十卷，前有著者遗像，次《六元经世图》《序杂顺逆图》，又次辛酉年自序，后附其子刘昌景所撰《先君屯园先生事略》。卷一、二为上经，卷三、四为下经，卷五、六为系辞，卷七为说卦，卷八、九为序卦，卷十为杂卦，末附《易通释例》。

有一九四九年广西省立桂林职业学校铅印本，国家图书馆、湖南图书馆藏。

太极图说一卷　（清）何玉钟撰　佚

何玉钟，桂阳县人。清嘉庆中岁贡。

八卦图说一卷 （清）何玉钟撰 佚

何玉钟生平见『经部·易类·太极图说一卷』条。

（二）书类

尚书解义六卷 （明）罗邦瓒撰 佚

罗邦瓒，桂阳州人。官太医院院判，好儒术，精音律，隐居以终。

尚书古文训二卷 （明）曾朝节撰 佚

曾朝节生平见『经部·易类·易测十卷』条。

尚书今文训四卷 （明）曾朝节撰 佚

曾朝节生平见『经部·易类·易测十卷』条。

尚书纪略 （清）蔡显莘撰 佚

蔡显莘，字兴元，兴宁县人。性恬淡，与昆季有睦，举孝廉方正，清乾隆十五年（1750）恩贡。

尚书摘说四卷 （清）唐光都撰 佚

唐光都，字京安，兴宁县人。清乾隆十二年（1747）岁贡，二十五年任沅江训导，致仕归，行李萧然，闻者叹服。

尚书衍说四卷　（清）唐光都撰　佚

唐光都生平见『经部·书类·尚书摘说四卷』条。

禹贡山川析疑　（清）罗僱撰　佚

罗僱，字成安，别号舜阳，嘉禾县人。少颖敏，年十四补博士弟子员。有《桂水考》《茶窝渡募捐引》《丘亭记》等文传世。

禹贡水道二卷　（清）李才敏撰　佚

李才敏，字伯逊，桂阳州人。以博学著述，清雍正六年（1728）拔贡。与从弟才捷俱名于康熙时。

（三）诗类

诗经人物考二十四卷　（明）罗以礼撰　佚

罗以礼生平见『经部·易类·易辨二卷』条。

葩经韵十六卷　（明）罗以礼撰　佚

罗以礼生平见『经部·易类·易辨二卷』条。

（四）礼类

四礼便一卷　（明）罗以礼撰　佚

罗以礼生平见『经部·易类·易辨二卷』条。

大戴礼记注　（明）何孟春撰　佚

何孟春生平见『经部·易类·易疑初筮告蒙约十二卷』条。

礼记月令定注　（明）何孟春撰　佚

何孟春生平见『经部·易类·易疑初筮告蒙约十二卷』条。

燕射古礼全书　（明）范永銮撰　佚

范永銮，字汝和，桂阳县人。范辂侄。明正德九年（1514）进士，授归溪知县，擢御史，巡察长芦盐课，巡按四川，皆有廉声。升福建副使、提督学政，迁陕西兵备副使、河南按察使，累官四川右布政使。所至均以政绩著称，致仕归，念桑梓偏僻，书商罕至，乃购《春秋》诸传、两《汉书》、《朱子大全》等二十余种捐于县学，以备诸生观览。

丧祭礼式　（明）祝咏撰　佚

祝咏（1489—1556），字鸣盛，桂阳县人。先祖以军户着籍衡州，明嘉靖八年（1529）进士，官给事中，出为外官，迁太平知府。因被陷，左迁两淮盐运同知，旋调赣州知府。后历任四川松潘兵备副使、陕西布政司左参政。

《千顷堂书目》著录。

礼经翼注 （明）苏朝同撰 佚

苏朝同，号乐吾，临武县人。家贫好学，明万历七年（1579）岁贡，授浏阳县训导，改河南闵县训导，累官唐王府纪善，历官十六年。

礼存四卷 （清）卢文旦撰 佚

卢文旦，桂阳州人。

礼记月令定注 （清）喻国人撰 佚

喻国人生平见『经部·易类·周易辨正一卷』条。

四礼附论一卷 （清）曹德赞撰 佚

曹德赞（1775—1853）字仲襄，号翊庭，桂阳州人。少有文名，以岁试第一入岳麓书院课读，清乾隆五十九年（1794）湖南乡试中举。清嘉庆十四年（1809）登进士，改翰林院庶吉士，十六年散馆以知县即用，选授安徽太平府繁昌知县。旋充江南乡试同考官，二十年丁忧回籍。掌鹿峰书院三十余载。

礼经考 （清）郭启悊撰 佚

郭启悊生平见『经部·易类·周易经传图表』条。

三礼图表　（清）郭启哲撰　佚

郭启哲生平见『经部·易类·周易经传图表』条。

居家四礼　（清）吴国甡撰　佚

吴国甡，宜章县人。笃于孝友，持身严介，以廪拔贡，隐居松竹林，自号『清阁氏』。

礼记集要　（清）刘光庭撰　佚

刘光庭，字衢冠，号升斋，安仁县人。清乾隆三十六年（1771）副贡生，官永明教谕。

礼经秘本　（清）何试洙撰　佚

何试洙，字圣川，桂阳县人。

周礼撮编一卷　（清）唐光都撰　佚

唐光都生平见『经部·书类·尚书摘说四卷』条。

便民家礼　（清）袁德劭撰　佚

袁德劭，字亮若，兴宁县人。由廪生入监，考授州同，清康熙间诏举山林隐逸，以老辞。

周官约编　（清）罗万卷撰　佚

罗万卷生平见『经部·易类·易卦说』条。

仪礼要略三卷　（清）杨吐凤撰　佚

杨吐凤，宜章县人。

居家四礼　（清）吴国琪撰　佚

吴国琪，宜章县人。

礼运发微一卷　（清）刘次源撰　存

刘次源生平见『经部·易类·易通十卷易通释例一卷』条。

是书前有自序，内容为对儒家经典《礼运》的疏解。

有清宣统元年（1909）《孔经新义四种》铅印本，国家图书馆、陕西省图书馆藏。

（五）春秋类

左传评林　（明）刘尧诲撰　佚

刘尧诲（1522—1585），字君纳，晚号凝斋，临武县人。明嘉靖三十二年（1553）进士，授江西新喻知县，擢南京刑部给事中，以触犯权贵，辞官返乡。明隆庆元年（1567）起复，为上海同知，迁尚宝司丞，补顺天府丞，后历官佥都御史，巡抚福建、江西，总制两广，晋南京都御史、户部尚书，改兵部参赞机务，旋告老归乡，定居衡阳，卒赠太子少保。

左史评文（明）刘尧诲撰　佚

刘尧诲生平见『经部·春秋类·左传评林』条。

左氏贯十六卷（清）曹亨时撰　佚

曹亨时，字声斋，兴宁县人。弱冠游庠食饩，每试冠军。清乾隆十七年（1752）乡试第一名。不乐仕进，未赴会试，居家潜心读书。

春秋题解讲义（清）何达廷撰　佚

何达廷，字治安，郴州人。孝友积著，人无闲言。又工书画，娴诗歌，以所著写授生徒，年七十九卒。

春秋撮要四卷（清）罗万卷撰　佚

罗万卷生平见『经部·易类·易卦说』条。

钦定春秋传说撮编四卷（清）唐光都撰　佚

唐光都生平见『经部·书类·尚书摘说四卷』条。

春秋撮说　（清）胡凤仪撰　佚

胡凤仪生平见『经部·易类·易诗书三经解』条。

春秋说　（清）彭运修撰　佚

彭运修，字宗欧，号晓霞，宜章县人。清乾隆四十二年（1777）拔贡，四十五年乡试第一，历武昌、东湖知县。清嘉庆七年（1802）补授长阳知县。檄摄黄州府同知，挽输团练，劳勋卓著。

春秋文抄　（清）胡家万撰　佚

胡家万，兴宁县人。

春秋便闹　（清）李其显撰　佚

李其显，字我受，兴宁县人。幼颖异，倡议重修圣庙，继修缥缈亭、筑望仙桥、创宗祠、纂族谱、课子孙，诗书以忠孝为本，由增生入国子监考授州同，年八十卒。

左国合选　（清）谢宣撰　佚

谢宣，号南池，郴州人。清道光十九年（1839）举人，拣选知县，加盐运同知衔。两江总督刘坤一慕其名，欲招幕其下，不就。晚年尤嗜学不倦，耽心经史，旁及医书。年八十三卒，为晚清郴籍名儒，学者称为『南池先生』。

春秋谥法表一卷　（清）陈延龄撰　存

陈延龄（1888—？），后改名郁，字文虎，郴州人。清宣统元年（1909）拔贡，朝考二等，以小京官用，分学部。入民国为教育部佥事兼秘书，加二等嘉禾章。民国十二年（1923）派为驻日本公使馆学务专员、留日学务处长，十三年为国立美术专科学校校长，调教育部专门司司长，后历仕农矿、实业、经济、卫生等部，任参事、秘书、主任、次长等，权行政院副秘书长。晚年醉心医术，著述颇丰。

是书前有自序，谓：『谨据书家佚文，参以礼家遗说，凡谥品之见，于春秋经传者，并撮其名号都为一编，间加注释，剖辨异同，颜曰《春秋谥法表》，以补无锡顾氏之阙。』表中分：天子谥、王臣谥、诸侯谥、世子谥、列国大夫谥、妇人谥。

有清宣统二年（1910）北京开智石印局石印本，国家图书馆、天津图书馆、陕西师范大学图书馆、中央民族图书馆藏。

（六）孝经类

孝经章句　（明）陈元旦撰　佚

陈元旦，字明甫，号宾旸，兴宁县人。明万历三十二年（1604）由选贡进书授善化训导，升赣榆知县，转沈府长史。明天启间尝赴青原仁文书院讲学。

孝经刊误要义一卷　（清）林愈蕃撰　佚

林愈蕃（1714—1771），字青山，号涧松，原籍宜章县，后迁四川中江。清代医家。三十一岁乡试第二十八名。累试不第，遂开馆授徒。清乾隆十六年（1751）进士，曾入黎城知县赵丹元幕，二十八年补授湖南酃县知县，并亲撰县志。三十一年卸任，一路吟诗作赋，回到故乡宜章。三十六年卒。

孝经古注一卷　（清）陈兆奎撰　存

陈兆奎（1878—1915），字完夫，号隐庵，桂阳州人。士杰子，清光绪二十三年（1897）举人，保送经济特科，三十三年官度支部主事，后任部参议，改大理院推事。清宣统三年（1911）调法部总检察厅检察官。民国三年（1914）任平政院平事。游王闿运门三十年，诗承王教，文则宗桐城，诗经王闿运评定。

有抄本，湖南图书馆藏。

（七）四书类

四书演义　（元）萧元益撰　佚

萧元益，字楚材，安仁县人。元元统二年（1334）举人，其人好学博古。

《经义考》著录。

中庸说旨　（明）彭定守撰　佚

彭定守，字一峰，又字一庵，桂阳州人。明嘉靖三十四年（1555）举人。知崇庆州，升乌撒军民府同知。

钟山讲义　（清）何德朗撰　佚

何德朗，字熙止，号钟山，桂东县人。清雍正四年（1726）举人。清乾隆十四年（1749）知竹山县。

学庸章句解　（清）吴家章撰　佚

吴家章，字江亭，宜章县人。清雍正六年（1728）拔贡。清乾隆二十五年（1760）任桑植县训导。博览群书，善属文。主讲玉溪书院，从学者岁辄百数十人。同年广东巡抚祁阳陈大受招之不应。任桑植县教谕，训课勤慎。

大学家训二卷　（清）张必昌撰　佚

张必昌，字定庵，安仁县人。清乾隆初年恩贡生，候选教谕，为安仁名宿。授徒讲学，从游者众。

论语家训二十卷　（清）张必昌撰　佚

张必昌生平见『经部·四书类·大学家训二卷』条。

中庸家训四卷　（清）张必昌撰　佚

张必昌生平见『经部·四书类·大学家训二卷』条。

纂辑孟子大全十四卷　（清）张必昌撰　佚

张必昌生平见『经部·四书类·大学家训二卷』条。

论语读朱求是编二十卷　（清）林愈蕃辑　存

林愈蕃生平见『经部·孝经类·孝经刊误要义一卷』条。

有清乾隆三十五年（1770）斑竹园书屋刻本，湖北省图书馆藏。

孟子大义一卷　（清）林愈蕃撰　佚

林愈蕃生平见『经部·孝经类·孝经刊误要义一卷』条。

学庸解　（清）夏锦撰　佚

夏锦，桂阳州人。年十八入学。清乾隆三十六年（1771）岁贡。后授徒乡间。

四书讲义　（清）李朴大撰　佚

李朴大，字尔雅，永兴县人。清康熙二十七年（1688）进士，以母老不仕，教授乡里。

四书精要十二卷　（清）李才敏撰　佚

李才敏生平见『经部·书类·禹贡水道二卷』条。

四书文一卷　（清）彭必琨撰　佚

彭必琨，字玉山，宜章县人。清雍正元年（1723）举人。天性孝友，博览群书，家居授徒，以明经立品为条。

四书讲义 （清）钟湘撰 佚

钟湘，字渠三，桂东县人。幼失恃，事母孝。年二十食廪，清雍正十三年（1735）拔贡，廷试第一，惜以壮年卒。

四书图考 （清）李澍福撰 佚

李澍福，字作霖，兴宁县人。清乾隆二十二年（1757）岁贡，博学笃行，好读书，潜心理学。

四书文 （清）尹鉴撰 佚

尹鉴，字以人，永兴县人。性颖敏，经史过目不忘，所著多脍炙人口。

四书讲义 （清）郭化日撰 佚

郭化日，字冬余，桂东县人。事亲孝，博通经史，为邑廪生。

四书经解 （清）郭化璞撰 佚

郭化璞，字玉立，桂东县人。增生。品行端方，儒林赞赏。

四书精解 （清）郭化炎撰 佚

郭化炎，桂东县人。

四书讲义 （清）何启雯撰 佚

何启雯，字云锦，桂东县人。增生，孝友疏财，聚书凤山书室，未四十而卒。

四书口意 （清）何瑞彦撰 佚

何瑞彦生平见『经部·易类·周易质』条。

四书讲义 （清）黄章权撰 佚

黄章权，字巽行，桂阳县人。岁贡，博学工文。

四书讲义 （清）李惟成撰 佚

李惟成，宜章县人。庠生，博通古今，士大夫目为大器。

四书摘说十二卷 （清）唐光都撰 佚

唐光都生平见『经部·书类·尚书摘说四卷』条。

四书衍语十二卷 （清）唐光都撰 佚

唐光都生平见『经部·书类·尚书摘说四卷』条。

四书集解 （清）罗从虎撰 佚

罗从虎，字天风，号东畹，临武县人。弱龄籍于庠，试辄冠军。清乾隆三十三年（1768）举于乡，家居三十年，博览群籍，潜心理学。掌教本邑双溪书院、连州星江书院暨宜蓝各邑。晚年补授广东三水知县，改调陵水知县，署琼州府同知，捐廉修圣庙、城隍庙、养济院。卒于陵水知县任，年六十一。

四书桂林辑要 （清）成琮撰 佚

成琮，桂阳州人。

四书精义合参 （清）陈名标撰 佚

陈名标，字昌道，郴州人。精医理。岁贡。素好学，掌教东山书院二载，训课不辍，年八十犹赴乡试，惜累举不第。年八十四卒。

四书发蒙 （清）罗偁撰 佚

罗偁生平见『经部·书类·禹贡山川析疑』条。

四书讲义 （清）郭崇基撰 佚

郭崇基，字恢堂，桂东县人。早年游泮，清嘉庆六年（1801）省闱，主司赏其文，已拟中矣，填榜时以额满见遗，人咸惜之。

四书讲义 （清）何郁西撰 佚

何郁西，字文周，桂阳县人。清嘉庆间岁贡。

四书求是录 （清）陈起诗撰 佚

陈起诗（1795—1841），字敦甫，号筠心，一号云心，郴州人。清道光五年（1825）拔贡，本年乡试中举，九年中进士，殿试二甲三十二名，钦点吏部考功司兼稽勋司主事、吏部则例馆纂修官，升员外郎，考取记名御史。二十一年因规避仓差，揭尚书汤金钊复派仓差前后反复，被免，归乡居数月而卒。起诗有文名，在京时，士大夫将其与魏源、汤鹏、左宗植并称为嘉道年间『湖南四杰』。

四书讲义　（清）邓桂撰　佚

邓桂，字秀甫，号龙山，永兴县人。清道光十三年（1833）岁贡，就职训导。性孝友。

四书汇纂　（清）周道亲撰　佚

周道亲，字鲁书，桂阳县人。庠生。

学庸问答　（清）曾时球撰　佚

曾时球，永兴县人。邑增生。

学庸讲义　（清）胡凤仪撰　佚

胡凤仪生平见『经部·易类·易诗书三经解』条。

论语集讲学庸集讲　（清）刘光庭撰　佚

刘光庭生平见『经部·礼类·礼记集要』条。

试课蒙引　（清）刘锜撰　佚

刘锜，永兴县人。

中庸络贯　（清）邓桂撰　佚

邓桂生平见『经部·四书类·四书讲义』条。

大学发微二卷　（清）刘次源撰　存

刘次源生平见『经部·易类·易通十卷易通释例一卷』条。

是书首有自序，次以经传分篇释例，卷一大学经，卷二大学传。经有格、致、诚、正、修、齐、治、平八端。传分诚意篇、正修篇、修齐篇、齐治篇、治平篇。《续修四库全书总目提要》著录。

有清宣统元年（1909）《孔经新义四种》铅印本，国家图书馆藏。

中庸发微三卷　（清）刘次源撰　存

刘次源生平见『经部·易类·易通十卷易通释例一卷』条。

是书首有自序，次以中庸经说分篇释例，谓汉志礼家有中庸说二篇，今戴记只中庸一篇，例之孔子易传，先列易之全文。而附传于后，故举经而言，则曰『周易』。《续修四库全书总目提要》著录。

有清宣统元年（1909）《孔经新义四种》铅印本，国家图书馆藏。

论语发微二卷（清）刘次源撰　存

刘次源生平见『经部·易类·易通十卷易通释例一卷』条。

是书前有自序，内容为对《论语》『依章疏解』。

有清宣统元年（1909）《孔经新义四种》铅印本，国家图书馆藏。

（八）五经总义类

五经铎十二卷（宋）黄照邻撰　佚

黄照邻，桂阳监平阳县人。登宋大中祥符八年（1015）进士第，以循异选任平阳县令，后知循州，景祐间以屯田员外郎知郴州，仕至尚书职方郎中。

五经晰疑（明）何孟春撰　佚

何孟春生平见『经部·易类·易疑初筮告蒙约十二卷』条。

经书正旨（明）曾朝节撰　佚

曾朝节生平见『经部·易类·易测十卷』条。

经史发明十八卷（明）刘尧诲撰　佚

刘尧诲生平见『经部·春秋类·左传评林』条。

经解辑 （清）周腾蛟撰 佚

周腾蛟生平见『经部·易类·戊戌爻辰图歌』条。

五经解 （清）胡凤仪撰 佚

胡凤仪生平见『经部·易类·易诗书三经解』条。

经史辨体 （清）曹亨时撰 佚

曹亨时生平见『经部·春秋类·左氏贯十六卷』条。

五经注释节要 （清）马步青撰 佚

马步青，号亨衢，又号青溪主人，永兴县人。清嘉庆十八年（1813）拔贡，候选训导。善诱掖后进，门下士入泮食饩者百余人。富著述，前志多出其手。建文庙、文塔等。

五经讲义 （清）罗绣撰 佚

罗绣，字斐庵，桂东县人。廪生。博闻强记，经籍过目不忘。

五经古征 （清）罗偑撰 佚

罗偑生平见『经部·书类·禹贡山川析疑』条。

经史撮要 （清）张俊兴撰 佚

张俊兴，安仁县人。监生。九岁应试，人称神童，书宗颜柳，亦工诗古文。后累举不第，抑郁早逝。

经余纂要二卷 （清）杨吐凤撰 佚

杨吐凤生平见『经部·礼类·礼仪要略三卷』条。

宝云斋经解 （清）邝炳元撰 佚

邝炳元，字梅岑，宜章县人。博览经史，工治群经，以明经终老。

（九）乐类

大乐律吕元声六卷大乐律吕考注四卷 （明）李文利撰 （明）范辂校正 存

李文利，福建莆田人，明弘治中桂阳县教谕。范辂（1474—?），字以载，号三峰，又号质庵，桂阳县人。明正德二年（1507）举人，六年成进士，授行人，擢南京御史，以劾宁王朱宸濠及镇守太监毕真下狱，谪龙州宣抚司经历，起故官。明嘉靖元年（1522）升福建按察佥事，历江西副使、密云兵备副使，江西、福建布政使。子永官、侄永銮，皆有名。

是书前有范永銮《进大乐律吕元声书》、范辂《大乐律吕元声引》及李元《大乐律吕元声序》及杨月湖《论元音书》。

有明嘉靖十四年（1535）刻本，浙江图书馆、国家图书馆藏。

伏羲乐律　（明）何孟春撰　佚

何孟春生平见『经部·易类·易疑初筮告蒙约十二卷』条。

伏羲乐律　（清）喻国人撰　佚

喻国人生平见『经部·易类·周易辨正一卷』条。

乐律水道歌　（清）周腾蛟撰　佚

周腾蛟生平见『经部·易类·戊戌爻辰图歌』条。

律吕新书补　（清）郭启悊撰　佚

郭启悊生平见『经部·易类·周易经传图表』条。

（十）小学类

五先堂字学元元十卷　（明）袁子让撰　存

袁子让生平见『经部·易类·注易图』条。

『五先堂』为袁子让的书斋名。书前有范醇敬、曾凤仪序言和作者自序，卷末有兄袁子谦、弟袁子训跋。十卷，每卷之前都有题首，表明作者在此卷中的观点和主张。是编因刘鉴《切韵指南》所载音和、类隔二十门，出切行韵，参差不一，其取字有凭切者，有凭韵者，学者多所纠葛，因为疏明，使有条理。又广等子门法为四十八类，较《玉钥匙》《贯珠集》诸书颇为分明。名曰『元元』，盖取班固『元元本本』语也。

有明万历三十一年（1603）刻本，上海图书馆、甘肃图书馆、西北师范大学图书馆、故宫博物院、上海辞书出版社图书馆藏；又明万历二十五年刻本，中国台北『国家图书馆』藏。

六书真传 （清）喻国人撰 佚

喻国人生平见『经部·易类·周易辨正一卷』条。

字韵典要十五卷 （清）黄章权撰 佚

黄章权生平见『经部·四书类·四书讲义』条。

音韵辨义 （清）侯襄朝撰 佚

侯襄朝，号寅卿，安仁县人。恩贡生，博览群书，岁科试屡取经古，累举不第，遂授徒乡间。

启蒙讲义 （清）郭化日撰 佚

郭化日生平见『经部·四书类·四书讲义』条。

启蒙讲义 （清）何启雯撰 佚

何启雯生平见『经部·四书类·四书讲义』条。

便蒙六种　（清）谢宣撰　佚

谢宣生平见『经部·春秋类·左国合选』条。

韵学　（清）谢宣撰　佚

谢宣生平见『经部·春秋类·左国合选』条。

二、史部

（一）编年类

增修少微通鉴　（明）曾嘉能撰　佚

曾嘉能，字宠之，永兴县人。性敏，十岁能文，治诗经，明弘治五年（1492）乡试中举，年仅三十卒，以德行文章名世。自号『伊嵩子』。

通鉴要略　（明）汪楫撰　佚

汪楫，字济卿，号楚上，晚号是坡，桂阳州人。性孝友，以文名补州学廪生，精通左氏传义，明万历十三年（1585）中举。州中言父子登科第，有美名者，宋则二黄，明有二汪，后累举进士不第，遂隐居笃学，入衡山教二子以终。

纲鉴备要　（清）何国华撰　佚

何国华生平见『经部・易类・纂辑周易折中』条。

通鉴节抄二卷　（清）萧贡柏撰　佚

萧贡柏，字森甫，嘉禾县人。贡生，事母孝。后委办团练，以干廉称。其教学谆切，严正必勉，以孝悌为人之本，谓文章事业皆枝叶。门徒私谥『文孝先生』。

（二）杂史类

郴桂治军杂录　（明）杨子器撰　佚

杨子器（1458—1513），字名父，号柳塘，浙江慈溪人。工诗文，明成化二十三年（1487）进士，历昆山、高平、常熟知县，擢吏部考功司主事，迁湖广布政司参议，累官至河南左布政使。

安楚录　（明）秦金撰　存

秦金（1467—1534），字国声，号凤山。常州府无锡县人。明成化二十二年（1486）举人。明弘治六年（1493）进士。授户部福建司主事，督办京城太仓粮储。升员外郎，晋郎中。明正德五年（1510），擢河南右参政，旋任山东右布政使、山东左布政使。九年授都察院右副御史，巡抚湖广。后历任户部右侍郎、吏部左侍郎、南京礼部尚书、兵部尚书。终户部尚书。

是书卷首附尚书许赞所纂《秦端敏公传》。卷一为敕谕。其中选录有关剿平郴桂边境瑶民龚福全称王动乱敕谕两道。一是正德十二年，因瑶民龚福全称王作乱，扰得郴桂州县不宁，故命令秦金前去征剿。二是正德十三年，因秦金剿灭龚福全动乱，并擒获龚福全。特勅谕表彰：『兹特升尔（秦金）俸一级，荫子为世袭百户。』卷二、卷三为奏疏。其中涉郴州事务奏疏六篇。卷四为檄文。其中关于围剿郴州边境瑶民龚福全军务事四篇。卷五为文移（公文）。其中涉郴桂事两篇。卷六为（赠）序、碑文卷。卷七为诗词卷。卷八为歌颂赋卷。卷九为启札（书信）卷。卷六至九，皆秦金好友同僚、楚地文人所作，其中多为颂扬秦金平南（平定龚福全称王作乱）安楚功绩之题赠诗文。卷十为附录《封丘遗事》。因秦金曾任河南左参政，御流寇有功，土人为立生祠，并辑其诗为《天成集》，以纪金之战绩。

有明万历四十四年（1616）刻本，上海图书馆、华东师范大学图书馆藏。

续备遗录一卷　（明）何孟春撰　佚

何孟春生平见『经部·易类·易疑初筮告蒙约十二卷』条。

《明史·艺文志》《千顷堂书目》著录。

续备边录一卷　（明）何孟春撰　佚

何孟春生平见『经部·易类·易疑初筮告蒙约十二卷』条。

《明史·艺文志》著录。

屏冈述史　（明）欧绍说撰　佚

欧绍说，号屏冈，桂阳县人。举人，明嘉靖十一年（1532）授霍山知县，隆学校，丰储积，省徭役，表风化，县人立祠祀之。后擢户部主事，累官户部郎中。

神禹治水本源　（清）喻国人撰　佚

喻国人生平见『经部・易类・周易辨正一卷』条。

郴江弦闻录　（清）高爊撰　佚

高爊，山东沂水县人。清顺治五年（1648）举人，九年进士，十二年任兴宁知县，次年擢郴州知州，多善政。

全史撮要　（清）曾时球撰　佚

曾时球生平见『经部・四书类・学庸问答』条。

涿州战纪十六卷　（清）夏寿田撰　存

夏寿田（1870—1935），桂阳州人。清光绪十五年（1889）中举，十八年会试取誊录，任刑部郎中、山西清吏司行走。二十四年进士第八名，殿试榜眼及第，历任翰林院编修、学部图书馆总纂。二十七年为其父夏时幕僚，三十二年丁父忧。清宣统三年（1911）授朝议大夫，旋入幕端方。民国二年（1913）任总统府内史，投曹锟，任机要秘书，后定居上海。为王闿运弟子，工诗文书法，亦工篆刻，与齐白石友善。卒年六十六。

是书十六编，分别为：太原誓师、太原奉命、蔚县出奇、涿州袭城、涿州守城（上、下编）、保定议和、天津告成、阎锡山传、傅作义传、将校列传、勤事、文书、图表、集记、述传。主要记叙民国十六年十月至十七年一月傅作义死守涿州的史实。

有民国北平大众印刷局石印本，国家图书馆、湖南图书馆、上海图书馆藏。

（三）别史类

帝王历数真传　（清）喻国人撰　佚

喻国人生平见『经部·易类·周易辨正一卷』条。

历代帝王国统传次　（清）李澍福撰　佚

李澍福生平见『经部·四书类·四书图考』条。

历代帝王国都传次　（清）李澍福撰　佚

李澍福生平见『经部·四书类·四书图考』条。

（四）诏令奏议类

诚庵奏稿　（明）朱英撰　佚

朱英（1417—1485），字时杰，号诚庵，桂阳县人。明正统十年（1445）进士。历官福建、陕西布政使，总制两广兼巡抚，右都御史。明成化二十一年（1485）卒，上遣湖广左布政司黄绂谕祭。赠太子太保，谥『恭简』。

何文简公疏议十卷 （明）何孟春撰 存

何孟春生平见『经部·易类·易疑初筮告蒙约十二卷』条。

《四库全书总目提要》称：『孟春没后，遗稿散佚。万历初巡抚湖广佥都御史汝阳赵贤始搜辑其诗文，刻之永州。又别录其奏议为一集，刊于衡州，即此本也。』

有明万历二年（1574）衡州刻本，南京图书馆、重庆图书馆藏；又嘉靖刻本，上海图书馆藏。

两科奏书 （明）祝咏撰 佚

祝咏生平见『经部·礼类·丧祭礼式』条。

督抚疏议十五卷 （明）刘尧诲撰 存

刘尧诲生平见『经部·春秋类·左传评林』条。

是书十五卷，前有万历九年（1581）庞尚鹏序及袁昌祚后序，前十四卷为刘尧诲在福建、江西巡抚、两广总督任上的奏疏，卷十五为南垣、光禄疏议。

有明万历间刻本，南京图书馆藏。

岭南议 （明）刘尧诲撰 佚

刘尧诲生平见『经部·春秋类·左传评林』条。

治河三议一卷 （明）刘尧诲撰 佚

刘尧诲生平见『经部·春秋类·左传评林』条。

历官奏议 （明）刘尧诲撰 佚

刘尧诲生平见『经部·春秋类·左传评林』条。

大义觉迷录四卷 （清）爱新觉罗·胤禛撰 存

爱新觉罗·胤禛（1678—1735），即清世宗，清朝第五位皇帝，康熙帝第四子，母为孝恭仁皇后，即德妃乌雅氏。清康熙三十七年（1698）封贝勒；四十八年胤禛被封为和硕雍亲王。在二废太子胤礽之后，胤禛积极经营争夺储位，六十一年十一月十三日，康熙帝在北郊畅春园病逝，他继承皇位，次年改年号雍正，在位十三年。

是书为爱新觉罗·胤禛下令编著的一本清史文献汇编著作，发布于清雍正七年（1729）。因永兴县人曾静反清案件而刊布。《大义觉迷录》收录雍正帝关于曾静案的十道上谕，曾静四十七篇口供和他所撰《归仁录》，以及张熙的两篇口供，最终合成四卷。卷一为两篇共万余字的上谕，力辟华夷种族之见。卷一之末至卷三是书之主要部分，『奉旨问讯曾静口供十三条』。卷四前一上谕力辟吕留良学说，引用了吕氏文集及日记；又一上谕是驳诘严鸿逵的谤语。

有清雍正内府刻本，北京师范大学图书馆、故宫博物院、四川省图书馆藏。

陈侍郎奏议八卷 （清）陈士杰撰 存

陈士杰（1825—1893），字隽丞，桂阳州人。清道光二十九年（1849）拔贡，朝考一等第一，选取户部七品小京官。清咸丰三年（1853）入曾国藩幕，后归乡办团练，累积战功，十一年擢江苏按察使，以母老不赴。清同治十三年（1874）补授山东按察使，迁福建布政使，历官浙江、山东巡抚。

是集无序、跋，亦无目录。为陈士杰浙江巡抚、山东巡抚任上奏折的集成，凡一百九十七疏，所收奏议按年月编次，起光绪七年（1881）十月，止光绪十二年五月。各奏皆标有标题，奏议内容以海防备战、黄河治理为主，详述任内海防工程、军事防务，编练营勇、抗灾抢险、税赋漕粮、官员任免奖惩等事，是研究晚清治黄及抗法等事的重要史料。由其子兆璜、兆葵等校正刊刻。

有清光绪三十二年（1906）衡阳刻本，国家图书馆、湖南图书馆、上海图书馆、内蒙古自治区图书馆、吉林大学图书馆藏。

（五）传记类

别传

桂阳列仙传　佚名撰　佚

《水经注》引，未详時代、撰人姓名、卷数。

桂阳先贤画赞一卷　（吴）张胜撰　佚

张胜，曾任桂阳郡太守，官至左中郎。

苏耽传一卷　佚名撰　佚

苏耽，郴州人。

郴阳曹侯异政录（宋）齐术撰　佚

曹侯，名靖，字中立，郴州人。宋景祐五年（1038）进士，嘉祐官益阳令，有美政，升刑部员外郎、知宾州。齐术，广西恭城人。宋庆历六年（1046）进士，益阳县令。《黄山谷集》黄庭坚曰：『曹侯嘉祐中为益阳令，后知益阳县事齐术参酌民言，为《异政录》，录其大概。』

洙泗大成集（元）萧元益撰　佚

萧元益生平见『经部·四书类·四书演义』条。

清卢文弨《补辽金元艺文志》、钱大昕《补元史艺文志》著录。清代举人周惠锌《遇著录》内引詹氏道传《论语注》，称元益编《洙泗大成集》仿《史记》例，升孔子于本纪，自沂国述圣公至衍圣公以下作世家，自兖国复圣公颜子至元儒许文正公衡皆为列传并赞。

太保朱公荣哀录五卷（明）佚名辑　存

朱公即朱英（1417—1485），是书辑录其年谱、行实录、传略、诰文、谕祭、诔章、墓志铭、神道碑铭、挽诗等。卷一为诰敕，收录朱英及其祖父母、其子朱守孚夫妇等人的诰敕三十四通；卷二收录朱氏一门二十七篇传记、各种有关朱英的杂文九篇，贺序五篇；卷三、卷四为同僚赠诗，凡二百四十九首；卷五为祭文、碑铭、挽诗等，计文二十九篇，挽诗七首。是书前有湛若水序，朱炳如后序。是书原刻于明嘉靖年间，其十世孙朱奕、朱大必增订，乾隆重刊。书中除湛若水、陈献章、丘浚、李东阳等名儒作品外，尚有许多同僚的赠诗、祭文、挽诗等，如宜章邓庠、眉山余子俊、莆田林文等，涉及数十人。又，书中收录众多的传记与诰敕，是研究与考证朱英身世及其仕宦生涯不可多得的史料。

有清乾隆十六年（1751）刻《认真子集》本，湖南图书馆、广西壮族自治区图书馆、日本东洋文库藏。

名臣琬琰续遗录一卷　（明）何孟春撰　佚

何孟春生平见『经部·易类·易疑初筮告蒙约十二卷』条。

《明史·艺文志》著录。

圣贤群辅录二卷　（明）何孟春注　佚

何孟春生平见『经部·易类·易疑初筮告蒙约十二卷』条。

范君山遗爱录　（明）范永銮辑　佚

范永銮生平见『经部·礼类·燕射古礼全书』条。

是书辑录范渊事迹。有董天锡序。《〔嘉庆〕郴州总志》著录。

孝德录　（明）黄潭撰　佚

黄潭，永兴县人。诸生，事母至孝，母没，庐墓三年，循例予旌表，授教职。

邝忠肃遗录十卷　（清）邝中孜辑　佚

邝中孜，宜章县人。邝埜后裔。

是书辑有其先祖邝埜生平事迹、家传、诰命、墓表及后人题挽等。姚明灿序曰：『有明中叶，郴郡三名儒，何文简孟春、朱文简英、邝忠肃埜后先辉映，联翼而起，虽遭时有幸不幸，而勋业德望，均彪炳史册，为百世重。呜呼盛哉！顾何朱二公皆有著作行世，惟忠肃独无，遍求遗文，仅得其训姪诗及题诸葛墓诗、回龙庙碑、科贡题名记数篇而已。公忠勋大节与日月争光，固不以文重，然吉光片羽亦足见，手泽之存，因与公十二代孙中孜汇集家传、诰命、墓表暨后人题挽缮录成编，以示后之不忘云尔。』

孝子录　（清）佚名撰　佚

孝子即胡鸿（1662—1721），字珍之，兴宁县人。举人胡国篇之兄，清康熙五十三年（1714）援例捐纳监生。笃于孝友之行，父母卒后筑庐守孝三年，清雍正六年（1728）旌。

浙江道监察御史欧阳厚均乡贤录　（清）佚名辑　存

欧阳厚均生平见『经部·易类·易鉴三十八卷』条。

有清刻本，湖南省社科院图书馆藏。

岳麓山长传四卷　（清）欧阳厚均撰　佚

欧阳厚均生平见『经部·易类·易鉴三十八卷』条。

陈士杰行状一卷　（清）王闿运撰　存

王闿运（1833—1916），字壬秋，又字壬父，号湘绮，世称湘绮先生，晚清经学家、文学家，湖南湘潭人。清咸丰二年（1852）举人，曾任肃顺家庭教师，尝入曾国藩幕府。后在湘绮楼讲学授徒。前后得弟子数千人，有门生满天下之誉。清光绪三十二年（1906）授翰林院检讨，加侍读衔。辛亥革命后任清史馆馆长。著有《湘绮楼诗文集》等。王闿运与陈士杰相善，互为儿女亲家，曾应陈氏之邀，赴桂阳延修《桂阳直隶州志》。

有清光绪十九年（1893）刻本，国家图书馆、湖南图书馆藏。

陈侍郎侧室李恭人行状一卷　（清）王闿运撰　存

王闿运生平见『史部·传记类·陈士杰行状一卷』条。李恭人（1867—1893），陈士杰妾，吴县人。清光绪十九年（1893）以节烈殉情，特旨旌表。

有清光绪十九年（1893）刻本，国家图书馆藏。

罗运陟自述一卷　（清）罗运陟撰　存

罗运陟，字邻岘，江西武宁人。

是书记载清咸丰、同治间太平军进攻湖南永州、郴州、桂阳、宝庆、溆浦等地，湘军与太平军作战及募兵、调兵、作战、军务、军饷以及同治、光绪年间湘军裁军等史料。

有稿本，湖南图书馆藏。

罗孝连自述一卷　（清）罗孝连撰　存

罗孝连，郴州人。清咸丰五年（1855）太平军陷郴城，募勇三百，充队长，随军克复郴城，赏六品军功。六年投效田兴恕军营，从战江西，屡有功。十年统带虎威长胜马步全军，旋以复定贵州番州城等功，以总兵记名。清同治三年（1864）署镇远镇总兵，以功记名简放提督，并赏骠勇巴图鲁名号，赏换业晋肯巴图鲁名号，十年补授安义镇总兵。清光绪二年（1876）署古州镇总兵，十一年擢贵州提督，二十年加赏尚书衔，二十五年卒，谥『武勤』。

此为罗孝连手稿，原件无标题，主要记述罗孝连咸同年间参加镇压太平天国和贵州各民族起义经历，其中关于太平军在郴的军事行动和罗孝连随军克复郴城记载尤为详细。

有稿本，湖南图书馆藏。

陈士杰行述一卷　（清）陈兆葵撰　存

陈兆葵（1861—1913），字复心，桂阳州人。士杰子。清光绪八年（1882）举人，十二年进士，朝考一等，改翰林院庶吉士，十五年散馆授编修。二十年遵新海防例报捐知府，二十一年复加捐道员，分湖北试用，二十四年由张之洞指派会同美国工程师伯生士等勘探粤汉铁路。二十六年署荆宜施道兼宜昌沙市等关监督，二十九年又署湖北汉黄德道，三十四年任湖南咨议局会办，改湖南高等学堂监督，清宣统三年（1911）奏派到京师图书馆行走。传主陈士杰，累官至山东巡抚。

有清光绪十九年（1893）刻本，上海图书馆、湖南图书馆藏。

济宁孙驾航都转事略　（清）陈兆奎撰　存

陈兆奎生平见『经部・孝经类・孝经古注一卷』条。

有清光绪间抄本，国家图书馆藏。

罗孝连行状（清）罗仰怀等撰　存

罗仰怀，孝连子，二品荫生，贵州补用通判，古州同知。谱主罗孝连，郴州人。累官贵州提督，谥『武勤』。端首题：《诰授光禄大夫建威将军尚书衔贵州提督谥武勤显考罗府君行状》，该行状详尽叙述了罗孝连戎马一生的历程。

有清光绪间刻本，国家图书馆、贵州省图书馆藏。

桂阳夏府君行述一卷（清）夏寿田撰　存

夏寿田生平见『史部·杂史类·涿州战纪十六卷』条。谱主夏时，累官江西、陕西巡抚。卷端题：『清授光禄大夫兼建威将军兵部侍郎督察院右副都御史江西陕西巡抚桂阳夏府君七十行述』。夏寿田，夏时子。

有清末民国间抄本，国家图书馆藏。

元嫔程恭人［兰清］行述一卷（清）夏寿田述　存

夏寿田生平见『史部·杂史类·涿州战纪十六卷』条。

有清刻本，平湖市图书馆藏。

清故静海县丞首君墓表一卷（清）许崇熙撰并书　存

许崇熙，字季纯，清长沙人。擅书法。墓主首翰声（1859—1913），字湘屏，郴州人。累官浙江鄞县、天津静海县令，后因年衰兵乱辞归，民国二年（1913）卒于长沙，年五十五。

有民国石印本，湖南图书馆藏。

年谱

澹庵纪年 （明）朱英撰 佚

朱英生平见『史部·诏令奏议类·诚庵奏稿』条。

太保朱公年谱一卷 （明）朱珣撰 存

谱主朱英（1417—1485）。朱珣，字荐元，朱英之孙，桂阳县人。明嘉靖任徐闻司训，编是谱。

是谱载朱氏生平，述其家世、仕途及著述，记录朱英自永乐十五年（1417）至明成化二十一年（1485）的经历，每年一条，以干支纪年加岁数起首，如『辛未三十五岁』『丁亥五十一岁』，内容有详有略。朱英尝著《澹庵纪年》，此应是据《澹庵纪年》基础上改编而成。此年谱对朱英幼年教育、科举、从政履历、婚姻、家庭成员等记录尤为详细，是了解朱英生平的重要资料。

有清乾隆十六年（1751）《认真子集》刻本，湖南图书馆、广西壮族自治区图书馆、日本东洋文库藏。

朱子年谱纲目十二卷首一卷末一卷 （清）李元禄撰 存

李元禄，字涵万，号虚亭，晚号絜翁，兴宁县人。恩贡生。授直隶州州判。治汉、宋学，尤精于朱熹理学，亟称其善。晚岁辑《朱子年谱纲目》十四卷，湘潭罗典叹为景仰，为之序，刊行于世。学者宗之，称『敬修先生』。

是书前有自叙，次罗典叙，又次何学林序，以时间为纲，逐年介绍朱熹的生平事迹。有清嘉庆七年（1802）敬修斋刻本，国家图书馆、湖南图书馆、新安县图书馆藏；又嘉庆二年刻本，日本内阁文库藏。

孔子年谱（清）陈起诗撰　佚

陈起诗生平见『经部·四书类·四书求是录』条。

陈起礼年谱（清）陈起礼撰　佚

陈起礼（1809—1859），字敬甫，号柏心，郴州人。工草楷，精诗赋，清道光十七年（1837）拔贡，朝考一等，以知县发广东补用，历署河源、永安等县，以捐输河工加知州衔，复署新宁县。清咸丰二年（1852）补授文昌知县，九年卒于任，年五十一。

李寿祺年谱一卷（清）李寿祺撰　佚

李寿祺，字月樵，号濑泉拙子，晚号陆舟山人，嘉禾县人。清宣统元年（1909）恩贡生，性耿介，好善事，曾纠集县十八团绅耆，倡立公益局。又精医术，其行医之迹遍桂阳、蓝山、临武、宜章、新田、粤东等地。卒年五十九。

欧阳知自订年谱（清）欧阳知撰　存

欧阳知（1867—1931），原名鼐，字孜轩，号幼旭，又号又之，郴州人。少聪慧，累困秋闱。清光绪二十一年（1895）入潮州镇总兵武万才幕，后充湖南高等实业学堂国文教师。清宣统元年（1909）参与创办湖南南路公学堂（后改岳云中学），二年出任校长，三年举孝廉方正，朝考一等，以知县分省补用。民国元年（1912）任耒阳县知事，后历任湖南高等工业学校、第三女子师范学校校长等职。

是谱记事起于清同治六年（1867），止于民国十七年（1928），凡六十二年，述其生平、家世、仕途等，尤其是关于晚清郴州维新思潮的记载颇为详细，是了解清末民初郴州历史的重要资料。

有《孜善轩集》铅印本，民国十九年（1930）湘鄂印刷公司出版，湖南图书馆藏。

春秋姓氏族谱　（清）侯襄朝撰　佚

侯襄朝生平见『经部·小学类·音韵辨义』条。

日记

徐霞客郴游日记　（明）徐霞客撰　存

徐霞客（1587—1641），名宏祖，字振之，别号霞客，江苏江阴人，地理学家。自小博览群书，不乐功名，而喜地志图经，以考察山川地貌为平生志向，一生足迹踏遍全国十九个省市，著有《徐霞客游记》。

是日记为明崇祯十年（1637）四月游览郴州时所记，历时十一日，对郴州名胜古迹的描述尤为详细，是反映明代郴州地理面貌的重要史料。

有清乾隆四十一年（1776）《徐霞客游记》刻本，国家图书馆、浙江图书馆、南京图书馆、山东省图书馆藏。

郴案日记一卷　（清）孙桐生撰　佚

孙桐生（1824—1904），字筱峰，号痴道人，四川绵阳人。清咸丰元年（1851）中举，二年登进士第，选翰林院庶吉士，散馆授湖南安仁知县，改桃源知县，充湖南乡试同考官。清同治八年（1869）署永州知府。清光绪六年（1880）迁郴州知州。晚年主讲家乡治经书院，曾刊刻《红楼梦》，为红学第一人。

郴游日记一卷　（清）杨恩寿撰　存

杨恩寿（1835—1891），号蓬海，别署蓬道人，又称坦园，长沙人。清同治九年（1870）举人。清光绪初授都转盐运使，后历湖北候补知县，以候补知府充湖北护贡使。擅长戏曲和戏曲理论，是清代知名戏曲家。著有《坦园日记》《坦园六种曲》等。

同治元年杨恩寿受郴州知州魏镜余聘请，担任家庭教师兼幕宾，于当年三月十九日抵郴，此日记即为其三赴郴州时所记，内有极多的观剧记载，尤以观湖南地方戏曲祁剧居多，述及演出场所、戏班名称、戏目情况、演员姓名及演技等诸多方面，是研究近代戏曲史的珍贵资料。日记触及面甚广，备载郴州风俗、土产、物价，兼附诗词。

有《坦园日记》手稿本，杨氏家藏。

晚悔斋日记　（清）刘次源撰　佚

刘次源生平见『经部·易类·易通十卷易通释例一卷』条。

屯园日记　（清）刘次源撰　佚

刘次源生平见『经部·易类·易通十卷易通释例一卷』条。

科举

安陵课试录　（清）沈维基辑　佚

沈维基，字抑恭，号心斋，浙江海宁人。副榜举人，清乾隆二十二年（1757）知永兴县事，任上续纂县志，修复城池。后署理郴州知州。

安陵校士录　（清）沈维基辑　佚

沈维基生平见『史部·科举·安陵课试录』条。

岳麓书院同门谱一卷　（清）欧阳厚均撰　存

欧阳厚均生平见『经部·易类·易鉴三十八卷』条。

是书辑清乾隆、嘉庆年间岳麓书院生员一百七十余人名录。每人名载字、号、排行、生庚八字、籍贯、入院省份等，前有欧阳厚均自序。

有清道光五年（1825）刻本，湖南图书馆藏。

光绪十一年乙酉科湖南乡试硃卷一卷　（清）陈兆蓉撰　存

陈兆蓉，字芙初，桂阳州人。弱冠补州学弟子员，清光绪十一年（1885）湖南乡试中举，授永明教谕。

是书内容包括履历表、科份页和试卷文章三大部分。履历表首载考生姓名字号、籍贯、出生年月日，身家情况。其次中式举人的基本情况、同考官、大主考官的职务、姓氏、对考生的推荐意见。最后选登文章数篇。

有清光绪十一年（1885）刻本，上海图书馆藏。

光绪二十三年丁酉科湖南乡试硃卷一卷　（清）黄纯垓撰　存

黄纯垓（1868—？），字图九，郴州人。清光绪二十三年（1897）由廪生中试湖南乡试第二十八名举人，二十九年成进士，以知县即用，签分直隶，补授交河知县。民国初当选为郴县议会议长，七年（1918）主持郴县义赈，后被聘为孔道学校国学班老师。

是书内容包括履历表、科份页和试卷文章三大部分。履历表首载考生姓名字号、籍贯、出生年月日，身家情况，其次是中式举人的基本情况、同考官、大主考官的职务、姓氏、对考生的推荐意见。最后选登文章数篇。

有清光绪二十三年（1897）刻本，上海图书馆藏。

光绪二十四年殿试策一卷　（清）夏寿田撰　存

夏寿田生平见『史部·杂史类·涿州战纪十六卷』条。

有清末影印本，平湖市图书馆藏。

杂录

兴宁县瑶峒疆界文册　（清）张为经撰　存

张为经，字涵六，山东济宁人。进士，清康熙四十一年（1702）署兴宁知县。

是书为兴宁知县张为经所报改县所辖雷连十二峒疆界地址及各峒千保长、瑶生、瑶民姓名册。

有清康熙间抄本，一册，湖南图书馆藏。

蓉城谳案五卷　（清）李掖垣撰　佚

李掖垣，字司直，号南浦，河北乐亭人。由荫生授光禄寺属正，迁大理寺左寺丞，京察一等。清乾隆二十一年（1756）补授桂阳州知州，在任七年。后升庆远知府，未抵任，署桂林知府，累官漳德知府。

古今法鉴录一百八卷　（清）曹亭时撰　佚

曹亭时生平见『经部·春秋类·左氏贯十六卷』条。

郴鉴录一卷　（清）孙桐生撰　佚

孙桐生生平见『史部·日记·郴案日记一卷』条。

湖南宜章营弁履历清册　（清）王大云辑　存

有清光绪二十八年（1902）抄本，东北师范大学图书馆藏。

续香山九老寿言录一卷　（清）胡景瑗等撰　存

胡景瑗（1846—?·），又名祖绩，字咸熙，号琢吾，桂阳县人。清光绪间岁贡，少游胡祖复之门，累举不第，后授徒以终。

是书为其祖父胡彬士九十三岁、业师胡祖复师母何氏六十岁双寿时，亲友门生所作寿庆诗文集。

有清光绪二十六年（1900）刻本，湖南图书馆藏。

刘幼吾司马署湖南桂阳州临武县劝民种植告一卷　（清）刘幼吾撰　存

刘幼吾，清光绪二十七年（1901）临武知县。

是书为刘幼吾署理临武知县时为振兴农业，提倡种植的告示，其中特别强调树畜的经济价值，提出要使中国富强就必须改变『只注意于田功，而不旁及树畜』的片面做法。

有清光绪二十七年（1901）胡玉缙抄本，复旦大学图书馆藏。

（六）史抄类

史通三十六卷　（宋）黄植撰　佚

黄植，字立之，桂阳监平阳县人。黄照邻之子，登宋元丰二年（1079）进士第，累官至朝请郎知贵州。

史外录二十四卷　（明）邓天珣撰　佚

邓天珣，字玉成，桂阳州人。

史通　（清）欧阳炎撰　佚

欧阳炎，字临川，安仁县人。清乾隆六年（1741）举人，候选知县。后授徒于乡间，邻县多礼聘之。生平著作多半遗失，惟遗文百余篇，由其子梓行于世。

全史撮要　（清）曾时琛撰　佚

曾时琛，永兴县人。

两汉辑句　（清）邓植撰　佚

邓植，永兴县人。博学笃行，清乾隆六年（1741）辛酉科拔贡，四十二年任永顺教谕。

策约　（清）罗淇撰　佚

罗淇，字卫叔，桂东县人。廪生。

（七）地理类

方志

桂阳记　（三国）杨元凤纂　佚

有《汉唐地理书抄辑》本，今存辑佚文二条。

桂阳记　（唐、五代）佚名纂　佚

唐、五代时修，《太平寰宇记》著录，今存辑佚文一条。

郴州图经 （宋）佚名纂 佚

桂阳图经 （宋）佚名纂 佚

桂阳志六卷 （宋）郑绅纂 佚

郑绅，衢州西安人。宋乾道二年（1166）登进士第，授桂阳军教授。

是志《宋史·艺文志》作《桂阳图志》，清代善化陈运溶《麓山精舍丛书》从《舆地纪胜》中辑佚文十一条，实存辑佚文十四条，收录有三瑞堂、书锦阁、松柏台、盘王旧经、桂水集、废城遗址等。

《宋史·艺文志》著录。

郴州志 （宋）徐得之纂 佚

徐得之，字思叔，临江军清江人。宋淳熙十一年（1184）进士，历仕州县，绍熙间提举湖南常平茶盐公事，开禧中以通直郎致仕。著有《左氏国纪》《史记年纪》等。

《宋史·艺文志》著录。

［嘉定］桂阳志五卷 （宋）周端朝纂 佚

周端朝（1172—1234），字子静（一作子靖），温州永嘉人。登宋嘉定四年（1211）进士第，教授桂阳军，通判严州，除国子博士，宋绍定二年（1229）升著作郎，累迁秘书少监，兼实录院检讨官、国史院编修官，端平元年（1234）权刑部侍郎，卒年六十三。

《宋史·艺文志》著录。

郴州图志　（宋）佚名纂　佚

《永乐大典》著录。

郴州图经　（宋）佚名纂　佚

《永乐大典》著录。

郴州重修图志　（宋）佚名纂　佚

《永乐大典》著录。

桂阳志　（宋）佚名纂　佚

约成书于宋绍定元年（1228）至祥兴二年（1279）间。内容包括山川、食廪、诗文三类目，收录有赵崇度、高不倚两任知军创建举子仓、先备仓等方面的内容。

《永乐大典》著录。

平阳山志　（宋）佚名纂　佚

[皇庆]郴江志　（元）王都中修　佚

王都中（1278—1341），字元俞，号本斋，福宁州人。年十七授平江路总管府治中，除浙东道宣慰副使，历郴州、饶州路总管，除两浙都转运盐使，历迁福建、浙东、广东道宣慰司元帅，累官至江浙行省参知政事。擅诗，著有《本斋集》。

[洪武]桂阳府志（明）佚名纂　佚

[洪武]安仁县志（明）佚名纂　佚

[洪武]桂东县志（明）胡视远修（明）欧阳珏纂　佚

胡视远，上元人，明桂东知县。欧阳珏，庐陵人，桂东儒学训导。

[永乐]安仁县志（明）佚名纂　佚

[永乐]桂东县志（明）范忠修　佚

范忠，辽东人，明桂东知县。

[正统]郴州志（明）袁均哲纂　佚

袁均哲，字庶民，建昌人。明正统间任郴州知州。

［正德］安仁县志　（明）韩宗尧修　（明）卢金润纂　佚

韩宗尧，广东番禺人。明正德间安仁知县。卢金润，广东东莞人，安仁县教谕。

此志明正德九年（1514）修。

［正德］永兴县志　（明）李永敷纂　佚

李永敷（1462—1521），字贻教，号鹤山，永兴县人。少称奇童，明成化十九年（1483）乡试中举。明弘治九年（1496）二甲第一名进士，授兵部武选司主事，迁郎中，与王守仁、李梦阳相善，以忤刘瑾罢归。置义田课子弟，著书终老。

此志明正德十二年（1517）修。

［嘉靖］湖广图经志书二十卷　（明）薛纲纂修　（明）吴廷举续修　存

薛纲，字之纲，浙江山阴人。天顺八年（1464）进士，湖广副使。吴廷举，字献臣，号东湖，广西梧州人。历任右副都御史、南京工部尚书。

有明嘉靖元年（1522）刻本，南京图书馆、天一阁博物院、日本尊经阁文库藏。

［嘉靖］桂阳县志　（明）曹琚纂　佚

曹琚（1457—?），字仲玉，号桂山，桂阳县人。明弘治九年（1496）进士，授工部主事，署虞衡员外郎，迁郎中。正德三年（1508）升广州知府，有贤声，六年（1511）调梧州知府，有治绩，后以病乞休。

此志明嘉靖二年（1523）修。是书七卷，分别为吏志、户志、礼制、兵志、刑志、工志、杂志，内分世表、官职、山川、里分、物产、气候、风俗、学校、城池、兵制、民兵、铺舍、经略、词讼、公署、坊牌、桥梁、方外十八门。

[嘉靖]桂阳州志 （明）戴录撰　佚

戴录，浮梁人。明嘉靖四年（1525）任桂阳知州。

[嘉靖]安仁县志 （明）张宥修　佚

张宥，贵州永宁卫人。安仁知县。

此志明嘉靖九年（1530）修。

[嘉靖]郴州志 （明）周南纂　佚

周南，字化行，郴州人。明嘉靖十三年（1534）举人，授宁国知县，调商丘，年未四十致仕归。

此志明嘉靖十年（1531）修。

[嘉靖]福宁州志十二卷 （明）谢廷举修　存

谢廷举，字孟贤，郴州人。明正德十四年（1519）举人，历贵溪、临淮知县，明嘉靖十四年（1535）任福宁州知州。

有明嘉靖十七年（1538）刻本，天一阁博物院藏。

［嘉靖］郴州志　（明）何孟春纂　佚

何孟春生平见『经部·易类·易疑初筮告蒙约十二卷』条。

此志明嘉靖二十二年（1543）修。

［嘉靖］兴宁县志　（明）王瑾修　（明）李廷柬纂　佚

王瑾，兴宁县知县。李廷柬，字文达，号作山，兴宁县人。资性敏达，博极群书，明嘉靖十九年（1540）举人。

此志明嘉靖二十二年（1543）修。

［嘉靖］郴州志　（明）王心纂　佚

王心，字惟一，号两山，又号后隅子，安徽天长县人，龙江卫籍。明嘉靖七年（1528）举人，十七年进士，任兵部主事，以事降郴州同知。

此志明嘉靖二十三年（1544）修。

［嘉靖］安仁县志　（明）闵文振纂　佚

闵文振，字道充，号兰庄，江西浮梁人。明嘉靖年间由选贡官安仁教谕，因邑旧志疏略多缺，乃更修之。安化教谕方清为之序，述其言曰：『纪事贵详，取人贵恕』，又曰：『史垂劝戒以严为义，志主采录以博为功，其修书之大旨如此』。

［嘉靖］续修桂阳州志　（明）何锐撰　佚

何锐（1499—1577），字蒙泉，桂阳州人。工诗文，明嘉靖中贡生，入南京国子监。自以少负颖材，二十年不得第，告归桂阳，取李泌白衣之事，自号『衡白山人』。知州林垠甚重之，劝出补官，选盐亭主簿，巡抚爱其才，拔为合江知县，政绩卓著，后调知泸州，所至多惠政，司道考察，常列第一。

［嘉靖］桂阳县志　（明）朱经济修　佚

朱经济，漳州人。桂阳知县。

此志明嘉靖三十四年（1555）修。

［嘉靖］临武县志十四卷　（明）刘尧诲纂　佚

刘尧诲生平见『经部·春秋类·左传评林』条。

此志明嘉靖四十年（1561）修。自序云：『志成共九卷，内表七，列传九，外纪四类，分为一十四帖，函遗邑侯费望湖公，侯曰：「可将勤梓人。」属余引其端，考旧志凡三修，文之善否，余不敢知，顾志者何志其国事之大者，通于政事，谓可以备省，观患在失实而非能文之难也。古者闾塾，亦有史，生齿咸得书之况，大此者耶。余闾塾人，故为志勉遵，义法往稽邑典，综之列史，旁采诸家，所记皆人之彰彰共睹，记者从其实也。』

［隆庆］宜章县志十五卷　（明）黄应芳修　佚

黄应芳，东莞人。明宜章知县。

此志明隆庆二年（1568）修。

［隆庆］安仁县志三卷　（明）邹京修　佚

邹京，常州武进人。举人。明隆庆间官安仁知县。

志前有目录，卷首为县境、县城、县治、庙学四图，卷一分沿革、分野、邑名、疆域、形胜、风俗、城池、乡都、山川、土产、户口、田赋、徭役十三门；卷二分官署、学校、宫室、坊市、津梁、坛庙、墓冢、寺观、古迹凡九门；卷三分历官、科贡、荐辟、恩例、武勋、保障、名宦、游寓、乡贤、列女、仙释、景物、祥异十三门，共三十有五门。

［万历］郴州志二十卷　（明）胡汉等纂修　存

胡汉，字屏麓，又字文叔，安徽新安人。举人，明万历三年（1575）知郴州。

是志于万历四年（1576）付梓印行。叙事止于万历二年。全书有沿革、封爵、秩官、科贡四表五卷；提封、创设、食货、秩祀、儒学、兵戎六志九卷；循良、人物、孝义、侨寓、仙释五传五卷；祥异一纪一卷，共二十卷。沿革载自唐虞至明洪武郴州及所辖各县的地理源流变迁。人物列有封爵、秩官、科贡等表，以及循良、人物、孝义、侨寓、仙释等传。提封志中记山百九十余处，水约百处。是现存最早的郴州志书。

有明万历四年（1576）刻本，天一阁博物院、上海图书馆藏。

［万历］临武县志　（明）陈贵科修　佚

陈贵科，字少元，广西马平人。明万历四年（1576）丙子举人，八年授临武知县，十二年擢广东儋州知州。《千顷堂书目》著录。

［万历］桂阳州志（明）罗大奎修　佚

罗大奎，字文辉，一字鲁文，号聚所，江西南昌府人。明隆庆元年（1567）举人。明万历十一年（1583）知桂阳州，修州志，建斗下渡，捐俸置学田以赡士，有遗爱，擢栾州府同知，仕至山东按察副使。

［万历］宜章县志（明）邹鲁修　佚

邹鲁，万历中宜章知县。此志明万历十七年（1589）修。

［万历］桂阳州志（明）郭槃修　佚

郭槃，字乐舟，号霞谷，广东番禺县人。明嘉靖四十年（1561）举人，荐授岳州府同知，改延平。明万历二十一年（1593）移知桂阳州，二十三年觐还劳瘁而卒。

《千顷堂书目》著录。

［万历］安仁县志（明）谢之藩修　佚

谢之藩，字介甫，号南湫，四川威州人。由拔贡于明万历二十五年（1597）任安仁知县，兴修县志，创立学宫、书院及造桥梁、楼阁等，有循声，祀名宦。

是志体例悉照隆庆旧志，卷数、门类亦如之。《［同治］安仁县志》云：『今邑内多有藏本，其中亦微有异同，颇滋疑窦，人物门内如欧阳梧名下，历叙善行至千有余言，诚不免于繁冗，他本或铲去数行，移掇一名于内，上下文全不贯接，则后人有所窜易，痕迹显然。选举门内载万历三十四年岁贡一名，系在志成之后，然相距仅两年，或旋为增入耳。他本则载及崇祯时及国初以来贡监，是盖康熙年间邑令刘温良所增入者，时当鼎革又值滇逆之变，年分官阶尤不足以征信第。邑志创自有明，旧传洪永志，久已无存，嘉靖志亦佚，隆庆志又多缺残，惟是书尚为完备，借以考证。历朝旧制及山川、人物、故实、遗文现届重修，邑志其足资采择者，正复不少也。』

［万历］桂东县志　（明）于应龙修　（明）张麟纂　佚

于应龙，由贡生明万历间任桂东知县。

［万历］兴宁县志　（明）传其德修　（明）陈元旦纂　佚

陈元旦生平见『经部·孝经类·孝经章句』条。传其德，号雨梅，浙江钱塘县人，明万历中兴宁知县。陈元旦，兴宁县人，赣榆知县。

此志明万历四十三年（1615）修。

［天启］兴宁县志　（明）汪梦尹修　（明）王廷玑纂　佚

汪梦尹，江西戈阳县人，明天启三年（1623）由选贡任兴宁知县。王廷玑，兴宁县人，通判。

此志明天启五年（1625）修。

［天启］永兴县志　（明）陈鸣郊修　（明）曾绍芳纂　佚

陈鸣郊，河南郾城人，天启三年（1623）任永兴知县。曾绍芳，永兴县人，累官东川参议。

此志明天启六年（1626）修。

［崇祯］宜章县志　（明）杨本厚修　佚

杨本厚，号仁区，云南鹤庆人，明崇祯七年（1634）知宜章县。

此志明崇祯十二年（1639）修。

桂阳州志（又名南平志）（清）何文麃撰　佚

何文麃生平见『经部·易类·易系辞辨解』条。

［康熙］兴宁县志十三卷　（清）耿念劬修　（清）林春芳纂　存

耿念劬，字绿房，河南杞县人。清顺治十六年（1659）进士，康熙七年（1668）任兴宁知县，著有《若园诗》二卷。林春芳，字芝山，兴宁县人，举人。

是志纪事止于康熙九年。前有叶臣遇、耿念劬序，次目录，又次重修兴宁县志纪略十六则。正文分十三门，依次为封域、营建、秩官、赋役、祀典、礼仪、选举、人物、灾异、艺文、方外、拾遗，计一百零九目，是现存最早的资兴县志。

有清康熙九年（1670）刻本，国家图书馆藏。

［康熙］桂东县志六卷　（清）田国辅修　（清）周一宽纂　存

田国辅，字右君，满洲镶蓝旗人。生员，清康熙十一年（1672）任桂东知县。周一宽，桂东县人，贡生。

是志成于康熙十一年，前有田国辅序，次周一宽跋，后有重修桂东县志纪略五则。凡六门三十六目，正文首列桂东县地舆图，叙事较为简略。

有清康熙十一年（1672）刻本，国家图书馆藏。

［康熙］桂阳县志六卷　（清）盛名誉修　（清）周一锦纂　存

盛名誉，字来初，号容间，浙江嘉兴人。清顺治十八年（1661）进士。清康熙九年（1670）由推官任桂阳知县。周一锦，桂阳县人，贡生。

是志记事止于康熙十二年。正文分八门三十余目，存卷二至四、六上。

有清康熙十二年（1673）刻本，国家图书馆藏。

［康熙］桂阳县续志一卷　（清）沈玘修　（清）邓嗣禹纂　存

沈玘，字席珍，会稽人。贡生，清康熙十七年（1678）任桂阳知县。邓嗣禹，字龙阴，桂阳县人，贡生。

是志上始修于康熙二十年，前有沈玘、范克慧序，又朱俊成跋，次续志小引。体例内容全袭盛名誉志，续补封域志，山川、古迹目，营建志、坊表、寺观目，及赋役、学校、职官、选举、人物、艺文诸志有关门目，三万余字。

有清康熙二十年（1681）思诚堂刻本，国家图书馆藏。

［康熙］临武县志一卷　（清）张声远纂修　存

张声远，字于野，号晴园，奉天广宁人。监生，清康熙二十年（1681）任临武知县。

是志存抄稿二十八页，是纂修的初稿，尚未成志，无序跋、凡例、目录，属史料汇辑。

有清康熙二十一年（1681）抄本，国家图书馆藏。

［康熙］嘉禾县志一卷　（清）张声远纂修　存

张声远生平见『史部·地理类·［康熙］嘉禾县志一卷』条。

是志分沿革、疆界、乡都、山川、古迹、城池、廨署、驿铺、祠庙、坛遗、关市、桥梁、别构、学校、风土、秩官、贡选、诰封、武备、赋役、外志、上寺等二十二目，约三千字。

有清康熙二十二年（1683）抄本，国家图书馆藏。

［康熙］桂阳州志十四卷　（清）董之辅修　（清）吴为相等纂　存

董之辅，号枚庵，辽东义州人，清康熙二十年（1681）任桂阳知州。吴为相，州人，清顺治庚子（1660）科举人。

是志成书于康熙二十二年，前有范时秀、王孙蔚、董之辅、程维极、吴为相序并董之辅跋。全书十四卷，依次为封域、营建、赋役、盐政、学校、风土、秩官、选举、武备、人物、列女、艺文、祥异。封域志前有舆图四幅，又详例康熙二十一年裁乡都后全州四十一里之名称。营建志中关于城池、衙署历次修建情况较为详细，赋役志详载明洪武、嘉靖、隆庆时期桂阳州户口数及乱后州属各县实存人丁数额，盐政志主要记桂阳州淮盐、粤盐之争。风土志后附宋桂阳监判官章侁《烹丁歌》、明教谕欧阳至《渔丁歌》、知州罗大奎《请豁渔课条陈》。艺文志辑录疏、议、书、序、记、文、碑、说、诗、铭、赋、歌等等。

有清康熙二十二年（1683）刻本，国家图书馆（存十一卷）藏；又清抄本，桂阳县档案馆藏。

［康熙］宜章县志十卷　（清）鹿鼎英修　（清）钱奇才纂　存

鹿鼎英，字芝阳，山东福山人。钱奇才，字飞三，湖北黄陂人。

是志成于清康熙二十四年（1685），无序跋，前有凡例十三则，凡十门，依次为封域、营建、赋役、学校、秩官、武备、选举、人物、艺文、方外，共七十五目。存九卷，缺卷十（艺文下、方外）。

有清康熙二十四年（1685）刻本，国家图书馆藏。

［康熙］临武县志十六卷首一卷　（清）张声远修　存

张声远生平见『史部·地理类·［康熙］嘉禾县志一卷』条。

是志记事止于康熙二十六年。凡十六卷，首一卷，卷首有张声远、邹章周序，次凡例和修志姓氏。正编分十二门六十五目。卷一为天文志，卷二为封域志，卷三为营建志，卷四、卷五为赋役志，卷六、卷七为学校志，卷八为秩官志，卷九为武备志，卷十为选举志，卷十一、卷十二为人物志，卷十三至十五为艺文志，卷十六为外志。首列县域图、县城图、县治图、学宫图、八景图，艺文志中辑录刘尧诲、曾朝节诗文尤多，如刘氏《治河议》《创建学田记》《韩张亭记》，曾氏《瑞春堂记》《祭白野朱先生文》等。

有清康熙二十七年（1688）刻本，天津图书馆藏。

［康熙］桂阳州志十四卷　（清）王秉中增补　存

王秉中，字粹庵，奉天人。清康熙三十五年（1696）任桂阳知州。

有清康熙三十五年（1696）增补刻本，天津图书馆藏。

［康熙］郴州总志十一卷　（清）陈邦器修　（清）李嗣泌纂　存

陈邦器，字允匡，辽宁盖州人。清康熙二十一年（1682）任郴州知州。李嗣泌，字仲邺，湖北孝感人。岁贡，郴州儒学训导。

是志记事至康熙二十三年，凡十一卷，依次为封域、营建、赋役、学校、秩官、武备、风土、选举、人物、艺文、志余，内分六十五目。前有陈邦器、谢允文序，次程式伊、李嗣泌、刘带蕙跋。每卷前有总论，封域列郴州总图和郴州、永兴、宜章、兴宁、桂阳、桂东分图，并附郴州图说、要害图说及州属一州五县概况。赋役除载丁粮等正赋外，还详列玖厘饷、北药味、南药味、江济水夫、活鹿、苗竹、屯田司料、军器银、熟铁线胶、颜料等银、浅船银等杂项。秩官录汉至清初官员千余人。武备志瑶峒独立为目，记全州瑶峒少数民族历史沿革、风俗习惯甚详。风土志附坑冶，详论坑冶之害。艺文录州属各邑诗文词赋等。志余为祥异、兵燹、仙释、寺观，其中兵燹一目，记载明末临蓝矿徒起义尤详。

有清康熙三十七年年（1698）刻本，国家图书馆、湖南图书馆藏。

［康熙］郴州总志十二卷　（清）范廷谋修　存

范廷谋，字廷谋，号省斋，浙江鄞县人。贡生，清康熙四十九年（1710）任郴州知州。

是志前有范廷谋、瞿潜序，体例类目，基本全袭陈邦器志，仅艺文增加一卷，续修至康熙五十八年间史事。卷一前增补有范廷谋总论，艺文志续增范廷谋《郴阳大塘何氏族谱序》《改建郴州学宫碑记》《改建义帝祠记》等文。志余志仙释一目续增苏耽、成武丁、范伯慈、唐道可、廖法正、刘瞻兄弟三人、王锡、无量寿佛、朱大师等九仙二佛，及二神柳毅、黄师浩的传记。并续增启祯事绩、详稿二目。

有清康熙五十八年（1719）增补刻本，国家图书馆藏。

［康熙］安仁县志二卷　（清）陈黄永修　佚

陈黄永，字叔嗣，号陟斋，浙江海宁人。清康熙二十八年（1689）由举人官知安仁县。

是书成于康熙三十二年，凡二卷。上卷志田赋、仓库、学校、邑名、疆域、城池；下卷志山川、坛庙、艺文。其自序云：『四载搜罗，约为十志，第人物一志，远者莫考，近者易嫌，故仅详其九，宁阙一，以俟后来考。』其艺文志内，前代诗古文词，悉摈不录，惟自存其碑记数篇。

［康熙］安仁县续志　（清）周元良修　佚

周元良，字亮工，汉军正黄旗监生。清康熙五十四年（1715）任知安仁县，见前令陈黄永志内，缺人物一门，爰补成之，缀以小引。

［雍正］直隶桂阳州志十四卷　（清）张明叙修　（清）李人龙等纂　存

张明叙，字秩斋，辽东人。满洲镶红旗汉军监生，清雍正三年（1725）任桂阳知州。李人龙，字虎文，州人，清康熙五十六年（1717）举人。

是志记事至雍正七年，前有张明叙、董之辅、李人龙、李才敏、吴为相序。正文分十四门九十九目，体例类目，全袭康熙董之辅志，其中营建志续增城楼、万寿亭、万寿宫重修碑记、考棚等内容。人物志增补何文麃、李在公等人传记。艺文志续增伍士琪《摘律便览序》《重修南城楼记》、赵申乔《新建前湖南方伯升任山东大中丞郎公祠堂记》、王朝恩《永济桥记》、何华年《龙渡峰八景诗》等诗文数十篇。

有清雍正七年（1729）刻本，国家图书馆藏。

［乾隆］永兴县志十二卷首一卷　（清）吕宣曾修　（清）黄立干等纂　存

吕宣曾，字伊蔚，号柏岩，河南新安人，举人，清乾隆八年（1743）至十三年永兴知县。黄立干，字正度，永兴县人，拔贡，平江教谕。

是志成书于乾隆十二年。全书十二卷，首一卷。卷首前有谢锡佐、黎川材、传国勷、楚以才序及自序，次旧志序跋、修志姓氏、凡例。卷一为封域，卷二为营建，卷三为秩官，卷四为武备，卷五为风土，卷六为赋役，卷七为祀典，卷八为礼仪，卷九为选举，卷十为人物，卷十一为艺文，卷十二为见闻。封域志首列城郭、全境、十景图，详标永兴城乡里都，山州胜景名称。职官收录宋至清历代文官二百四十五人，武职二十七人。武备志瑶总目记乾隆十年瑶民盘子玉奉旨为瑶总，管理永兴十五户瑶民等史事。风土志方言目收录天时、地理、人事、物情、农功、交接、宫室、称谓、案牍等类永兴方言数百条。选举志收录历代进士三十八人，举人、贡生凡三百余人。艺文志分宸翰、文选、诗选、书籍四目，收录诗文近三百篇，著录书目近百种。

有清乾隆十四年（1749）刻本，上海图书馆藏。

［乾隆］桂阳县志十三卷　（清）凌鱼纂修　（清）朱有斐编辑　存

凌鱼，字西波，号沧洲，番禺人。清乾隆十三年（1748）进士，补授桂阳知县，著有《书耕斋前后集》。朱有斐，桂阳县人，生员。

是志成书于乾隆二十年。卷首有凌鱼序及黄文理、周愿跋，次凡例、目录。全书十三卷，依次为图像、舆地、建置、风土、赋役、学校、典礼、职官、选举、人物、武备、艺文、杂志，尤重艺文志，篇幅几近一半，收录奏疏、条议、详文、告示、传、序、记、书、祭文、墓志铭、杂体、赋、诗等各种文体数百篇，如朱英《预计安边疏》《宋史序》、李东阳《寿工部尚书曾公七十诗序》、董天锡《范君山遗爱录序》、曾鉴《修城池记》等都极具史料价值。

有清乾隆二十年（1755）刻本，故宫博物院藏。

［乾隆］宜章县志十三卷 （清）杨文植等修 （清）杨河等纂 存

杨文植，字履正，广西桂林人，举人，清乾隆二十一年（1756）任宜章知县。杨河，字伏图，号易举，湖南新化人，举人，宜章儒学教谕。

是志记事至乾隆二十二年。全书十三卷，正文依次为图像、舆地、营建、风土、赋役、学校、典礼、秩官、武备、选举、人物、艺文、杂志。武备志详细记载明代郴桂守备驻扎宜章，统辖五所九堡十一哨的历史，收录郴桂守备、宜章所、黄沙堡、栗源堡、笆篱堡的武职官员百余名。艺文志收录邓庠、邝埜、何孟春、杨本厚等人的诗文数百篇，如何孟春《宜章县鼓楼重建记》、邓庠《重修城隍庙记》、刘尧诲《宜章迁学宫记》等。

有清乾隆二十一年（1756）刻本，湖南图书馆藏。

［乾隆］兴宁县志十二卷首一卷 （清）罗绅修 张九镡纂 存

罗绅，字带溪，号宪甫，广西苍梧人。拔贡，清乾隆二十年（1755）任兴宁知县。张九镡，字竹南，号吾溪，湖南湘潭人，乾隆二十三年任兴宁儒学训导，后升郴州学正。

是志记事止于乾隆二十四年。全书十二卷，首一卷，卷首有曾尚增、刘良壁、罗绅序，又明清旧志序五篇，次为凡例、目录、修志姓氏。卷一为封域，卷二为营建，卷三为秩官，卷四为风土，卷五为赋役，卷六为学校，卷七为典礼，卷八为选举，卷九为人物，卷十为艺文，卷十一为纪异，卷十二为拾遗。封域志首列全境、全城、县署、文庙、书院、八景诸图。艺文志收文九十余篇，诗赋近二百余首。拾遗志收录《学宫纪述》《朝对略言》《从祀塑像记》《重修观澜书院记》等二十文，著录书目四十六种，末附旧志序跋十余篇。

有清乾隆二十四年（1759）刻本，国家图书馆藏。

［乾隆］丰县志十六卷首一卷　（清）卢世昌修　存

卢世昌，字絅斋，桂阳州人。清乾隆九年（1744）贵州乡试中举，十九年成进士，授沛县知县，改丰县，有治绩。

有清乾隆二十四年（1759）刻本，山东省图书馆、天津图书馆、中国科学院国家科学图书馆藏。

［乾隆］永兴县志十二卷首一卷　（清）沈维基修　存

沈维基生平见『史部·科举·安陵课试录』条。

是志成书于乾隆二十七年（1762），全书十二卷，体例类目，全袭吕宣曾志。卷首有王洸、沈维基序，封域志街市目增加四乡地名四十处，选举志续增武举、贡选、监选、吏选一百五十余人。艺文志增补《请议叙疏》《永兴县义学碑记》《便江考》等文七篇，诗七十余首。

有清乾隆二十七年（1762）刻本，湖南图书馆、故宫博物院、中国科学院南京地理研究所藏。

［乾隆］直隶桂阳州志二十八卷首一卷　（清）张宏燧修　（清）卢世昌　邵玘纂　存

张宏燧，字赞皇，号慧川，江苏青浦人。举人，清乾隆二十七年（1762）至三十年桂阳州知州。

是志记事止于乾隆三十年。全书二十八卷首一卷，前有张宏燧序，卷首有天文朱鸟七宿、轸星、直隶桂阳州总图、桂阳州署全图、文庙全图及桂阳、临武、蓝山、嘉禾分图和桂阳十二景图。卷一、卷二为封域，卷三、卷四为营建，卷五为赋役，卷六为积贮，卷七为矿厂，卷八为盐政，卷九为学校，卷十为典礼，卷十一至十三为职官，卷十四、卷十五为选举，卷十六为人物，卷十七为列女，卷十八至二十五为艺文，卷二十六为古迹，卷二十七为风土，卷二十八为祥异。颇重经济，赋役、积贮、矿厂、盐政记载极为详细。艺文志共八卷，收录疏、议、书、碑、记、略、说、序、传、祭文、赋、诗等数百篇。

有清乾隆三十年（1765）刻本，故宫博物院藏。

[乾隆] 鄠县志二十三卷首一卷　（清）林愈蕃修　存

林愈蕃生平见『经部·孝经类·孝经刊误要义一卷』条。

有清乾隆三十一年（1766）刻本，国家图书馆、湖南图书馆、浙江图书馆藏。

[乾隆] 嘉禾县志二十六卷首一卷　（清）高大成修　（清）李光甲纂　存

高大成，字希鲁，吉林长白人。满洲镶黄旗监生，清乾隆三十年（1765）嘉禾知县。李光甲，字东晓，湖南湘潭人，举人，乾隆二十七年任嘉禾儒学教谕兼训导。

是志记事止于乾隆三十年，全书二十六卷首一卷，内容依次为星野、沿革、舆图、疆域、山川、城池、分署、赋役、积贮、学校、典礼、秩祀、风土、物产、官师、兵防、选举、诰命、人物、列女、祥异、寺观、艺文。卷首有高大成、李光甲序及旧志序四篇。舆图志有全境、县城、县署、文庙、万寿宫、八景图等十三幅。艺文志收《仙人桥石梯记》《重修城隍庙记》《桂水考》等文二十二篇，诗近八十首。

有清乾隆三十一年（1766）刻本，故宫博物院、台北故宫博物院藏。

[乾隆] 郴州总志三十卷首一卷末一卷　（清）谢仲坃修　（清）杨桑阿续修　存

谢仲坃，字孔六，号耳溪，广东阳春人。解元，清乾隆三十二年（1767）任郴州知州。杨桑阿，满洲镶黄旗人，乾隆三十四年任郴州知州。

是志叙事止于乾隆三十五年。全书三十卷首一卷末一卷，内容依次为舆图、星野、沿革、山川、疆域、城池、公署、学校、祀典、赋役、物产、积贮、恤政、风俗、仪礼、职官、名宦、兵防、选举、人物、列女、寺观、仙释、古迹、艺文、事纪、杂志。卷首为皇言，卷末为附考。志前有褚廷璋、谢仲坃、杨桑阿、都世喜序及旧志序文七篇。舆图列郴州城图、州治图、州学图、永兴城郭图、宜章城境图、兴宁城境图、桂阳城境图、桂东城境图等八图，艺文收录有关序、记、传、赋、考等，诗词凡二百四十五首。

有清乾隆三十五年（1770）刻本，故宫博物院、湖南图书馆（存九卷）、日本国立国会图书馆藏。

［嘉庆］直隶桂阳州志二十八卷首一卷补续一卷　（清）张宏燧修　（清）周仕仪　（清）李呈焕等补续　存

周仕仪，字弼轩，湖南祁阳人。举人，清嘉庆八年（1805）任桂阳州学正。李呈焕，字声堂，湖南沅陵人，贡生，清乾隆五十七年（1792）任桂阳州儒学训导。

是志据乾隆三十年张宏燧志续修增补，事止于清嘉庆九年（1804）。体例类目，全袭张志，后续另一卷。营建志续增文庙、尊经阁、先农坛、万寿亭、濂溪祠、鹿峰书院等祠庙阁亭在乾隆、嘉庆年间的修复经过。艺文志续增知州宦儒章《新建鹿峰书院记》等文章。

有清嘉庆十年（1805）刻本，湖南图书馆藏。

［嘉庆］宜章县志二十四卷首一卷　（清）陈永图修　（清）龚立海　黄本骐纂　存

陈永图，字固庵，四川涪州人。进士，宜章知县。龚立海，字云涛，巴陵人。岁贡生。黄本骐，字花耘，湖南宁乡人。举人。

是志记事止于嘉庆二十年（1815）。全书二十卷首一卷，内容依次为舆图、沿革、象纬、疆域、建置、风土、田赋、学校、祀典、兵防、秩官、选举、名宦、人物、列女、艺文、事纪、外志。卷首有陈永图序及旧志六次纂修姓氏及序跋，舆图列县境、城垣、黄沙堡、栗源堡、笆篱堡、莽山、学宫、文昌庙、县署、参将、学署、校场、八景等图二十幅。祀典详记文昌庙、城隍庙、昭德侯祠、邝忠肃祠等祭祀情况。艺文志收录文近百篇，诗四百余首，其中龚立海、黄本骐二人之诗尤多。

有清嘉庆二十年（1815）刻本，湖南图书馆、天津图书馆、中国科学院国家科学图书馆藏。

［嘉庆］临武县志四十七卷首一卷　（清）邹景文修　（清）曹家玉纂　存

邹景文，江苏人。监生，临武知县。曹家玉，号荆阳，湖南衡山县人，举人，临武儒学教谕。

是志于嘉庆二十二年（1817）印行。记事亦止于是年。全书四十七卷首一卷，内容依次为星野、图考、建置沿革、疆域、形势、山川、户口、田赋、水利、城池、关隘、津梁、古迹、公署、学校、祀典、祠庙、风俗、兵制、屯田、边防、铺递、苗瑶、武功、寺观、盐法、钱法、蠲政、职官、选举、封荫、政绩、人物、列女、隐逸、流寓、仙释、方技、僭窃、陵墓、艺文、典籍、金石、物产、祥异、杂识、外纪。图考列地舆图、县城图、学宫图、八景图等，艺文志收录李晋兴《稼圃初学记》、冯梦得《告龙文》、袁从谔《与临武围城中罗君赞书》等文五十九篇，诗三百余首。典籍著录书目四十余部。

有清嘉庆二十二年（1817）刻本，湖南图书馆、复旦大学图书馆、日本国立国会图书馆藏。

［嘉庆］桂东县志二十卷　（清）林凤仪修　（清）曾钰纂　存

林凤仪，字九岗，福建福清人，进士，清嘉庆二十一年（1816）任桂东知县。曾钰，字石友，福建惠安人，举人，继林夙仪任桂东知县。

是志成书于嘉庆二十二年，全书二十卷，首一卷，卷首有曾钰序，次目录、修志姓名、例言、旧序，图一目列轸宿、城池、学宫、万寿宫、奎楼、县署、学署、义学、八景诸图。艺文志收录《名宦乡贤祠记》《濂溪书院记》《周世德来青诗集序》等文四十六篇，赋三篇，诗二百余首。

有清嘉庆二十二年（1817）刻本，中国人民大学图书馆藏；还有咸丰九年（1859）章濂补刻本，湖南图书馆藏。

［嘉庆］永兴县志五十五卷首一卷　（清）刘统修　（清）曹流湛纂　存

刘统，字子充，号筠坪，山西介休人，进士，知县。曹流湛，字露圆，永兴县人，岁贡，湘阴县训导。

是志记事至嘉庆二十二年（1817）。

有清嘉庆二十三年（1818）刻本，国家图书馆、湖南图书馆、湖北省图书馆藏。

［嘉庆］直隶桂阳州志四十三卷首一卷　（清）袁成烈修　存

袁成烈，顺天宛平人。监生，清嘉庆二十二年（1817）任直隶桂阳州知州。曹昌，桂阳州人，山西祁县知县。

是志叙事止于嘉庆二十三年，全书四十三卷首一卷，内容依次为星野、图考、建置沿革、疆域、形势、山川、户口、田赋、水利、城池、关隘、津梁、古迹、公署、学校、祀典、祠庙、风俗、兵制、屯田、铺递、苗瑶、武功、寺观、盐法、矿厂、蠲政、职官、选举、封荫、政绩、人物、列女、隐逸、流寓、仙释、方技、陵墓、艺文、典籍、物产、祥异、杂识，共一百四十六目。志前有袁成烈、董䕫、曹昌、刘德濬序。户口详记嘉庆二十二年桂阳州城厢五都土著、铺店、寺院尼庵等户丁口数，人物志收录乡贤、名宦等二百余人的人物传记。

有清嘉庆二十三年（1818）刻本，嘉兴市图书馆、湖南图书馆（存三十九卷）藏。

［嘉庆］嘉禾县志二十六卷首一卷　（清）张英举　（清）李存素续修　（清）龙翔增纂　存

张英举，字云岩，河南固始人，恩贡，清嘉庆二十二年（1817）任嘉禾知县。李存素，嘉禾县人，副贡。龙翔，字云岚，湖南桃源人，举人，清乾隆五十一年（1786）举人，嘉庆三年任嘉禾儒学训导，后升湖北郧阳府教授，擢四川荣昌知县。著有《仓禾诗话》。

是志成书于嘉庆二十四年，是对乾隆三十一年（1766）高志的续补。体例类目全袭前志，所续史事，均附原志后。

有清嘉庆二十四年（1819）刻本，国家图书馆藏。

［嘉庆］安仁县志十四卷首一卷末一卷　（清）侯钤修　（清）欧阳厚均纂　存

侯钤，字补斋，江苏金匮人，进士，清嘉庆二十二年（1817）安仁县知县。欧阳厚均，安仁人，历官户部贵州司主事，浙江道监察御史。

是志记事止于嘉庆二十四年，全书十四卷，首末各一卷，内容分天文、地舆、营建、风土、赋役、学校、典礼、职官、选举、人物、列女、艺文、事纪、外纪等。卷首前有侯钤、杨志鸾序，次凡例、新修姓氏、旧志纂修姓氏序跋，卷末为拾遗。艺文志著录书目六十余种，辑录金石碑刻四十九条，收录文三十八篇，诗、词、赋二百余首。

有清嘉庆二十四年（1819）刻本，湖南图书馆藏。

［嘉庆］桂阳县志十卷　（清）常庆等纂修　存

常庆，满洲镶蓝旗汉军。举人，桂阳知县。

是志于记事止于清嘉庆二十四年（1819）。

有清嘉庆间刻本，北京大学图书馆藏。

［嘉庆］平远县志五卷首一卷　（清）卢兆鳌修　存

卢兆鳌生平见『经部·易类·周易辑义初编四卷』条。

有清嘉庆二十五年（1820）刻本，天津图书馆、广东省立中山图书馆藏。

［嘉庆］直隶郴州总志四十三卷首一卷　（清）朱偓等修　（清）陈昭谋纂　存

朱偓，字右佺，号曦图，四川兴文县人。清嘉庆二十二年（1817）任郴州知州。陈昭谋，字剑溪，州人，清乾隆四十二年（1777）拔贡。

是志记事止于嘉庆二十四年，体例完备，正文分星野、舆考、沿革、疆域、桥梁、山川、关隘、古迹、城池、公署、学校、典礼、祀礼、田赋、积贮、盐法、矿厂、蠲恤、风俗、苗瑶、名宦、流寓、职官、兵防、选举、人物、节孝、典籍、艺文、仙释、寺观、物产、事纪、杂志等。前有朱偓、至善、常庆、徐凤喈序及旧志序文十篇，艺文志收文一百八十余篇，赋十八篇，诗近八百余首。

有清嘉庆二十五年（1820）刻本，湖南图书馆、北京大学图书馆、中国科学院国家科学图书馆、南京图书馆、天津图书馆、湖北省图书馆藏；又清光绪十九年（1893）木活字本，上海图书馆藏。

［嘉庆］兴宁县志六卷　（清）张伟等修　（清）孙铤纂　存

张伟，字逊夫，山东掖县人。清嘉庆二十三年（1818）进士，兴宁知县。孙铤，字雪园，湖南新化人，举人，县教谕。

是志记事至嘉庆二十四年。全书六卷，卷一为序、星野、沿革、图考，卷二为疆域、户口、赋役，卷三为建置、职官、封荫、祀典、兵制、苗瑶、矿厂，卷四为政绩、选举、人物、列女，卷五为学校、流寓、典籍、风土、杂记，卷六为艺文。前有张伟、李之梓、刘澍、孙铤序及旧志序跋，次修志姓名，其姓氏记录极其详细。政绩、人物类搜录宋至清二百七十余人传略。艺文志收录《孔子生日祭议》《黄观象传》等文三十四篇，赋四篇，诗近二百首。

有清道光元年（1821）刻本，湖南图书馆藏。

［道光］直隶桂阳州志四十三卷首一卷　（清）袁成烈修　（清）曹昌纂　（清）俞昌会续修　（清）曹德赞等增补　存

俞昌会，宛平人，清道光二十三年（1843）知桂阳州。曹德赞，桂阳州人，进士，繁昌知县。

是志全袭嘉庆二十三年（1818）袁志，增补道光中知州陈同治《重修试院记》等数篇文章。

有清道光增补刻本，国家图书馆藏。

［道光］繁昌县志十八卷首一卷　（清）曹德赞修　存

曹德赞生平见『经部·礼类·四礼附论一卷』条。

有清道光六年（1826）刻本，中国科学院国家科学图书馆、北京大学图书馆、安徽省图书馆藏。

［咸丰］文昌县志十六卷首一卷　（清）陈起礼等修　存

陈起礼生平见『史部·年谱·陈起礼年谱』条。

有清咸丰八年（1858）刻本，上海图书馆、南京图书馆、北京大学图书馆、中国科学院国家科学图书馆藏。

［同治］嘉禾县志二十五卷首一卷　（清）高大成修　（清）陈国仲增修　（清）吴绂荣增纂　存

陈国仲，字少卿，湖北宜都人，监生，清同治元年（1862）嘉禾知县。吴绂荣，湖南善化人，同治初年嘉禾珠泉书院山长。

是志记事止于同治二年，体例类目沿袭嘉庆张英举志，积贮志记事至咸丰二年（1852）；秩官志增补各类官员至同治二年；兵防记事至咸丰十一年；选举记载至咸丰五年；艺文志新增《珠泉书院记》《万斛珠泉》等诗文词赋数十篇。

有清同治二年（1863）刻本，中国科学院国家科学图书馆藏。

澄海县舆地图说　（清）陈善圻编　存

陈善圻生平见『史部·政书类·问心无愧斋公牍』条。

有清抄本，国家图书馆藏。

［同治］桂东县志二十卷首一卷　（清）刘华邦修　（清）郭岐勋等纂　存

刘华邦，江西泰和人，进士，清同治五年（1866）桂东知县。郭岐勋，桂东县人，曾任江华县教谕，零陵训导。

是志记事至同治四年。内容依次为星野、沿革、疆域、建置、田赋、学校、秩祀、兵防、物产、风俗、古迹、祥异、职官、选举、名宦、人物、节烈、艺文、寺观、仙释、杂志。卷首有刘华邦序，次例言、旧序、修纂者姓氏、舆图。艺文志收录记、传、序、书、墓、碣文、赋、杂文诗二百余篇，内含《燕崖桥记》《心田桥记》等八篇桥记。

有清同治五年（1866）尊经阁刻本，国家图书馆、湖南图书馆、北京大学图书馆、中国科学院国家科学图书馆、天津图书馆、南京图书馆、浙江图书馆、美国哈佛大学哈佛燕京图书馆、郴州市档案馆、桂东县档案馆藏；又民国十四年（1925）活字本，上海图书馆、湖南图书馆、中国科学院国家科学图书馆藏。

［同治］桂阳县志二十二卷首一卷　（清）钱绍文等修　存

钱绍文，字子宣，江苏武进人，监生，桂阳知县。

是志记事至同治六年（1867）。卷首有钱绍文、孙光燮序及旧志序文七篇，次修辑姓氏、凡例。尤重艺文，搜采一邑疏、议、呈、传、序、记、祭文、墓志、书、说等文，赋十篇，诗、歌、禽言近四百余首，其中较前志增补袁子让《重修城隍庙碑记》、左宗棠《翘楚朱公墓志铭》等文数十篇。

有清同治六年（1867）活字印本，国家图书馆、湖南图书馆、天津图书馆、辽宁省图书馆、北京大学图书馆藏。

［同治］临武县志四十七卷首一卷　（清）邹景文修　（清）吴洪恩续修　（清）陈佑启续纂　存

吴洪恩，河南固始人。举人，临武知县。陈佑启，湖南武陵人，拔贡，临武县教谕。

是志记事至同治六年（1867），体例类目全袭嘉庆志，续补自嘉庆二十二年（1817）以来五十年间史事，续修内容附于嘉庆志各类之后。其中兵事尤为详细，艺文志增补《重修通济桥记》《资福寺修葺东廊记》等文十数篇，职官、政绩、选举、封荫、人物等各目，亦颇有特色。

有清同治六年（1867）增补嘉庆二十二年（1817）刻本，国家图书馆、湖南图书馆、南京图书馆、复旦大学图书馆藏。

［同治］桂阳直隶州志二十七卷首一卷　（清）吴嗣仲修　（清）王闿运等纂　存

吴嗣仲，云南保山人，清道光十九年（1839）举人，同治六年（1867）署理桂阳知州。王闿运，字壬秋，湖南湘潭人，清咸丰举人，清末赐进士，授翰林院检讨，加侍读衔，辛亥革命后，任国史馆馆长。

是志记事止于同治六年。全书二十七卷，内容依次列为疆域志、事纪、赋役志、工志、州官表、官师列传、学校志、礼志、兵志、人物志、货殖传、水道志、天文志、洞瑶志、艺文志、叙志、匡谬、小说。体例仿《史记》，立纪、表、志、图、传五体，因事命篇，无虚门类，内容丰富，材料精详，事辞典雅。

有稿本，桂阳县档案馆藏；又清同治七年（1868）刻本，国家图书馆、湖南图书馆、南京图书馆、天津图书馆、北京大学图书馆、日本国立国会图书馆藏。

［同治］安仁县志十六卷末一卷　（清）张景垣等修　（清）张鹏　侯材骥纂　存

张景垣，字晓峰，山东高苑人，拔贡，清同治七年（1868）安仁知县。张鹏，安仁县人，拔贡，候选州判。侯材骥，安仁县人，官至户部广东司候补主事。

是志记事止于同治六年。体例类目，基本沿袭嘉庆志，志前有张景垣序，艺文志续增书目三十一种，增补金石刻四条，增加《萃英堂文稿序》《坦斋先生全集序》等文十余篇。

有清同治八年（1869）刻本，湖南图书馆、国家图书馆、中国科学院国家科学图书馆、北京大学图书馆、天津图书馆、浙江图书馆、湖北省图书馆藏。

［光绪］兴宁县志十八卷首一卷末一卷　（清）郭树馨等修　（清）黄榜元　许万松等纂　存

郭树馨，号桂山，山西宁县人。举人，清同治五年（1866）兴宁知县。刘锡九，兴宁知县。黄榜元，兴宁县人，恩贡。许万松，兴宁县人，拔贡。

是志记事止于清光绪元年（1875），内容依次为皇言、星野、沿革、疆域、建置、风土、赋役、学校、典礼、武备、秩官、选举、人物、列女、艺文、杂纪、传书等。书前有刘锡九、郭树馨、俞文葆序及旧志序文十六篇。

有清光绪元年（1875）刻本，国家图书馆、湖南图书馆、天津图书馆、北京大学图书馆、湖北省图书馆、复旦大学图书馆、日本国立国会图书馆藏。

［光绪］永兴县志五十五卷　（清）吕凤藻修　（清）李献君纂　存

吕凤藻，字子京，浙江仁和人，清光绪六年（1880）任永兴知县，十九年卒于任。李献君，永兴县人，举人，拣选知县。

是志成书于光绪九年，全书五十五卷，书前有吕凤藻序，李献君跋。图考列天市垣、女宿、全境、城郭、河道源流、水利堰、名山胜境、县十景、文庙、考棚等图。艺文志收疏、记、序、传、考、说等文，诗词二百五十余首。

有清光绪九年（1883）刻本。国家图书馆、湖南图书馆、北京大学图书馆、浙江图书馆、天津图书馆、日本国立国会图书馆藏。

［光绪］宜章县乡土风俗志　（清）陈玉祥编　存

陈玉祥，广西乐平人，附生，宜章知县。

是志成书于清光绪十六年（1890），未付梓。又名《宜章县咨询各项事宜清册》，不分卷，亦无类目，记光绪十六年前宜章县的地理位置、城池、名山大川、乡都村镇、陂泽关隘、耕地荒野、河工水利、钱粮地丁、矿产开采、武庙书院、科举习俗、绅士坊表、服食婚丧、营制弁兵等。

有清光绪十六年（1890）抄本，国家图书馆、湖南图书馆藏。

［光绪］新宁县志二十六卷首一卷　（清）何福海等修　存

何福海，字镜如，郴州人。廪贡，历知清远、潮阳等县，清光绪十五年（1889）任新宁知县。

有清光绪十九年（1893）刻本，国家图书馆、南京图书馆、辽宁省图书馆、天津图书馆、浙江图书馆、湖北省图书馆、中国科学院国家科学图书馆、广东省立中山图书馆藏。

［光绪］永兴乡土志二卷　（清）刘朝昆修　（清）李仙培等纂　存

李仙培，号仁山，永兴县人。岁贡。

是志记事止于清光绪二十九年（1903）。

有清光绪三十二年（1906）活字本，北京大学图书馆、湖南图书馆藏。

［光绪］郴州直隶州乡土志二卷　（清）查庆绥修　（清）谢馨槐纂辑　存

查庆绥，顺天人，清光绪三十二（1906）郴州知州。谢馨槐，郴州人，岁贡生。

是志由郴州直隶州官修的一部乡土教育的教材，记事止于光绪三十二年。全书分上下两卷，正文分历史、政绩、兵事、耆旧、人类、户口、氏族、宗教、地理、山水、道路、桥梁、要隘、市镇、祠庙、古迹、坊表、学堂、实业、物产、商务二十一门。

有清光绪三十三年（1907）刻本，天津图书馆、湖北省图书馆藏。

［光绪］桂东县乡土志一卷　（清）何闳烈编　存

有清光绪三十三年刻本，中国社会科学院经济研究所藏。

［光绪］桂阳县乡土志一卷　（清）胡祖复编　存

胡祖复（1837—1913），字建德，号心源，又号桂楼，桂阳县人。少颖异能文，清同治十二年（1873）拔贡，候铨州判，因亲老，无心仕进。掌教朝阳、濂溪两书院二十余年。光绪、宣统两举制科，加同知衔。性静，喜花木，尤癖桂，晚号『桂楼山人』，年七十七卒。

是志成书于清光绪三十四年（1908）。其中政绩录、人物志搜辑二百四十余人传略，占全书一半以上。其余兵燹、建置、疆域、山脉、水道、古迹、祠庙、坊表、桥梁、宗教、风土等亦颇有价值。

有清光绪三十四年（1908）活字印本，湖南图书馆、南京图书馆、天津图书馆藏。

郴州志补遗　（清）首永清撰　佚

首永清，字寿庵，郴州人。清乾隆三十五年（1770）举人，善属文，工诗画。大挑一等，补江西进贤县，署广丰县，旋以座师孙士毅节制两江，照例回避，调浙江景宁县，不赴任，告病归。居家筑『绿漪园』，终日咏吟，怡情书画。

郴州总志续编　（清）陈振玉撰　佚

陈振玉（1777—1845），字琢章，号集堂，郴州人。清嘉庆五年（1800）举人，拣选知县，改就国子监典簿，掌教东山书院三载，协修郴州总志。清道光二十七年（1827）崇祀乡贤。

永兴县志稿　（清）欧孝撰　佚

欧孝，字南陔，永兴县人。清同治八年（1869）岁贡生，后以授徒为业，辑县志稿，惜未梓而先卒。

宜章县志补遗　（清）夏之时撰　佚

夏之时，宜章县人。清宣统元年（1909）贡生。

专志

苍梧总督军门志三十四卷　（明）刘尧诲修　存

刘尧诲生平见『经部·春秋类·左传评林』条。

明代两广的军事志书，两广古代泛称为『苍梧』，故以此为书名。《苍梧总督军门志》初修于明嘉靖三十一年（1552），明万历七年（1579）刘尧诲任两广总督，在原书基础上重加增补，再成其书，得三十四卷。是书主要记载：两广督府建制，历任总兵、总督姓名，有关两广的制敕，两广总图及各府、州、县图和海图，兵防官兵、戍地、军饷，两广战事，军政官员的奏议等。是我国古代现存第一部体例完备的地方军事志。

有明万历九年（1581）刻本，上海图书馆、中国台北『国家图书馆』藏。

嘉州二山志六卷　（明）袁子让撰　存

袁子让生平见『经部·易类·注易图』条。

是志又名《峨眉凌云二山志》。

有明万历三十三年（1605）刻本，上海图书馆、日本静嘉堂文库藏。

全蜀边域考　（明）袁子让修　存

有明抄本，台湾傅斯年图书馆藏。

天元山志　（清）李栖鹏修　佚

李栖鹏，字天池，奉天人。自称符离旧牧，贡生，清顺治七年（1650）知颍州。清康熙初年，其子梦鸾官安仁县令，迎养来此，后偶得旧志稿及图记，属永州通判韩魏删订厘为三卷。

上卷载图考、山水、寺宇、物产、灵异、田赋；次卷载记疏、诸文，附以语录、事迹；末卷载古今体诗，附以偈赞。魏有序云：『考天元山一名古爽，在邑东南三十五里，相传宋延祐间，有异僧建庵于其中，邑进士李龙金榜其门曰：「凤凰禅林」，至明正德间，僧祖山复寻遗址，仍旧名重建之，僧徒日众，环山皆刱缁庐，峰幽、石峻、树古、泉清，实为邑中一名胜。』

胡氏义塾志五卷　（清）胡清溪撰　佚

胡清溪，兴宁县人。诸生，清乾隆五十七年（1792）以孝旌。

石虎山志不分卷　（清）黄楚珩撰　存

黄楚珩，宜章县人。

是书前有宜章教谕韩启枟《石虎山志序》，次宜章知县彭世昌《石虎山志记》，又黄楚珩《汇修石虎山志序》。全书不分卷，分序文、形胜图、庙图、八景图、庙制、八景、古迹、封号、祀典、祭田、彝器、碑版、艺文、志跋十四部分。

有清道光二十一年（1841）刻本，国家图书馆、上海图书馆、南京图书馆藏。

郴侯书院志三卷　（清）曹维精等纂　存

曹维精，字仙洲，号朴庵，兴宁县人。家贫，幼从两兄荷薪为业，后从经文，然屡试不第，遂隐居授徒，年七十一以明经终。郴侯书院，清咸丰九年（1859）动工兴建，清同治二年（1863）竣工。

其志前有兴宁知县万时若序。详载书院创建始末、兴学源流等。卷一为圣赞并序，位次图。正殿，按当时书院规制，供奉孔子及四配、十二哲牌位。东西两庑供奉先贤先儒牌位。还有训士子文、朱子白鹿洞规条、郴侯书院罗慎斋夫子训士子格言等。卷二至三为各类钱谷捐项及书院公田记录。

有清同治二年（1863）刻本，湖南图书馆、上海图书馆藏。

石虎山武陵侯志十八卷首一卷　（清）黄名彦撰　存

黄名彦，宜章县人。石虎山，位于宜章浆水乡境内，距离宜章县城三十四公里。因山形独特，远观如同一只睡卧的石虎，故名『石虎山』。武陵侯祠，因奉祀唐代都统黄师浩而得名。

《石虎山武陵侯志》始纂修于清道光二十一年（1841），黄楚珩主修。清光绪元年（1875）黄名彦续修。

有清光绪元年（1875）刻本，湖南图书馆、美国哈佛大学哈佛燕京图书馆藏。

杂志

岭南异物志　（唐）孟琯撰　佚

孟琯，先世平昌安丘，后着籍郴州。唐元和五年（810）进士，授殿中侍御史。唐大和三年（829）以监察御史往淮南、浙右巡察米价。后为长安令，缘事贬硖州长史。唐大中九年（835）再贬梧州司户参军。唐永贞元年（805）十月，其在郴州请序于韩愈，即著名的《送孟秀才序》。

是书《新唐书·艺文志》《崇文总目》《通志·艺文略》《玉海》皆著录，宋代此书尚存。宋、明两代十多种著作中引有此书逸文约三十一则，内容所记遍及岭南东西两道的广州、崖州、康州、韶州、循州、崖州、容州等地。

百夷传一卷　（明）李思聪撰　存

李思聪（1363—1398），字仲谋，号石林，桂阳州人。明洪武二十六年中举，次年中二甲第十二名进士，授行人司行人，二十九年，奉命出使缅甸，劝诫百夷，息兵安境，并将出使缅甸的经历撰成《百夷传》上于朝庭，朱元璋听闻缅甸百夷诚服，大喜，擢江西布政司右参议，任上廉介自守，兴学校，创贡院，士林重之，三十一年卒于任。

是书为记载明代孟卯（麓川）一带少数民族的历史地理专著。洪武二十九年（1396）李思聪奉命出使缅甸和麓川一带，归朝后，写成此书。主要记载有百夷的地理方位、山川形势、驿舍村寨、饮食与婚嫁风俗、礼节宴乐、宗教祭祀、物产服饰等，是研究云南少数民族社会历史的重要文献。

有明祁氏澹生堂抄本，国家图书馆藏。

南岳纪略一卷　（明）曾瑀撰　佚

曾瑀（1469—?），字朝仪，桂阳州人。明弘治十四年（1501）中湖广乡试第一百三十五名举人，十八年中三甲第三十四名进士，授四川内江知县，后升刑部主事，卒于官。

五岭考一卷　（明）王朝仰撰　佚

王朝仰，字子嵩，临武县人。少学举子业，游邹守益之门，先习方外书，后究心易旨。年三十以病卒。

韩山考十卷　（明）徐开禧撰　存

徐开禧，字锡余，江苏昆山人。明崇祯元年（1628）进士，授临武知县，擢编修，升右中允，侍经筵，主福建壬午乡试，入清后居家，清顺治十一年（1654）起复，旋以疾归，卒年七十六。著有《古照堂文集》《涉园琐记》《楚闱类记》等。韩山乃临武名山，相传唐韩愈与张署聚会于此，后世习以韩山喻临武。

是书为明代学者徐开禧在崇祯二年至七年任临武知县期间所形成的公文、判牍、书信、文章的汇编，全书十卷，前有徐开禧自序。卷一至二为其向上级官署呈报请示的文书；卷三至六为谳略，是徐开禧任职临武知县和署理桂阳知州所审案子的集成，记述案情及断狱经过；卷七至八为书揭，收录其任职期间与各级官员的往来书信，多涉当时临武、桂阳两地政务；卷九为文、序、引，收录其在临武、桂阳期间创作的文、序、引；卷十为传、记、说、檄、缘疏、志铭。是书内容丰富，保存了大量的史料，其中的刑法史料，大多未见于它书。

有明崇祯十二年（1639）刻本，日本内阁文库藏。

五岭议一卷 （明）邝祖诗撰 佚

邝祖诗，号慕一，又号衡岳山人，临武县人。性明敏，精通五经诸史，后弃家归隐南岳三十余年，门下多知名士，曾代衡永兵备副使邓云霄修《南岳志》若干卷行世。

郴桂纪略一卷 （明）夏承瑞撰 佚

夏承瑞，字兆圣，桂阳州人。明崇祯三年（1630）举人，授宁波推官，以亲老不就。

龙标芳躅吟 （清）袁淑先撰 佚

袁淑先（1733—1790），字来范，号模圃，桂阳县人。清乾隆十八年（1753）举人，三十二年补黔阳教谕，四十八年擢浙江象山知县，筑坂海堤，政绩卓著，后署宁波知府。

是集采黔事有关风教者。向达礼序：『袁君模圃秉铎黔阳，取其地之名宦、乡贤、懿行、节孝足以励人心，而扶名教者，考其轶事，撰为小传，系以咏歌。』

梓里棠阴 （清）欧阳厚墀撰 佚

欧阳厚墀（?—1797），字金田，安仁县人。廪膳生员。幼颖慧，有文名，清乾隆五十七年（1792）邑令谭崇易开馆，重修邑志，厚墀亦与编校之列，因取旧志所登名宦，参以故老传闻，录旧征，新汇为一帙，成是书。

同枌征献 （清）欧阳厚墀撰 佚

欧阳厚墀生平见『史部·地理类·梓里棠阴』条。

是编所录皆安仁县内人物，宋元及明人物俱录旧志，间附以辨证，并补旧志遗漏者。

郴州崇义堂传书　（清）佚名撰　存

崇义堂是晚清时期设立于郴州南乡的教育慈善机构，由罗锡畴于清光绪三年（1877）首倡。建有堂宇三栋，田租三千余担。罗锡畴（1833—1880），字宅揆，号虞臣，郴州人。光绪元年举人，拣选知县，五年掌教东山书院。

是书主要记载郴州崇义堂创建的过程、各种规章制度及捐款明细，所载地名，太平军参与者田土处置、胥吏之害、晚清学田制、慈善事业等颇有史料价值。

有清光绪间刻本，民间藏。

游记、纪胜

郴行录　（宋）张舜民撰　存

张舜民，字芸叟，号浮休居士，陕西邠州人。宋治平二年（1065）进士，历监察御史、右谏议大夫，元丰中缘事贬郴。

是书记事始于元丰六年（1083）丁丑，止于戊子。记录了张氏贬谪郴州酒税，由京城至郴州之行历，对研究宋代时期沿途地理风物极具价值。

有《画墁集》本，天津图书馆、湖北省图书馆藏。

南迁录（宋）张舜民撰　佚

张舜民生平见『史部·地理类·郴行录』条。

楚闱类记一卷（明）徐开禧撰　存

徐开禧生平见『史部·地理类·韩山考十卷』条。

有清抄本，中国科学院国家科学图书馆藏。

纪程录（清）张廷良撰　佚

张廷良，字荃邻，别号柳湄，安仁县人。清乾隆中岁贡，曾七次赴京。《〔同治〕安仁县志》著录，云：『所存者，乃乾隆癸巳夏，由汉阳赴都所作，寥寥数条，只纪至汝宁府，而衍诗亦仅十余首，盖残阙之本也。』

居游闻见录三卷（清）欧阳厚垣撰　佚

欧阳厚垣，安仁县人。是书分上中下三卷，上卷录安仁县故实，中卷录往来衡湘间事，下卷则录其入都时往来北道间事。

纪游图记二卷（清）周世锦撰　佚

周世锦，字伯文，号素夫，桂阳县人。廪贡生，善画，工书法。清嘉庆中历署峄县、武定同知、德安知州、蒙阴知县等，擢山东盐运使分司，宦游数十年，所至皆有声。

揽胜图记 （清）罗锐才撰 佚

罗锐才，字文英，号退圃，别号灌花主人，郴州人。少聪颖异常，博览群书，清道光中由廪贡生历任沅江训导、湘阴教谕。晚年不乐仕进，与聂铣敏、陶澍、何凌汉等相善。

平定瑶匪述略二卷 （清）周存义撰 存

周存义，字宜亭，河南人。曾署江夏、钟祥知县，迁黄州府通判，清道光中随湖广总督卢坤镇压湖南瑶族起义。

是书上下两卷，上卷主要记述湖南瑶族领袖赵金龙起义与被镇压的经过，下卷主要为湖南、广东等地的瑶族起义史料。

有清抄本，上海辞书出版社图书馆藏。

郴游录 （清）金蓉镜撰 存

金蓉镜（1855—1929），字甸丞，一字潜父，晚号香岩，浙江秀水人。清光绪十五年（1889）进士，历任郴州、靖州知州，擢永顺知府。辛亥革命后归隐，晚年崇禅，著有《潜庐诗集》等。

是集为金蓉镜任郴州知州时所著，为日记体游记。主要记述从长沙出发抵郴赴任，乘船溯湘江耒水北上，沿途风物民俗。此外，还记载了在郴期间的山水游历。其最显著特点是，将其所见所闻，对照郦道元《水经注》和州志，对一些地名变迁和误笔进行了考证和订正。

有清光绪间铅印本，国家图书馆、上海图书馆、天津图书馆、温州市图书馆、嘉兴市图书馆藏。

避寇记录　（清）胡祖复撰　佚

胡祖复生平见『史部·地理类·［光绪］桂阳乡土志一卷』条。

（八）政书类

桂阳军会计录　（宋）宋文仲撰　佚

宋文仲，字伯华，衡阳人。张栻弟子。初官萍乡丞，宋淳熙中迁桂阳军录事参军，知长沙县，以桂阳知军陈傅良之荐，召赴都堂审察，授杂买务杂卖场提辖官。

学训　（明）范渊撰　佚

范渊（1453—1512），字静之，号君山，桂阳县人。明弘治九年（1496）进士。授任刑部陕西司主事，历员外郎、郎中。因忤刘瑾，降知威州。后复任，继调浙江监察御史，升云南按察佥事，提督云南学政，仕至云南按察副使。范渊长于吟咏，与李梦阳、徐桢卿、边贡、秦金等相善。

是书为范渊知威州时谕民所作。

民训　（明）范渊撰　佚

范渊生平见『史部·政书类·学训』条。

范渊知威州时谕民所作。

抚滇条约十卷 （明）何孟春撰　佚

何孟春生平见『经部·易类·易疑初筮告蒙约十二卷』条。

平夷录四卷 （明）何孟春撰　佚

何孟春生平见『经部·易类·易疑初筮告蒙约十二卷』条。

备荒一卷 （明）何孟春撰　佚

何孟春生平见『经部·易类·易疑初筮告蒙约十二卷』条。

恤刑书十二卷 （明）何孟春撰　佚

何孟春生平见『经部·易类·易疑初筮告蒙约十二卷』条。

谕霍录 （明）欧绍说撰　佚

欧绍说生平见『史部·杂史类·屏冈述史』条。

怀棠纪最录 （明）欧绍说撰　佚

欧绍说生平见『史部·杂史类·屏冈述史』条。

政规　（明）蔡凤梧撰　佚

蔡凤梧，字近阳，号高冈，山西平定州人。明万历十八年（1590）由举人知安仁县事，在任五载，任上著《政规》二十四条，升直隶淮安府同知。

吏治卮言　（清）罗从虎撰　佚

罗从虎生平见『经部·四书类·四书集解』条。

仓禾土箴　（清）向上达撰　佚

向上达，桃源人。岁贡，清乾隆三十年（1765）任嘉禾县教谕。

清道光郴州山林官司　（清）佚名撰　存

是书记载清道光间郴州永宁乡『山林纠纷』。封面写有：『道光五年六月二十三日本户在曾太爷处呈』。对研究清代的司法、户籍、保甲制度以及世风民情具有一定的史料价值。

有抄本，民间藏。

团练辑要　（清）许冠英撰　佚

许冠英，字伟堂，桂阳州人。清嘉庆间乡试副榜，授徒乡间。清道光二十八年（1848）补永绥厅训导，时诸苗怨叛，遣人诱其首领来降。越二年湖南大饥，倡建义仓厅。咸丰初，举团练御寇之法，冠英博采古今乡兵守望长策，撰《团练缉要》，以授其弟子。年八十四卒。

牧令书节要十八卷　（清）陈士杰辑　存

陈士杰生平见『史部・诏令奏议类・陈侍郎奏议八卷』条。

是书十八卷，内容依次为治原、政略、持家、用人、事上、接下、取善、屏恶、农桑、赋役、筹荒、保息、教化、刑名、戢暴、备武、事汇、保甲。前有自序，云：『安肃徐致初辑《牧令书》二十三卷，《保甲书》四卷，皆本朝先正嘉言成法，余择其要节录，合为一编，目仍其旧，惟宪纲一卷，以不专属牧令，姑不录。保甲为当务之急，取殿编末，共十八卷。』

有清光绪十一年（1885）刻本，国家图书馆、上海图书馆、首都图书馆、陕西省图书馆、桂阳县档案馆藏。

洋商要略　（清）萧山撰　佚

萧山（1829—1886），原名友升，字修之，号龙甫，桂阳州人。少颖异，年十九以郡试第一，补博士弟子员。清咸丰十一年（1861）拔贡，朝考一等，补正红旗官学教习，期满议叙知县，分湖北补用。督武汉商捐榷厘，以功叙同知衔。清同治八年（1869）署房县知县，十二年丁父忧回籍。清光绪元年（1875）起复，署巴东县知县，后丁母忧归家，执掌鹿峰书院。

西北边事　（清）萧山撰　佚

萧山生平见『史部・政书类・洋商要略』条。

防海辑要　（清）何聚吉撰　佚

何聚吉（1831—1878），字钟宣，号日三，桂阳州人。才智卓异，年二十七为州学附生，清咸丰五年（1855）

入州，入陈士杰、魏喻义军营，参赞军务。精通火器制造，造火箭、大鸭喷筒、飞花子、母炮数种，解赴魏喻义军营，为湘军攻克严州立奇功，循例保即补训导，加五品衔蓝翎。

问心无愧斋公牍　（清）陈善圻撰　佚

陈善圻（1833—1889），字邦止，号京圃，郴州人。附贡生援例得通判，指分广东，补广州府通判，历署盐运同、潮州海防、雷州海防同知、赤溪直隶同知、嘉应直隶州知州、鹤山知县等。

四川官运盐案类编八十卷　（清）夏时重订　存

夏时（1839—1906），字佑简，又字书命，号荍轩，桂阳州人。清咸丰十一年（1861）举人。清同治四年（1865）调任知县，旋报捐主事签分工部营缮清吏司行走。清光绪三年（1877）报捐道员分发四川候补，经四川总督丁宝桢奏委总办机器局务，八年总办滇黔边记盐务，二十四年补授四川川东道，二十六年八月授四川按察使，旋署布政使，第二年补授陕西布政使，二十九年署江西巡抚，三十年改陕西巡抚，旋开缺，三十二年卒于西安寓所。

《四川官运盐案类编》由唐泂初编于光绪四年，二十八卷，是书为夏时任四川滇黔边记盐务总办任内续编。分谕旨、奏稿、部咨、局详、院扎、局扎、局移、院示、局示、章程十门。

有清光绪二十四年（1898）刻本，国家图书馆、上海图书馆藏。

历代中外交涉表一卷　（清）李学铭编　存

李学铭，字又新，嘉禾县人。以廪贡生游学日本，习法政，尝入洮南知府孙葆缙幕。民国初年转宦于黔，署贵州高等审判厅推事，郁郁不得志，卒于贵阳黎平。

有清嘉禾雷氏求艾室刻本，北京师范大学图书馆藏。

岭南文牍　（清）李兆蓉撰　佚

李兆蓉，字镜春，宜章县人。清光绪三十二年（1906）拔贡，朝考三等，历官桂阳县地方审判厅书记长，广东澄海、鹤山承审员。

大清会典要义十三卷　（清）黄纯垓编　存

黄纯垓生平见『史部·科举·光绪二十三年丁酉科湖南乡试硃卷一卷』条。

有清末直隶法政学堂油印本，北京师范大学图书馆藏。

东三省盐法志十四卷　（清）陈为镒辑　存

陈为镒（1863—1924），字璞臣，郴州人。肄业校经书院，清光绪二十三年（1897）优贡，清末参与维新运动，主办《湘学新报》，发起创办郴州舆算学会。后捐纳内阁中书，充奉天高等学堂教授，文名远动京师。民国年间历任郴县北卡厘金局局长，讨贼总司令部秘书，与谭延闿、唐才常等相善。

是书十四卷，卷一记采盐历史；卷二、三卷载滩场；卷四旗庄；卷五催榷；卷六餐销；卷七转运；卷八职官；卷九禁令；卷十缉私；卷十一报销；卷十二、十三交涉；卷十四叙志。

有清宣统三年（1911）铅印本。国家图书馆、上海图书馆、南京图书馆、湖南图书馆、首都图书馆、南开大学图书馆藏。

筹国刍言　（清）刘次源撰　存

刘次源生平见『经部·易类·易通十卷易通释例一卷』条。

是书为刘氏上呈朝廷的治国策略，卷上依次为原治、原才、原富、原强、宪法、官制、学制、法制。卷下依次为财政、兵政、民政、议院、筹边、备海、外交。末附进呈折子。

有清宣统二年（1910）石印本，国家图书馆、首都图书馆、天津社会科学院图书馆、重庆大学图书馆藏。

条陈要政一卷　（清）刘次源撰　存

刘次源生平见『经部·易类·易通十卷易通释例一卷』条。

是书为刘次源任度支部郎中时上书的奏折，题为《具呈度支部郎中刘次源为敬陈消除隐患驯致富强要政呈请代奏事》，内容为建议内阁会议组织责任内阁、军机处组织参谋机关、陆军部统筹军政全局、民政部注重乡村自治、度支部统担国家行政经费、省部划清财政界限、度支部整理租税制度、尚书侍郎督抚等大员随时甄拔真才等。

有清光绪间铅印本，国家图书馆藏。

桂临蓝嘉商务拟单一册　（清）佚名撰　存

是书列举桂阳、临武、蓝山、嘉禾各地特色产品与发展前景，如绩麻、煤炭、绵、靛蓝、竹木、茶、白蜡、香樟、蚕丝等。附桂属农务可由商务带办一则、桂郡筹办民团刍言。

有清末抄本，湖南图书馆藏。

临武县绅士耆民公呈桂阳直隶州禀　（清）佚名撰　存

是书辑录临武县职员、士绅等数十人联名上呈禀帖。附录桂阳知州、湖南巡抚等官员批复。

有清刻本，湖南图书馆藏。

（九）史评类

评史集　（元）萧楚芳撰　佚

萧楚芳，字君兰，安仁县人。元大德间举明经，授郴县山长。

历代捷录　（明）汪楫撰　佚

汪楫生平见『史部·编年类·通鉴要略』条。

读史快四卷　（清）卢文旦撰　佚

卢文旦生平见『经部·礼类·礼存四卷』条。

读史闷四卷　（清）卢文旦撰　佚

卢文旦生平见『经部·礼类·礼存四卷』条。

读史管见　（清）刘方圭撰　佚

刘方圭，字次侯，桂阳州人。幼聪颖好学，后官永明训导。

读史随笔　（清）罗飞汉撰　佚

罗飞汉，字锦秋，嘉禾县人。廪生。尝游桂林、梧州，会学堂兴，往湖北考取师范，染病舟次，卒年四十一。

读史随笔　（清）李其显撰　佚

李其显生平见『经部·春秋类·春秋便闻』条。

读史评吟　（清）李澍福撰　佚

李澍福生平见『经部·四书类·四书图考』条。

读史臆说　（清）雷德焕撰　佚

雷德焕，字熙亭，嘉禾县人。少称神童，十一岁熟读诸经，桂阳州拔贡，雷澍万尤奇之。年十四乡试，拟中，以文策过长，而落榜。太史曹德赞、孝廉曹昌皆以其为忘年交，后以岁贡终。

（十）金石考古类

世泽录一卷　（清）刘心忠撰　存

刘心忠，字一斯，临武县人。以六世祖刘尧诲居衡，并谕葬于衡，遂居衡阳，然仍籍于临武。清雍正十三年（1735）岁贡。为人端谨，笃志好学，手不释卷。年八十七以明经终。

是集主要收录刘尧诲、刘文相、刘明东等人的传记、墓表、诰命及有关序文。附于刘尧诲《虚籁集》后。

有清雍正六年（1728）临武刘氏刻本，陕西省图书馆藏。

金石摘十卷　（清）陈善墀撰　存

陈善墀（1831—1883），字廷仲，号丹皆，郴州人。附生，由军功保举训导，加保教谕，选授浏阳县教谕，推升长沙府教授，兼理长沙府学训导、浏阳县学训导、湘阴县学教谕、训导，历充岳麓、求忠、沽经、校经书院监院官，钦加五品衔尽先选用知县。精于鉴赏，喜好收藏，曾藏书万卷。

是书前有罗汝怀序，贺祥麟识，何夔跋，所收录为铭文、碑刻、法帖等。碑刻大致罗列碑名、年代、藏本由来、地点等。尤其是对其中几通郴州碑刻，如《义帝新碑》《元义帝庙碑》《唐孺人墓志》《北湖怀古诗碑》考证颇详，极具历史价值。法帖则多选自名家，亦收录多种郴州陈氏家族名人墨迹。

有清同治十二年（1873）刻本，国家图书馆、南京图书馆、首都图书馆、辽宁省图书馆、内蒙古自治区图书馆、湖南图书馆藏；又清光绪二年（1876）刻本，国家图书馆、辽宁大学图书馆藏。

三、子部

（一）儒家类

明善录　（宋）刘梦应撰　佚

刘梦应，字定卿，号雁峰，安仁县人。宋淳祐元年（1241）进士，除朝奉郎、诸司审记院。《千顷堂书目》著录，称是书取宰相台谏等前贤嘉言善行，分讲学、立身、居家、居官四类。前有皮龙荣序。

字训　（元）萧元益撰　佚

萧元益生平见『经部·四书类·四书演义』条。是书以六经孔子之言而作。

八志　（元）萧元益撰　佚

萧元益生平见『经部·四书类·四书演义』条。

家训　（明）曹琚撰　佚

曹琚生平见『史部·地理类·［嘉靖］桂阳县志』条。

诗说 （明）曹琚撰 佚

曹琚生平见『史部·地理类·［嘉靖］桂阳县志』条。

行文议 （明）曹琚撰 佚

曹琚生平见『史部·地理类·［嘉靖］桂阳县志』条。

养心杂录四卷 （明）刘文相撰 佚

刘文相（1469—1543），字廷弼，临武县人。刘尧诲祖父。少从陈经游，博闻强记，明正德十一年（1516）岁贡，荐授抚州府学训导，升璧山教谕，寻以老疾致仕归。年七十悦母如婴儿态，有老莱子之风，年七十五卒。

孔子家语注八卷 （明）何孟春撰 存

何孟春生平见『经部·易类·易疑初筮告蒙约十二卷』条。

《孔子家语》历代多有注疏，其中以王肃注本为善，是书以元代王广谋注本为底本，进行注释，在考订补缀方面作了很多工作。

有明正德十六年（1521）永明书院刻本，国家图书馆、上海图书馆、北京大学图书馆、中国科学院国家科学图书馆、北京师范大学图书馆、南京图书馆藏。又明嘉靖二年（1523）刻本，国家图书馆、北京大学图书馆藏。清同治十二年（1873）刻本，上海图书馆藏。《四库全书》存目著录。

孔子集语　（明）何孟春撰　佚

何孟春生平见『经部·易类·易疑初筮告蒙约十二卷』条。

贾太傅新书十卷　（明）何孟春订注　存

何孟春生平见『经部·易类·易疑初筮告蒙约十二卷』条。

是书为《贾太傅新书》最早版本之一，前有张志淳序，卷一至四为事势篇，卷五至七为连语篇，卷八为连语、杂事篇，卷九为杂事篇，卷十为附录，收贾谊赋体五篇，以及《小传》，末有周廷用《刻贾太傅新书叙》。

有明正德十四年（1519）刻本，南京图书馆、中国科学院国家科学图书馆、中国人民大学图书馆藏。

先民遗言　（明）何孟春撰　佚

何孟春生平见『经部·易类·易疑初筮告蒙约十二卷』条。

天心仁爱录　（明）范永銮撰　佚

范永銮生平见『经部·礼类·燕射古礼全书』条。

名儒警语　（明）范永銮撰　佚

范永銮生平见『经部·礼类·燕射古礼全书』条。

大学衍义 （明）范永銮撰 佚

范永銮生平见『经部·礼类·燕射古礼全书』条。

横江遗略三卷 （明）胡秉观撰 佚

胡秉观，字尚宾，号横江，桂阳州人。明正德中为附生，初从王艮游，后筑室石燕山，以倡学自任。其以新学发论，风动远近，临武刘尧诲、彭望之来从游，自是生徒日盛。知州蒋时行、万玖、州判王玉礼聘之。学者称『横江先生』，卒于明嘉靖中。

古今通明 （明）尹鸣商撰 佚

尹鸣商，字聘伊，号莘野，浙江乌程人。明嘉靖十九年（1540）举人，授广东高要县知县，改安仁知县，政务大体，不事苛细，申减差徭，置立义仓。

臆言八卷 （明）曾朝节撰 佚

曾朝节生平见『经部·易类·易测十卷』条。

朝宗 （明）汪楫撰 佚

汪楫生平见『史部·编年类·通鉴要略』条。

心兰语 （明）汪楫撰 佚

汪楫生平见『史部·编年类·通鉴要略』条。

瀚海 （明）汪楫撰 佚

汪楫生平见『史部·编年类·通鉴要略』条。

圭窦存知六十卷 （明）陈元旦撰 存

陈元旦生平见『经部·孝经类·孝经章句』条。

是书前有高登龙序及自序，分孝集、友集、睦集、姻集、任集、恤集、智集、仁集、圣集、义集、中集、和集。全书共六十卷，据自序前五卷原名《叔子支谈》，后依次为所得经书之玄缔、昭代宪章之绪余、目击见闻之时事、批评诗文之佳话与群籍事务之考证，间有一些戏谑奇异之谈。

《贩书偶记》著录。有明万历三十九年（1611）刻本，美国哈佛大学哈佛燕京图书馆藏。

历代祖述纂要 （明）陈元旦撰 佚

陈元旦生平见『经部·孝经类·孝经章句』条。

昭代宪章纂要 （明）陈元旦撰 佚

陈元旦生平见『经部·孝经类·孝经章句』条。

困勉韦絃（明）陈元旦撰　佚

陈元旦生平见『经部·孝经类·孝经章句』条。

彻性悟言（明）陈元旦撰　佚

陈元旦生平见『经部·孝经类·孝经章句』条。

阐道臆解（明）陈元旦撰　佚

陈元旦生平见『经部·孝经类·孝经章句』条。

敬一箴注（明）陈元旦撰　佚

陈元旦生平见『经部·孝经类·孝经章句』条。

理学管窥（明）陈元旦撰　佚

陈元旦生平见『经部·孝经类·孝经章句』条。

吾儒真脉（明）陈元旦撰　佚

陈元旦生平见『经部·孝经类·孝经章句』条。

孔门正学宗旨（明）陈元旦撰　佚

陈元旦生平见『经部·孝经类·孝经章句』条。

懋世皇猷（明）陈元旦撰　佚

陈元旦生平见『经部·孝经类·孝经章句』条。

一贯统宗（明）王廷玑撰　佚

王廷玑，字弼正，号七元，兴宁县人。自幼以文学名，年十四入庠序，甫弱冠膺选举，中明万历二十二年（1594）顺天副榜，吏部取选考中第一部元，初授四川叙州府珙县知县，调长宁县，擢广西桂林府通判。年方四十致仕归家，著书训子，篇帙宏富。

吾道一贯真传（清）喻国人撰　佚

喻国人生平见『经部·易类·周易辨正一卷』条。

直指孔颜乐趣（清）喻国人撰　佚

喻国人生平见『经部·易类·周易辨正一卷』条。

责己录（清）喻国人撰　佚

喻国人生平见『经部·易类·周易辨正一卷』条。

筮占千岁日至定论　（清）喻国人撰　佚

喻国人生平见『经部·易类·周易辨正一卷』条。

春秋日食定鉴　（清）喻国人撰　佚

喻国人生平见『经部·易类·周易辨正一卷』条。

日食补遗　（清）喻国人撰　佚

喻国人生平见『经部·易类·周易辨正一卷』条。

朱子家训广义　（清）郭启哲撰　佚

郭启哲生平见『经部·易类·周易经传图表』条。

有耻录　（清）郭启哲撰　佚

郭启哲生平见『经部·易类·周易经传图表』条。

快哉录　（清）郭启哲撰　佚

郭启哲生平见『经部·易类·周易经传图表』条。

改过录　（清）郭启悊撰　佚

郭启悊生平见『经部·易类·周易经传图表』条。

朱柏庐家训注证　（清）李茂仁撰　佚

李茂仁，字寿峰，宜章县人。庠生。

日省录　（清）刘心忠撰　佚

刘心忠生平见『史部·金石考古类·世泽录一卷』条。

正蒙要览　（清）陈之松撰　佚

陈之松，字茂如，郴州人。贡生。童年入学，博览群书，尤精于易史性理之学，清雍正二年（1724）选贡。乐吟咏，喜花木。

三字经　（清）李澍福撰　佚

李澍福生平见『经部·四书类·四书图考』条。

同然录　（清）李澍福撰　佚

李澍福生平见『经部·四书类·四书图考』条。

枕中课　（清）李澍福撰　佚

李澍福生平见『经部·四书类·四书图考』条。

澹云斋杂录　（清）李受采撰　佚

李受采，初名绶采，字益彰，别号春园，嘉禾县人。为人厚重，尝游学岳麓书院，与同里廖如遂、雷沛泽、李吟芙等有善。后教授子弟，一时学者称为『春园先生』。

太极图通书详解　（清）雷正勣撰　佚

雷正勣，号山野逸叟，嘉禾县人。

为人切近录二卷　（清）邓曜南撰　佚

邓曜南，字升之，永兴县人。监生，少纯孝，母早孀多病，因弃举业，习医术，奉养寡母。咸丰初年倡兴育婴义仓、施棺诸善举，以济贫困。

家规要语二十则　（清）邓曜南撰　佚

邓曜南生平见『子部·儒家类·为人切近录二卷』条。

审训必读二卷　（清）李元禄撰　佚

李元禄生平见『史部·年谱·朱子年谱纲目十二卷首一卷末一卷』条。

训世格言　（清）叶大绿撰　佚

叶大绿，字芳扉，桂阳县人。早岁游庠，工举子业，旁及诗歌，与邑中郭远、范秉秀等相唱和。

垂训格言　（清）范宗机撰　佚

范宗机，字文翰，桂阳县人。清乾隆六年（1741）拔贡，考取官学教习，授同知广西太平州全州事，升云龙州知州，历官三十年，惠政多端，致仕归，人立去思碑，专祠祀之。

教读提纲　（清）何俊编　佚

何俊（1818—1891），字千人，号潜园，晚号素民居士，桂阳县人。少颖异，博览群书，少从何庆元游，讲学论文皆肆力于古。为人安贫乐道，清咸丰中以贡成均，终伏处课徒，推为乡老掌正。清同治六年（1867）纂修县志，潜心纂述。学者称为『潜园先生』，年七十四卒。

家规要略　（清）何俊辑　佚

何俊生平见『子部·儒家类·教读提纲』条。

（二）兵家类

军务集录六卷　（明）何孟春撰　佚

何孟春生平见『经部·易类·易疑初筮告蒙约十二卷』条。《明史·艺文志》著录。

军中耳学十二卷　（明）何孟春撰　佚

何孟春生平见『经部·易类·易疑初筮告蒙约十二卷』条。

成周六军定制　（清）喻国人撰　佚

喻国人生平见『经部·易类·周易辨正一卷』条。

咸丰兵事记　（清）杨因培撰　佚

杨因培，宜章县人。由廪生保举训导，清咸丰九年（1859）补授长沙县训导，改教谕。清同治九年（1870）署茶陵州学正。

讲武新编一卷　（清）李文盛撰　存

李文盛，字虎臣，嘉禾县人。初不识字，中年好学，清咸丰中入湘军，喜驰战善走，能使发辫，平直如矢。战绩遍南北，湖北巡抚胡林翼爱其朴勇，置之左右，尝率队解鲍超之围，因结为兄弟。后管带霆军桂字营，所部以能战著称。后累积战功，擢安徽总兵。固始之役，因邻军约赴不进而败，未几归。同治三年管带广武左营，旋发疽死，年仅四十余。

有清同治元年（1862）抄本，浙江图书馆藏。

孙子选注　（清）夏寿田撰　存

夏寿田生平见『史部·杂史类·涿州战纪十六卷』条。

是书分十三篇，共选入曹操、张预、梅尧臣、杜牧、王皙、李筌、杜佑、贾林、何氏、孟氏、陈皞等十一家释文，其中以张预、梅尧臣的释文为主。

有民国二十一年（1932）石印本，国家图书馆、湖南图书馆、中国军事科学院图书馆、北京师范大学图书馆藏。

（三）法家类

恤刑书十二卷　（明）何孟春撰　佚

何孟春生平见『经部·易类·易疑初筮告蒙约十二卷』条。

自序：『故大学士邱文庄公濬尝言，律须儒臣通法意者为之解释，使人易晓，不待考究而自悉，则愚民各知自守，奸吏不得卖法。春窃感其言，欲取疏议等作通法意者相论，弗果。就日来滇，得巡按陈侍御原习所刻《资刑官书》，广编为《恤刑书》十二卷。』

大明律例三十卷　（明）范永銮奉敕撰　存

范永銮生平见『经部·礼类·燕射古礼全书』条。

是书汇辑明洪武三十年的《大明律》及弘治十三年的《问刑条例》以后历年续颁的现行条例，并将皇明祖训、大诰前编、大诰续编、大诰武臣、大诰三编，大明令、卧碑、宪纲、大明会典等书中有关刑名之目载于律条之后，律条后有集解。

《明史·艺文志》《千顷堂书目》著录。

有明嘉靖间刻本，国家图书馆藏。

（四）农家类

耕桑治生备要二卷　（宋）何先觉撰　佚

何先觉，字民师，桂阳县人。少宏文博学，宋宣和四年（1122）试郴州贡士，考官王庭珪异之，赞其为郴之杰士。登宋建炎二年（1128）进士第，绍兴中以左宣教郎知横州。宋乾道元年（1165）知复州，累官知廉州。宋《直斋书录解题》著录。

（五）医家类

群方续抄一卷 （明）何孟春撰 存

何孟春生平见『经部·易类·易疑初筮告蒙约十二卷』条。

是书成书于弘治甲子冬，前有曾全序，又自序云：『余于群书中所得之方钞而传之，以续邱琼山先生之所钞。今岁两淮三吴浙东西道殣相望，陶学士食草木方可施也。往岁江西湖南苦疫，苏学士圣散子方可以收效，而人弗知也。』是丘浚《群书钞方》的续钞，末附其巡抚云南时发下军中的备急药方：疗时行热病方、疗天行疫方、疗虐方、治瘟虐方、疗痢病方、疗白痢方、疗赤痢方等七种。

有明正德十五年（1520）刻本，国家图书馆、北京市文物局藏。

医林文献 （清）何文熏撰 佚

何文熏生平见『经部·易类·易系辞辨解』条。

医门辑秘六卷 （清）何文熏 佚

何文熏生平见『经部·易类·易系辞辨解』条。

继鹊堂验方 （清）卢成速撰 佚

卢成速，桂阳州人。

天木方　（清）何尊铎撰　佚

何尊铎（1669—1747），号天木，桂阳州人。祖文麃，兼通医，梦孙思邈，抱儿授之，遂教以灵，素为名医，颇晓风角，以医选入京，补太医院医士。行至武昌，望南方白气，诧曰：『吾州当大疫。』归家，果疫，随所至而愈。

西园刊方　（清）吴国甡撰　佚

吴国甡生平见『经部·礼类·居家四礼』条。

医门保身录　（清）吴国甡撰　佚

吴国甡生平见『经部·礼类·居家四礼』条。

痘科辨证二卷　（清）林愈蕃撰　（清）陈尧道编集　存

林愈蕃生平见『经部·孝经类·孝经刊误要义一卷』条。

是书前有陈尧道叙，次凡例，内容包括《疫疹受病之源》《古人治痘大法》《运气》《气血盈亏消长之理》《脈候》等。有清咸丰二年（1852）刻本，国家图书馆、天津医学高等专科学校图书馆藏。

医方辑要一卷　（清）林愈蕃撰　佚

林愈蕃生平见『经部·孝经类·孝经刊误要义一卷』条。

医理辑要十三卷　（清）吴德汉辑　存

吴德汉（1725—1784），字宗海，号南溪，宜章县人。清乾隆二十一年（1756）举人，拣选知县，改善化教谕，监课岳麓、城南两书院，博览群书，并精医术。本县文庙、考棚、书院、东塔、奎星阁、洞庭祠、两学署、节孝祠皆其倡建。著有《医理辑要》十三卷，大学士刘权之、庶吉士刘琮珙、中书张梅并为之序，又辑《邝忠肃公遗录》《柳侯传》刊布。

是书首述摄生、阴阳、五行、藏气、脉色、经络、标本、气味、论治、针灸、运气、病机等，其后分述阴阳病、经络脏腑病、虚实病、气血津液病、情志病、寒热病、积聚病、消渴、胎孕、疝证、泄泻、痈肿、杂病、死证等十余类病症的辩证施治。

有清乾隆二十八年（1763）刻本，国家图书馆、北京中医药大学图书馆、中国医学科学院图书馆藏。

类经要语一卷　（清）吴德汉撰　佚

吴德汉生平见『子部·医家类·医理辑要十三卷』条。

医宗摘要　（清）陈名标撰　佚

陈名标生平见『经部·四书类·四书精义合参』条。

痘科活人四卷　（清）邓曜南撰　佚

邓曜南生平见『子部·儒家类·为人切近录二卷』条。

验方汇辑四卷　（清）黄体端编　存

黄体端（1730—1795），字临廷，号砚楷，桂东县人。清乾隆二十四年（1759）授直隶布政司经历，二十六年擢正定通判，三十年改天津通判，继调运河杨村通判，四十二年升大名府同知，次年改务关同知。祖父好藏验方，其承祖业，广搜博采，著《验方汇辑》一书。

是书刊于乾隆三十九年，据自序黄体端任职于直隶杨村通判官署时，遇祁阳医刘相甫，得其所抄钱氏女科诸方，岁增入已验，类聚群分，编为《验方汇辑》一书。书分四卷，卷一为钱氏女科秘方，卷二为刘氏儿科秘方，卷三为儿科验方，卷四为杂科验方。

有清乾隆三十九年（1774）刻本，中国中医科学院图书馆藏。

女科秘方一卷　（清）黄体端编　存

黄体端生平见『子部·医家类·验方汇辑四卷』条。

是书载女科月经、肝气、带下、胎产等症治方剂，并概述女科病症要义及初生保养等。

有抄本，南京图书馆、莱阳市图书馆、山东中医药大学图书馆藏。

医学入门　（清）周永基撰　佚

周永基，字沧瀛，宜章县人。庠生，与同里陈富运倡建栗源书院。

医纂　（清）周世美撰　佚

周世美，字在中，号朴圆，桂阳县人，庠生。

脉理提纲　（清）何汉珵撰　佚

何汉珵（1818—1893），字玉田，桂阳州人。年二十三州试，录前列，补州学弟子员，乡试累举不第，乃援例为学官，署永州府教授。时土寇起，人心震动，其内课诸生，内筹防堵，以功加六品衔。后历委沅州府教授、安福县教谕，皆不就。精于医术，归田后致力于《金匮》《素问》诸书，善脉诀。清同治元年（1862）州大疫，其因方处剂，全活甚众。州修学宫、育婴局，出力尤多，晚年倡建庆余会。

十二经气歌　（清）何汉珵撰　佚

何汉珵生平见『子部·医家类·脉理提纲』条。

医论　（清）周显珍撰　佚

周显珍，宜章县人。

医学辑要　（清）周天禄撰　佚

周天禄，宜章县人。

经络捷诀　（清）谢宣撰　佚

谢宣生平见『经部·春秋类·左国合选』条。

经络汇纂　（清）谢宣撰　佚

谢宣生平见『经部·春秋类·左国合选』条。

推拿法　（清）张炳镛撰　存

张炳镛（1834—1892），字夔卿，号韶九，郴州人。累官广东东安县典吏。

有清光绪十八年（1892）湘霞仙馆刻本，广州中医药大学图书馆藏。

桂考一卷　（清）张光裕撰　存

张光裕（1851—1905），号亮臣，又号小谷，郴州人。初为湘军将领王之春幕僚，随同勘测中越边界，以功升广东试用通判，后委办前山洋药厘局、鱼雷局监造、乐昌查勘山路等职，历署佛冈直隶同知、合浦知县。

是书前有自序，云：『夫医家治病，有非桂不治之症，然往往用之，而反受其害。』遂亲临桂的产地，实地考察，调查核实后辑成是书。内容包括辨别土质、颜色、气、味、取法、制法、藏法等。

有清光绪十七年（1891）湘霞仙馆刻本，国家图书馆、北京医科大学图书馆藏。又民国十四年（1925）聚珍印务局铅印本（附《桂考续》），民间藏。

吴炳贵医案　（清）吴炳贵撰　佚

吴炳贵，宜章县人。廪贡生，清光绪三十二年（1906）任宜章县劝学所总董，民国间任新宁县知事。

读金匮论臆说一卷　（清）李寿祺撰　佚

李寿祺生平见『史部·年谱·李寿祺年谱』条。

治法得失难易汇表一卷　（清）李寿祺撰　佚

李寿祺生平见『史部·年谱·李寿祺年谱』条。

伤寒分部辨症一卷　（清）李寿祺撰　佚

李寿祺生平见『史部·年谱·李寿祺年谱』条。

伤寒论诸症汇编一卷　（清）李寿祺撰　佚

李寿祺生平见『史部·年谱·李寿祺年谱』条。

本草经续补遗二卷　（清）李寿祺撰　佚

李寿祺生平见『史部·年谱·李寿祺年谱』条。

内外医方便览　（清）雷元炤撰　佚

雷元炤，嘉禾县人。精医术。

验方锦囊　（清）雷晋泽撰　佚

雷晋泽，嘉禾县人。善脉诀，工大书。

伤寒讲义八卷　（清）朱鸿渐撰　存

朱鸿渐（1852—1917），字先民，桂阳县人。岁贡，精医术，晚年执教长沙官立医校。

是书成于民国三年（1914），为北洋医学堂《伤寒论》教材，内容包括《辨寒热往来胸胁痞满柴胡诸症治法》《辨伤寒不宜汗下用刺法》《辨热人血室》《辨火攻误治变证》《辨误吐变证》等。

有民国初北洋医学堂木活字本，中国中医科学院图书馆藏。

医案　（清）朱鸿渐撰　佚

朱鸿渐生平见『子部·医家类·伤寒讲义八卷』条。

（六）天文算法类

中星应极图一卷　（清）何文麃撰　佚

何文麃生平见『经部·易类·易系辞辨解』条。

新续步天歌一卷　（清）何文麃撰　佚

何文麃生平见『经部·易类·易系辞辨解』条。

（七）术数类

五行日补　（明）李邦宪撰　佚

李邦宪，字巨卿，一字希甫，号介庵，兴宁县人。李端子。明成化十年（1474）弱冠以诗领湖广乡试解元，上春官不第，例授教授，不就，后弃举子业，专心性命之学，学者称为『介庵先生』。

罗针解　（清）萧洪治撰　佚

萧洪治生平见『经部·易类·五十学易图』条。

萧三式先生地学　（清）萧洪治撰　存

萧洪治生平见『经部·易类·五十学易图』条。

是集三册，第一册书衣有墨书题记云：『《天玉经注》《玉尺经注》《字字经注》《隙景图》《地理精义》《金玉合传图说》《罗经据修解》，计书七种，现只得五种，惟《天玉》《玉尺注》未见，俟以待之，今先将五种录为定本装以成册焉』。前有梅清《金玉图传序》，次康熙甲辰自序，再次凡例。第二册为《罗经据修解》，前有许来思序，分篇首、上卷、中卷、下卷。第三册为《字字经略解》三十篇，附《地理精义》十二则。

有清康熙三年（1664）抄本，国家图书馆藏。

金玉二经图传三卷　（清）萧洪治撰　存

萧洪治生平见『经部·易类·五十学易图』条。

有清康熙三年（1664）刻本，温州市图书馆藏。

罗经解只讹一卷　（清）萧洪治撰　存

萧洪治生平见『经部·易类·五十学易图』条。

有明万历三十二年（1604）抄本，南京图书馆藏。

字学金略注解　（清）萧洪治撰　佚

萧洪治生平见『经部·易类·五十学易图』条。

雪心赋发挥　（清）萧洪治撰　佚

萧洪治生平见『经部·易类·五十学易图』条。

地理探源四卷　（清）卢承晓撰　佚

卢承晓，桂阳州人。

玉尺经解　（清）袁翁旻撰　佚

袁翁旻，字希徐，兴宁县人。清乾隆时庠生。

地理精言　（清）陈汝璧撰　佚

陈汝璧，字裕亭，号射斗，永兴县人。少天资聪敏，却久困科场，后绝意仕途，授徒乡间，学生如云，晚年留心风水，研究舆家，清道光中卒。

罗经图考　（清）陈起诗撰　佚

陈起诗生平见『经部·四书类·四书求是录』条。

（八）艺术类

楹联余语　（清）李吟芙撰　佚

李吟芙，字枣仙，晚号金粟老人，嘉禾县人。少入岳麓书院课读，年二十余举茂才，三十余补廪膳生，五十余而贡明经。屡试不中，遂归家授徒，生徒如云。好慈善，捐建文庙、兴贤堂等，晚主珠泉书院。年六十余卒。学者称为『金粟先生』。

（九）谱录类

食谱四卷　（清）陈善圻撰　佚

陈善圻生平见『史部·政书类·问心无愧斋公牍』条。

（十）杂家类

闲日分义一百卷　（明）何孟春撰　佚

何孟春生平见『经部·易类·易疑初筮告蒙约十二卷』条。

何恭简公笔记不分卷　（明）何孟春撰　存

何孟春生平见『经部·易类·易疑初筮告蒙约十二卷』条。

有抄本，上海图书馆藏。

万里鞭　（明）何孟春撰　佚

何孟春生平见『经部·易类·易疑初筮告蒙约十二卷』条。

在舟录　（明）何孟春撰　佚

何孟春生平见『经部·易类·易疑初筮告蒙约十二卷』条。

子元案垢一卷　（明）何孟春撰　存

何孟春生平见『经部·易类·易疑初筮告蒙约十二卷』条。

有清顺治三年（1646）《说郛续》本，国家图书馆、首都图书馆、中国社会科学院考古研究所、故宫博物院、北京市文物局、复旦大学图书馆、华东师范大学图书馆、南京图书馆、浙江图书馆、江西省图书馆、福建省图书馆、河南省图书馆、重庆图书馆、四川大学图书馆藏。

余冬序录六十五卷　（明）何孟春撰　存

何孟春生平见『经部·易类·易疑初筮告蒙约十二卷』条。

该书体例近王充《论衡》，分内外两篇，内篇二十五卷，卷一至五多论君道，卷六至二十五多论古今人品。外篇三十五卷及闰五卷，均为杂论，以各自论次为序。书首有何孟春自序，云：『此书春三十岁前已有作，始名《子元案垢》，二帙凡十卷。中岁欲作《山天志》，取《易》所谓「多志前言往行」之义，无何病懒弗力而止。』知此书初名《子元案垢》。

有明嘉靖七年（1528）郴州家塾刻本，国家图书馆、湖南图书馆、湖南省社科院图书馆、南京图书馆、北京大学图书馆、天一阁博物院、日本国立国会图书馆藏；另有明万历十二年（1584）刻本，国家图书馆、湖南图书馆、福建省图书馆、重庆图书馆、南京图书馆、首都图书馆、上海图书馆、东北师范大学图书馆、吉林省图书馆、天津图书馆藏；又清乾隆二十三年（1758）郴州何氏刻本，上海图书馆藏。

余冬录六十一卷　（明）何孟春撰　存

何孟春生平见『经部·易类·易疑初筮告蒙约十二卷』条。

有清同治三年（1864）恭寿堂刻本，清光绪二年（1876）京都刻本，东北师范大学图书馆藏。

余冬序录摘抄六卷　（明）何孟春撰　存

何孟春生平见『经部·易类·易疑初筮告蒙约十二卷』条。

有明万历四十五年（1617）刻《记录汇编》本，上海图书馆、天津图书馆、美国哈佛大学哈佛燕京图书馆藏。

论衡均石　（明）何孟春撰　佚

何孟春生平见『经部·易类·易疑初筮告蒙约十二卷』条。

万花谷　（明）何孟春撰　佚

何孟春生平见『经部·易类·易疑初筮告蒙约十二卷』条。

心开随笔　（明）黄应举撰　佚

黄应举，字汝直，号璧澜，兴宁县人。明嘉靖十八年（1539）岁贡，任广东长乐县训导，与弟应锦皆笃学好修，潜心著述。

皇极经世全书十六卷　（宋）邵雍撰　（明）刘尧诲校刊　存

刘尧诲生平见『经部·春秋类·左传评林』条。

有明万历九年（1581）刻本，台湾图书馆藏。

五先堂文市榷酤四卷　（明）袁子让撰　存

袁子让生平见『经部·易类·注易图』条。

是书前有云南按察副使罗绲序和自序，书后有袁子谦叙和袁子训后序。全书四卷，卷一有君道篇、重势篇、君鉴篇、信人篇、法令篇等篇；卷二有法度篇、因民篇、顺治篇、政体篇、课官篇、择贤篇等篇；卷三有御臣篇、壅蔽篇、国资篇、戒荒篇、正直篇、懿矩篇、实学篇、养心篇、论兵篇、任将篇等篇；卷四有用知篇、适宜篇、谗蠹篇、辨诬篇、致身篇、吏治篇、进谏篇、巧谏篇等篇。书中借古说今，以事喻事，讲人主之治，述君臣之道，是一部研究封建社会治国之术的政论集。

有明万历三十六年（1608）刻本，中国社科院历史研究院藏。

林下四箴　（明）曾绍芳撰　佚

曾绍芳，字世德，号兰若，永兴县人。明万历三十五年（1607）进士。授乌程知县，擢户部主事，司饷永平，迁东川参议，分巡夔州，所至皆有声。后家居二十余年，修订邑志。

墨刻四种　（明）陈元旦撰　佚

陈元旦生平见『经部·孝经类·孝经章句』条。

求知于天说　（明）袁子龙撰　佚

袁子龙，郴州人。明万历间明经，两举孝廉，醉心理学。

附仰杂著　（明）陈思春撰　佚

陈思春，字孟生，号附仰，永兴县人。精敏善学，为邑名诸生，累试不第，遂绝意仕途。

不山说　（清）曹允冲撰　佚

曹允冲，字文度，永兴县人。拔贡生，肄业国子监，授觉罗官学教习，祭酒熊伯龙深器之。卒于京邸。

三余杂著十卷　（清）何华年撰　佚

何华年，桂阳州人。岁贡，清雍正十一年（1733）任通道县训导。

古学提要　（清）钟湘撰　佚

钟湘生平见『经部·四书类·四书讲义』条。

庭余杂录　（清）邓华楚撰　佚

邓华楚，号竹园，桂东县人。性聪敏，父早逝，笃志好学，清雍正十三年（1735）拔贡，廷试第二。清乾隆六年（1741）举人，拣选知县。

经牖　（清）欧阳炎撰　佚

欧阳炎生平见『史部·史抄类·史通』条。

诸子杂铃　（清）欧阳炎撰　佚

欧阳炎生平见『史部·史抄类·史通』条。

迎薰山房杂录　（清）李宅安撰　佚

李宅安，字曙堂，安仁县人。岁贡生。

笔耕蛙声录　（清）龙夔撰　佚

龙夔，字掌鸣，安仁县人。颖悟博洽，以文名噪。为湖广学政岳宏誉器赏。

劝世格言　（清）周惠镦撰　佚

周惠镦，字渭翔，号坦灏，安仁县人。岁贡生，恩赐翰林检讨衔。

融通录　（清）周惠镦撰　佚

周惠镦生平见『子部·杂家类·劝世格言』条。

宝善家训　（清）李其显撰　佚

李其显生平见『经部·春秋类·春秋便闱』条。

留耕录　（清）李其显撰　佚

李其显生平见『经部·春秋类·春秋便闱』条。

何文简余冬叙录六十卷　（清）曹亨时辑　佚

曹亨时生平见『经部·春秋类·左氏贯十六卷』条。

时语寻源　（清）唐光都撰　佚

唐光都生平见『经部·书类·尚书摘说四卷』条。

草庭杂训　（清）唐光都撰　佚

唐光都生平见『经部·书类·尚书摘说四卷』条。

杂学篇四卷　（清）何湛撰　佚

何湛（1688—1766），字露轩，桂阳州人。岁贡，清乾隆二十三年（1758）任茶陵州训导。

序圃杂著　（清）胡兴黉撰　佚

胡兴黉，字庠升，兴宁县人。八岁失恃，事继母焦以孝称，肄业于邑中濂溪书院。清乾隆二十一年（1756）中举，三十七年授安化县训导，历官十载，创修城北文塔、魁星楼，修复考棚，增修文庙书院。五十年截取福建宁洋知县，以台匪调理军务，候升道宪。

宝身集　（清）胡家万撰　佚

胡家万生平见『经部·春秋类·春秋文抄』条。

遇著录 （清）周惠錞撰 佚

周惠錞，字正湘，号香坪，安仁县人。性孝友，博览群书。清乾隆十八年（1753）举于乡，历署韶州肇庆府通判，广宁、乳源知县。后补授西宁知县，致仕归，年五十八卒。周惠錞性好博览，尤喜读经世之书，凡选举、赋役、兵制、河渠以及古今人物，遇有所得辄录之，仿宋人随笔札记之类自署其集曰《遇著录》。

省心要览一卷 （清）林愈蕃撰 佚

林愈蕃生平见『经部·孝经类·孝经刊误要义一卷』条。

学规一卷 （清）林愈蕃撰 佚

林愈蕃生平见『经部·孝经类·孝经刊误要义一卷』条。

得心偶录一卷 （清）林愈蕃撰 佚

林愈蕃生平见『经部·孝经类·孝经刊误要义一卷』条。

冬余录 （清）金逢原撰 佚

金逢原，字沛遥，兴宁县人。家学渊源，事继母纯孝。清乾隆三十六年（1771）举人，后教授生徒，门下士多成名。清嘉庆二年（1797）任攸县教谕。

戒宰牛说略　（清）金逢原撰　佚

金逢原生平见『子部·杂家类·冬余录』条。

四留堂杂说　（清）王世缔撰　佚

王世缔（1721—1801），字约兰，号莪冈，兴宁县人。学问渊博。清乾隆四十二年（1777）举于乡，三试礼部，钦赐国子监典簿。

采菽堂旧闻四卷　（清）周玑撰　存

周玑（1729—1819），字玉圃，桂阳县人。清乾隆二十四年（1759）举人，授河南尉氏知县，改杞县，因剿匪出力迁同知，摄邓州知州，以剿捕邪匪升南阳知府，累官江西督粮道。

是书前有江宁布政使陈继昌序及自序，末附周世锦后序。清嘉庆二年（1797）成书，后由其孙周世锦刊印行世。有清道光二十三年（1843）刻本，上海图书馆藏。

雨溪家言　（清）周思兼撰　佚

周思兼，字揆一，桂东县人。庠生，性耽书，喜吟咏。

居易主敬　（清）朱大任撰　佚

朱大任，字亦尹，桂阳县人。庠生，曾自题其庐曰『敬畏堂』。

闲邪存诚　（清）朱大任撰　佚

朱大任生平见『子部·杂家类·居易主敬』条。

四绒自警　（清）朱大任撰　佚

朱大任生平见『子部·杂家类·居易主敬』条。

风帆篇　（清）吴国甡撰　佚

吴国甡生平见『经部·礼类·居家四礼』条。

保息宗族条议　（清）何俊撰　佚

何俊生平见『子部·儒家类·教读提纲』条。

南郴野语　（清）何达宪撰　佚

何达宪，字可法，郴州人。岁贡生，生平嗜学不倦，文笔敏捷，司铎茶陵州学，致仕归卒。

涓涓随笔　（清）李远经撰　佚

李远经，字常昭，号晓霞，兴宁县人。性行端洁，肄业岳麓书院，为山长罗典所器重。清嘉庆十六年（1811）岁贡，后屡举不第，遂归家授徒，主汉宁书院讲席。

衷牖自课 （清）李远纬撰 佚

李远纬，字象明，号在七，兴宁县人。

择执心法 （清）李远纬撰 佚

李远纬生平见『子部·杂家类·衷牖自课』条。

演朱柏庐家训诗 （清）马步青撰 佚

马步青生平见『经部·五经总义类·五经注释节要』条。

述文昌帝君百字铭文 （清）马步青撰 佚

马步青生平见『经部·五经总义类·五经注释节要』条。

试律杂说 （清）马步青撰 佚

马步青生平见『经部·五经总义类·五经注释节要』条。

论文杂说 （清）马步青撰 佚

马步青生平见『经部·五经总义类·五经注释节要』条。

训俗格言　（清）廖学聚撰　佚

廖学聚，字西山，郴州人。清道光十二年（1832）举人。

居家三要二卷　（清）邓桂撰　佚

邓桂生平见『经部·四书类·四书讲义』条。

痴呆论　（清）邓德焕撰　佚

邓德焕，字尧文，永兴县人。

得心篇三卷　（清）李殿基撰　佚

李殿基，号仙坡，桂阳州人。庠生，清道光中累试不第，遂游钓于山水间，为人豪爽。精医术。

南言十三篇　（清）陈起书撰　佚

陈起书（1798—1855），字通甫，号松心，郴州人。清道光三十年（1850）岁贡，候选训导。清咸丰中组织团练，以御太平军，咸丰五年（1855），粤匪何禄陷郴，被俘，绝食而亡。

渟潆汇览　（清）谢宣撰　佚

谢宣生平见『经部·春秋类·左国合选』条。

古人雷同录 （清）谢宣撰 佚

谢宣生平见『经部·春秋类·左国合选』条。

王志二卷 （清）王闿运撰 （清）陈兆奎辑 存

王闿运生平见『史部·传记类·陈士杰行状一卷』。陈兆奎生平见『经部·孝经类·孝经古注一卷』条。

是书前有陈兆奎叙。为陈兆奎辑录的王闿运平日所言所记，录述其治学从教的体会之言。

有清光绪三十三年（1907）蒸阳刻本，国家图书馆、南京图书馆、武汉大学图书馆、四川大学图书馆、复旦大学图书馆、广西壮族自治区图书馆、桂林图书馆、天津图书馆、北京大学图书馆、辽宁省图书馆藏。

自镜录 （清）雷沛泽撰 佚

雷沛泽，字甘邨，嘉禾县人。年少丧母，读书勤奋，补廪膳生。与桂阳州拔贡雷澍万、雷鹤龄父子以诗文相交，旋入岳麓书院课读，师事山长丁善庆。后以亲老归家，教授乡里，任金龟书院山长。年四十六始成岁贡，选辰溪县学训导，以耳重听不就。善谋略，清咸丰同治年间，协助县人李国荣治办团练。邑内迁建学宫，修复县衙等出力尤多，又先后增葺金龟义学，推广社仓，为善一方。

小谷山房杂记四卷 （清）张光裕撰 存

张光裕生平见『子部·医家类·桂考一卷』条。

有清光绪二十二年（1896）楚南张氏湘霞仙馆刻本，南京图书馆、北京大学图书馆、北京师范大学图书馆藏。

联语烬余一卷　（清）李寿祺撰　佚

李寿祺生平见『史部·年谱·李寿祺年谱』条。

随录存疑一卷　（清）李寿祺撰　佚

李寿祺生平见『史部·年谱·李寿祺年谱』条。

是民必读一卷　（清）李寿祺撰　佚

李寿祺生平见『史部·年谱·李寿祺年谱』条。

子辨　（清）罗飞汉撰　佚

罗飞汉生平见『史部·史评类·读史随笔』条。

求可录　（清）吴莹卿撰　佚

吴莹卿，宜章县人。

五子约录　（清）夏之时撰　佚

夏之时生平见『史部·地理类·宜章县志补遗』条。

人极衍义　（清）夏之时撰　佚

夏之时生平见『史部·地理类·宜章县志补遗』条。

日记录　（清）夏之时撰　佚

夏之时生平见『史部·地理类·宜章县志补遗』条。

存真录　（清）夏之时撰　佚

夏之时生平见『史部·地理类·宜章县志补遗』条。

励志诗　（清）夏之时撰　佚

夏之时生平见『史部·地理类·宜章县志补遗』条。

（十一）类书类

蓉城月令一卷　（元）陈楚春撰　佚

陈楚春，字若雷，临武县人。初为道州学正，元顺帝初在南服，至道州，楚春为诗上之，有『红日马头天已近，青云雁背雨初晴』之句，帝喜面谕之曰：『此等老儒，宜大用之。』及元顺帝北还登基，以楚春充扈从官，至京，命题神州八景诗，称旨，遂擢湖南廉访使，以疾乞归，至正中授天临路教授。

稀姓存参二卷　（明）刘文相撰　佚

刘文相生平见『子部·儒家类·养心杂录四卷』条。

子腋四卷　（明）徐天爵撰　佚

徐天爵，桂阳州人。为人笃孝，由贡生官叙州教授。

异物汇苑十八卷　（明）闵文振撰　存

闵文振生平见『史部·地理类·［嘉靖］安仁县志』条。是书杂采传记奇异之事，《四库全书总目提要》云其所采多世所习见，无出人耳目之外者。有明刻本，上海图书馆、国家图书馆、故宫博物院藏。

群书类编　（明）汪楫撰　佚

汪楫生平见『史部·编年类·通鉴要略』条。

氏族增笺六卷　（清）何文麃撰　佚

何文麃生平见『经部·易类·易系辞辨解』条。

摘青策略　（清）黄体瓒撰　佚

黄体瓒，字国器，桂东县人。资质纯粹，徐祖昌赞其文。年二十补弟子员，旋卒。

经史类编　（清）何应祥撰　佚

何应祥，号农垣，安仁县人。清嘉庆六年（1801）拔贡，二十一年副榜，二十三年恩科中式第五名举人。

韵府　（清）何郁西撰　佚

何郁西生平见『经部·四书类·四书讲义』条。

纪数类编二十卷　（清）陈善墀撰　佚

陈善墀生平见『史部·金石考古类·金石摘十卷』条。

类隽三种　（清）谢宣撰　佚

谢宣生平见『经部·春秋类·左国合选』条。

（十二）小说家

砚北闲谈四卷　（明）何文照撰　佚

何文照（1597—1646），字三台，桂阳州人。明崇祯时为诸生，矿寇攻州城，与知州协谋坚守。寇平，以军功拔充岁贡，授桃源训导，未几卒。

彝好编　（清）刘心忠撰　佚

刘心忠生平见『史部·金石考古类·世泽录一卷』条。

竹园杂记　（清）刘心忠撰　佚

刘心忠生平见『史部·金石考古类·世泽录一卷』条。

存存杂记　（清）李馨撰　佚

李馨，字舒秀，号存存，安仁县人。岁贡生，颖悟好学，性好博涉。

遁园杂记　（清）廖如遂撰　佚

廖如遂（1850—1921），字菊农，常自称田舍傭，晚号北郭老人，嘉禾县人。年十六附学籍，清光绪十一年（1885）拔贡，朝考叙教习，除永明教谕，兼摄江华。学使按例试教官，列第一，后教授乡里，先后主讲新田、嘉禾诸县书院。民国十年（1921）二月被土匪绑架掳入新田瑶山，旋被害。喜读书，藏书数千卷，曾辑抄《补亡诗》《唐诗》《高隐录》《三礼集考》《地理集考》《汉书摘抄》《明朝奏疏选集》等十数种。

（十三）释家类

遗教经十二卷　（唐）释全真撰　佚

释全真，郴州僧。俗姓周，号宗慧，少入郴州开元寺受戒，后往淮南径山，师从道钦禅师。唐天宝中驻锡湘源县湘山，开创净土院，开演大乘教义，僧俗尊其为『湘山圣化主人』『湘山祖师』『无量寿佛』。

湘山百问　（唐）释全真撰　佚

释全真生平见『子部·释家类·遗教经十二卷』条。

天心镜四卷　（明）释清希撰　佚

释清希，桂阳县僧。

苍石语录三卷　（明）释智映撰　佚

释智映，字苍石，桂东县僧。

林园法要　（明）释祖山撰　佚

释祖山，字奇峰，萧氏子。初祝发于南岳寺，明正德间偕其徒至安仁县之天元山，寻宋时古刹遗址，复建庙宇，僧徒日众，年八十三没。其徒宁州、秀凤等编辑其语录锓之梓。

九仙二佛传三卷末一卷　（明）崔岩撰　存

崔岩（1456—1522），字民瞻，郴州人。明成化十七年（1481）进士，初任户部主事，历员外郎、郎中，前后十五年，擢河南参政，改河南、江西左、右布政使，以都御史巡抚大同，再升工部侍郎。明正德四年（1509）督修黄河，后缘事革职。明嘉靖元年（1522）卒于家。

是书收录苏仙、成仙、范仙、唐仙、廖仙、刘氏三仙、王仙等九仙和周佛、朱佛二佛的传记，故名《九仙二佛传》，其中《苏仙传》有何孟春注文。

有清同治十一年（1872）刻本，国家图书馆、新疆维吾尔自治区图书馆藏。又民国二十九年（1940）郴县四库印刷局石印本，湖南图书馆藏。

灵应录 （明）谭惊筵撰 佚

谭惊筵，桂阳州人。

是书辑录桂阳州潮水庙昭德侯灵应之事。

谷音 （清）僧净讷撰 佚

僧净讷，字且拙，安仁县人。初出家于石门寺，后卓锡于常宁大义山。

是集乃其与诸文人唱和各诗，自编以授诸梓。

语录 （清）僧净讷撰 佚

僧净讷生平见『子部·释家类·谷音』条。

原宗辨谬 （清）僧净讷撰 佚

僧净讷生平见『子部·释家类·谷音』条。

寿佛宝忏 （清）佚名撰 存

此书记载了寿佛的从佛经历。寿佛宗慧禅师，俗姓周氏，名全真，郴州程水乡人。他宣扬《遗教经》《金刚经》《楞严经》《圆觉经》《无量寿经》等经典。宋徽宗至宋理宗宋代帝王敕封他为『慈佑寂照妙应普惠大师』。康熙皇帝亲书『寿世慈荫』匾额赐予湘山寺，咸丰皇帝赐封他为『保惠无量寿佛』。

有清光绪三十三年（1907）资兴石印本，民间藏。

真经合编　（清）胡昭乐辑录　存

胡昭乐，兴宁县人。

是书上下两卷，为佛教经典汇集。

有清光绪间铅印本，民间藏。

金刚般若波罗密经一卷般若波罗密心经一卷　（清）陈善均书　存

陈善均（1834—？），字可亭，号小葵，郴州人。由附贡生考取清咸丰十一年（1861）拔贡，朝考三等，钦取八旗官学教习，荐任通道教谕，兼理靖州学正。清同治三年（1864）报捐内阁中书，十一年报捐知府，发广西试用。清光绪三年（1877）补授泗城知府，保升候补道，加三品衔，后署镇安府，调补梧州府。

是书为陈氏所书的佛经，为大乘佛教的基础理论经书。

有民国二年（1913）石印本，上海图书馆藏。

金刚般若赞　（清）夏寿田撰　存

夏寿田生平见『史部·杂史类·涿州战纪十六卷』条。

是书为佛经注疏。

有民国十五年（1926）印本。民间藏。

（十四）道家类

蒙庄解四卷　（明）卢以祖撰　佚

卢以祖，桂阳州人。明永乐十八年（1420）举人。

率性赋　（清）何谓善撰　佚

何谓善，字德昭，桂阳县人。岁贡生，门下多知名士，尤精于身心性命之学。

四、集部

（一）楚辞

离骚评点　（清）郭启哲撰　佚

郭启哲生平见『经部·易类·周易经传图表』条。

（二）别集

谷俭集　（晋）谷俭撰　佚

谷俭，字士风，桂阳郡人。少时博涉经史，东晋元帝时举秀才，登高第，官至中郎。《隋书·经籍志》著录，已佚。后由陈运溶辑数条，收入《麓山精舍丛书》。《续修四库全书总目提要》著录。

刘昭禹集一卷　（五代）刘昭禹撰　佚

刘昭禹，字休明，桂阳监人。为天策府学士，累官严州刺史。工诗善文。《唐书·艺文志》《宋史·艺文志》及《直斋书录解题》著录，已佚。

莆田集二十二卷　（宋）陈纯夫撰　佚

陈纯夫（1055—1141），字德全，号白沙，永兴县人。初以父泽奏补太庙斋郎。治《易》经应举，宋元丰元年（1078）取监举第一人，四年领漕荐，明年，以本经魁南省登进士第。宋元祐八年（1093）调道州州学教授。历仕州县。宣和中乞祠居乡十年，以文自乐。官至太中大夫，封文安县开国男，特赠通奉大夫，世号湖南夫子。是书前十一卷为内集，与学者讲求内圣外王之学；后十一卷为外集，集生平所著诗、文、辞、杂著。

郴江百咏一卷　（宋）阮阅撰　存

阮阅，字闳休，一字美成，号散翁，又号松菊道人，庐陵舒城人。宋元丰八年（1085）进士，历任巢县知县、晋陵知县、户部郎中，宣和四年知郴州，后改知袁州，著有《松菊集》。

是书为阮阅宣和中知郴州时所作，自序有『百篇』，后多有佚失，清修四库时收入厉鹗家藏九十二首，百咏尚阙其八，并录《宣风道上》《题春波亭》二诗于诗集之末。

有清乾隆嘉庆间赵氏星凤阁抄本，湖南图书馆藏。

北湖文集　（宋）姚宋佐撰　佚

姚宋佐，字辅之，号北湖，郴州人。少嗜学以词赋领乡魁，宋乾道八年（1172）登进士第，初调连州司户参军。宋淳熙十四年（1187）前后任静江府教授，以诗名称于世。

洞庭集　（宋）雷应春撰　佚

雷应春，字春伯，郴州人。以诗擅名。宋嘉定十年（1217）登进士第，分教岳阳。改江西转运司干办公事，又改通直郎、知赣县。除监行在都进奏院，擢监察御史，以忤时相权贵，出知全州，不赴。奉祠，以朝散郎、主管台州崇道宫，归隐九年。后起知临江军，仕至江南东路提刑。《全宋词》存词二首。

清江集　（宋）雷应春撰　佚

雷应春生平见『集部·别集·洞庭集』条。

玉虹集　（宋）雷应春撰　佚

雷应春生平见『集部·别集·洞庭集』条。

日边集　（宋）雷应春撰　佚

雷应春生平见『集部·别集·洞庭集』条。

鸥盟集　（宋）雷应春撰　佚

雷应春生平见『集部·别集·洞庭集』条。

巽溪集　（宋）陈敬叟撰　佚

陈敬叟，字炳然，临武县人。博学能诗文，宋淳祐间三举乡试，咸淳十年（1274）王龙泽榜进士，授迪功郎、耒阳学录。德祐北附，遂隐居不仕，益致力于诗文。

巽溪嗣稿　（宋）陈章伯撰　佚

陈章伯，字奎龙，临武县人。陈敬叟子。少习举业，入元弃诸生。临武令荐教职，不赴。曾编《巽溪遗稿》及自著若干卷，名曰《巽溪嗣稿》，示不敢忘先泽也。

玉渊集　（宋）陈一霆撰　佚

陈一霆，字翼卿，号玉渊，安仁县人。进士陈亿孙叔父。出生于科举世家，所居『青云里』，少从李玉溪游，得其学。入元，隐居不仕，有声于乡里。

达情诗集　（宋）刘应祥撰　佚

刘应祥，字云卿，安仁县人。宋咸淳四年（1268）进士，居官不阿权贵，元兵破宋后，绝愤而卒。

纯斋文集　（元）陈嗣道撰　佚

陈嗣道，字仪可，号纯斋，临武县人。少廉谨，至正中县尹刘耕孙以宿儒，特奏名本县教谕。

靖新诗集　（元）欧阳子敬撰　佚

欧阳子敬，字聚德，安仁县人。元皇庆间举明经，官郴县教谕。

春山居士集　（元）侯应雷撰　佚

侯应雷，字春卿，安仁县人。博涉经史，长于著述，元末隐居不仕。

漫录二十卷　（元）马栻撰　佚

马栻，字敬孚，号碧山居士，安仁县人。父早逝，母依外氏，耕教以书。入元，因赋役繁重，避居于郴。后授徒山中，题书室曰『栖碧山房』。

弃肋四卷　（元）马栻撰　佚

马栻生平见『集部·别集·漫录二十卷』条。

李思聪诗文集 （明）李思聪撰 存

李思聪生平见『史部·地理类·百夷传一卷』条。

是集内含李思聪往返驻留缅甸、百夷期间所撰写的《使缅诗》和《百夷纪略》。集前有翰林学士刘三吾撰写的引言《赠进士行人李思聪》，次户部侍郎秦纮、郭槃，翰林院侍读学士张信，礼部尚书陶凯、张紞，桂阳州学正刘贤，左佥都御史景清等人赠诗及大学士张孚所作《使缅诗后序》。其《使缅诗》起于洪武二十九年三月五日，止于三十年二月一日，多为沿途纪游与赠答之作。

有清光绪二十五年（1899）李氏家谱刻本，民间藏。

灵岩偶草二卷 （明）袁惠撰 佚

袁惠，桂阳州人。明永乐十八年（1420）举人。

蓉城杂集四卷 （明）李坚撰 佚

李坚，蓝山县人。明永乐时岁贡生。蓉城，桂阳的别称。

槐荫堂集十六卷 （明）王敏撰 佚

王敏生平见『经部·易类·周易直解一卷』条。

爱竹轩诗抄四卷 （明）王敏撰 佚

王敏生平见『经部·易类·周易直解一卷』条。

经香堂杂俎　（明）雷伯修撰　佚

雷伯修，字善道，桂阳州人。明永乐时廪生。

经香堂诗抄　（明）雷仲徽撰　佚

雷仲徽生平见『经部·易类·讲易随笔』条。

裕斋集　（明）曹琏撰　佚

曹琏，字廷器，永兴县人。明宣德四年（1429）乡试第一名，初授嘉定州学正，升国子监学正，擢河南按察司提学佥事，迁陕西按察副使，任内清军籍、恤刑狱、修志乘，多著成绩。擢大理寺少卿，参赞延绥军务，天顺元年（1457）致仕归家。

松石斋集　（明）李鉴撰　佚

李鉴，字启明，永兴县人。明正统三年（1438）举人，任广州府学训导，升四川灌县教谕，寻改仪陇。历官十八年致仕归。

认真子集三卷附录三卷　（明）朱英撰　存

朱英生平见『史部·诏令奏议类·诚庵奏稿』条。

是书卷首有陈献章《认真子集序》，次乾隆辛未文贯序及其十世孙朱奕跋。朱英诗文集原刊已佚，此集为乾隆间其后裔利用所藏缮稿并辑录家谱、碑碣有关内容依类详订而成。卷一为奏疏，是朱英甘肃巡抚、两广总督和右都御史任上奏折的集成；卷二为序、赞、书、记、铭等；卷三为诗，诗分体，其中七言律诗六十二首，七言绝句十首，五言律诗四首，诗余一首。附录三卷，收录同僚赠序、赠诗等。

有清乾隆十六年（1791）刻本，湖南图书馆、广西壮族自治区图书馆、日本东洋文库藏。

纳斋集十卷　（明）何俊撰　佚

何俊生平见『子部·儒家类·教读提纲』条。

竹园诗文集　（明）朱守孚撰　佚

朱守孚（1434—1486），字中孚，桂阳县（今湖南汝城县）人。朱英子，笃志嗜学，天顺己卯举于乡，明成化五年进士（1469）。授刑部主事，历官郎中，勤明廉慎，二十一年秋扶其父柩归，次年卒于家。

燕台公余草　（明）朱守孚撰　佚

朱守孚生平见『集部·别集·竹园诗文集』条。

松山集　（明）黄珙撰　佚

黄珙，字德温，永兴县人。明成化元年（1465）中举，十七年登进士第，授万载知县。修学宫，练兵、弭盗、储谷、备荒，政声卓然，入为刑部主事，平反王辅、刘云之冤，擢江西按察佥事，以母老乞养归，年七十五终。

一轩集　（明）曹佺撰　佚

曹佺（1440—1514），字存之，永兴县人。曹琏子，明成化十七年（1481）进士，历任南京大理评事、司正，擢云南按察司佥事，后以疾致仕。

东溪稿六卷续稿三卷别稿一卷　（明）邓庠撰　存

邓庠（1447—1524），字宗周，号东溪，宜章县人。明成化四年（1468）举人，八年进士，授行人，擢御史，巡按陕西，兴利除害，平反冤狱，擢河南按察司副使。明弘治十一年（1498）晋按察使，擢广东右布政使，迁广西左布政使，十七年升都察院右副都御史，总督南京粮储。明正德五年（1510）迁户部右侍郎，后以副都御史巡抚苏松，终南京户部尚书。致仕归，筑居于城东，自号『东溪』。

《四库全书总目提要》云：『是编乃其诗集。凡《吟稿》五卷、《入觐联句录》一卷、《续稿》三卷、《别稿》一卷，而以石珤所作小传附焉。』今存《续稿》三卷、《别稿》一卷，其中《续稿》前有贾咏序，后附顾璘后序。

有明正德十年（1515）家刻本，南京图书馆藏。

东溪诗集十七卷　（明）邓庠撰　佚

邓庠生平见『集部·别集·东溪稿六卷 续稿三卷 别稿一卷』条。

退修集　（明）侯爵撰　佚

侯爵，字仁恩，安仁县人。明成化间恩贡，知感恩县。莅政廉明，以德著望。致仕早归，游林壑二十余年，祀乡贤。

君山诗稿 （明）范渊撰 佚

范渊生平见『史部·政书类·学训』条。

寻乐斋稿 （明）曾全撰 佚

曾全（1461—1516），字复初，号碧潭，永兴县人。明成化二十三年（1487）进士。授户部主事，后因锦衣狱一案，被放逐。居家二十余年，手不释卷，为文力追古作，尤长于诗，年五十六终。

鹤山集 （明）李永敷撰 佚

李永敷生平见『史部·地理类·［正德］永兴县志』条。

石屏文稿 （明）李永敷撰 佚

李永敷生平见『史部·地理类·［正德］永兴县志』条。

奚囊杂咏 （明）李邦宪撰 佚

李邦宪生平见『子部·术家类·五行日补』条。

芸香诗集 （明）雷君惠撰 佚

雷君惠，伯修之孙，桂阳州人。明成化时廪生，三世儒业，积富书卷，自署曰『芸香山馆』。

金潭诗文集　（明）邓臯撰　佚

邓臯，字舜臣，桂阳县人。善属文，长于吟咏。明弘治十七年（1504）举人。明嘉靖六年（1527）知光州，继知横州，多惠政。

何燕泉注　（明）范永銮撰　佚

范永銮生平见『经部·礼类·燕射古礼全书』条。

西昌会稿　（明）陈缟撰　佚

陈缟，字美中，郴州人。明正德十四年（1519）举人。明嘉靖二年（1523）任泰和训导。迁知奉化县，屡辨疑狱。擢监察御史，督两淮盐政，出为贵州巡按，缟性孝友，所得俸悉均诸弟及兄之子，一无所私。

北上次稿　（明）陈缟撰　佚

陈缟生平见『集部·别集·西昌会稿』条。

东泽集　（明）邓尚义撰　佚

邓尚义，字以正，永兴县人。明正德九年（1514）进士，初任延平府推官，改官广信府，以治绩擢吏部主事，升郎中，历官吏部四司，升太仆寺卿。年未四十以病致仕。

二京宦游集三卷 （明）范辂撰 佚

范辂生平见『经部·乐类·大乐律吕元声六卷大乐律吕考注四卷』条。

质庵集 （明）范辂撰 佚

范辂生平见『经部·乐类·大乐律吕元声六卷大乐律吕考注四卷』条。

三峰集 （明）范辂撰 佚

范辂生平见『经部·乐类·大乐律吕元声六卷大乐律吕考注四卷』条。

龙州集 （明）范辂撰 佚

范辂生平见『经部·乐类·大乐律吕元声六卷大乐律吕考注四卷』条。

何燕泉三种 （明）何孟春撰 存

何孟春生平见『经部·易类·易疑初筮告蒙约十二卷』条。子目为《余冬叙录》六十五卷、《燕泉何先生遗稿》十卷、《拟古乐府注》二卷三种。有清乾隆二十四年（1759）世读轩刻本，清光绪六年（1880）递修本，国家图书馆、浙江大学图书馆藏。

燕泉集十卷 （明）何孟春撰 存

何孟春生平见『经部·易类·易疑初筮告蒙约十二卷』条。

是集由其七世孙何达廷编次，蓉城李昌芝、同里邓良楳等校。书前有何氏后裔于康熙四十一年（1702）、乾隆二十四年（1759）各撰序一篇，跋一篇，卷一至三为诗，卷四为赞铭，卷五为记，卷六、卷七为叙，卷八为跋挽，卷九为赋，卷十为祭文。

有清乾隆二十四年（1759）何氏刊本，国家图书馆、首都图书馆、南京图书馆藏。

何燕泉诗集四卷　（明）何孟春撰　（明）蒋文化辑　存

何孟春生平见『经部·易类·易疑初筮告蒙约十二卷』条。

是书《四库全书存目》著录。周南、蒋文化辑，前有隆庆元年（1567）刘稔序，云：『台山蒋公……遂辑集中所载古选、近体诗四卷，捐俸属先生子婿国子生喻子晟刻之。』末有嘉靖四十五年（1566）蒋文化跋。

有明嘉靖四十五年郴州郡守蒋文化刻本，国家图书馆、南京图书馆、上海图书馆藏。

何文简公文集十八卷　（明）何孟春撰　存

何孟春生平见『经部·易类·易疑初筮告蒙约十二卷』条。

是集卷一为赋，卷二至八为诗，卷九至十一为序，卷十二为记，卷十三为碑铭、墓志等，卷十四为祭文，卷十五为诏、策、疏、铭、赞等，卷十六为题跋，卷十七、十八为书。前有赵贤、陈思育序。

有明万历二年（1574）郭崇嗣郡城刻本，北京师范大学图书馆、保定市图书馆、北京大学图书馆、南京图书馆藏。

燕泉何先生遗稿十卷　（明）何孟春撰　存

何孟春生平见『经部·易类·易疑初筮告蒙约十二卷』条。

有清乾隆二十四年（1759）孟春八世孙泰吉刻本，国家图书馆、湖南图书馆、福建省图书馆、徐州市图书馆、嘉兴市图书馆、首都图书馆、上海图书馆、南京图书馆、北京大学图书馆、浙江大学图书馆藏；另有光绪六年（1880）刻本，湖南图书馆藏。

燕泉旧稿十卷　（明）何孟春撰　佚

何孟春生平见『经部·易类·易疑初筮告蒙约十二卷』条。

燕泉杂集十二卷　（明）何孟春撰　佚

何孟春生平见『经部·易类·易疑初筮告蒙约十二卷』条。

西涯先生拟古乐府注二卷　（明）李东阳撰　（明）何孟春注　存

何孟春生平见『经部·易类·易疑初筮告蒙约十二卷』条。

是书为何孟春对李东阳《拟古乐府》一百首咏史诗的注解，征引了大量古籍。

有明正德十三年（1518）刻本，国家图书馆、湖南图书馆、南京图书馆、首都图书馆、重庆图书馆、福建省图书馆、湖南省社科院图书馆藏。

陶靖节集十卷　（晋）陶潜撰　（明）何孟春注　存

何孟春生平见『经部·易类·易疑初筮告蒙约十二卷』条。

是书卷一至四为诗，卷五为赋、辞，卷六为传、赞，卷七为述、记、疏、祭文，卷八、卷九为四八目（即《集圣贤群辅录》），卷十为附录。何孟春之注《陶靖节集》，注疏精准，倍受后世珍重。

有明正德刻本，福建省图书馆、吉林大学图书馆、北京师范大学图书馆、华南师范大学图书馆、清华大学图书馆藏；又明嘉靖二年（1523）刻本，福建省图书馆藏。

批点李太白集　（明）何孟春撰　佚

何孟春生平见『经部·易类·易疑初筮告蒙约十二卷』条。

使西漫兴　（明）祝咏撰　佚

祝咏生平见『经部·礼类·丧祭礼式』条。

蜀中稿　（明）祝咏撰　佚

祝咏生平见『经部·礼类·丧祭礼式』条。

祝参政文集　（明）祝咏撰　佚

祝咏生平见『经部·礼类·丧祭礼式』条。

岣嵝书堂集一卷　（明）祝完撰　存

祝完，字伯固，号水帘，桂阳县人。先祖以军户着籍衡州，明嘉靖二十二年（1543）举人，授大理府推官，升宁波府通判，累官至徐州知府。

有民国南岳图书馆抄本，湖南图书馆藏。

觉思篇四卷　（明）何锐撰　佚

何锐生平见『史部·地理类·〔嘉靖〕续修桂阳州志』条。

艮所诗文集四卷　（明）何天禄撰　佚

何天禄，桂阳州人。七岁能诗，十二入县学，才名藉甚，明嘉靖十二年（1533）岁贡，入国子监，十三年顺天乡试中举。补增城知县，日从湛若水游，悟其旨，遂弃官归，筑室曰『艮所书院』。

李廷柬集　（明）李廷柬撰　佚

李廷柬生平见『史部·地理类·〔嘉靖〕兴宁县志』条。

子谷山人集四卷　（明）胡凤鸣撰　佚

胡凤鸣，临武县人。少为诸生，性豪迈。明嘉靖四十五年（1566）贡生，万历初补明经，授四川安岳县丞，秩满致仕归。

朱白野先生温陵遗墨一卷　（明）朱炳如撰　存

朱炳如（1514—？），号白野，桂阳县人。明嘉靖三十八年（1559）进士，官行人，奉使藩府，晋御史，巡按两淮盐政，又按广西，后出守泉州，累官陕西左布政使。

有明万历间刻本，北京大学图书馆、美国哈佛大学哈佛燕京图书馆藏。

虚籁集十四卷　（明）刘尧诲撰　（清）刘心忠辑　存

刘尧诲生平见『经部·春秋类·左传评林』条。刘心忠生平见『史部·金石考古类·世泽录一卷』条。

是书为其六世孙刘心忠编，凡十四卷，卷一为议，卷二为序，卷三为记，卷四为论，卷五为启，卷六为书，卷七为说，卷八为祭文，卷九为杂著，卷十至十三为诗，卷十四为词调、偈、联，末附《苠庵遗文》《一溪遗文》《一溪遗诗》《藜轩遗文》《震阳遗文》《世泽录》《居山诗》。前有陈宗契、赵侗斅序，四库馆臣称其：『《论性》《论格物》，颇拾姚江绪余』。而书、启、序记皆赠答应酬之作，标题多称父母、郡祖、都台之类。

有清雍正六年（1728）续刻本，陕西省图书馆、日本内阁文库藏；又清康熙六十一年（1722）刘遹孝刻本，北京大学图书馆藏；又明末刻本，日本内阁文库藏。

凝斋文集六卷　（明）刘尧诲撰　佚

刘尧诲生平见『经部·春秋类·左传评林』条。

刘尧诲先生全集十六卷　（明）刘尧诲撰　存

刘尧诲生平见『经部·春秋类·左传评林』条。

是书存七卷，分别为《南垣疏稿》一卷、《抚闽疏稿》一卷、《虚籁集》五卷。

有清抄本，湖南图书馆藏。

留垣吟稿　（明）刘尧诲撰　佚

刘尧诲生平见『经部·春秋类·左传评林』条。

略心集　（明）胡秉观撰　佚

胡秉观生平见『子部·儒家类·横江遗略三卷』条。

心斋集　（明）邓世彦撰　佚

邓世彦，字子美，临武县人。明嘉靖中与邑人刘尧诲御寇有功，后以贡生选楚雄府通判。以讨贼功，晋同知，议改土设流，拊残纳叛，署寻甸府。明隆庆元年（1567）调武定同知，后致仕居家十余年。

奉先集　（明）黄应举撰　佚

黄应举生平见『子部·杂家类·心开随笔』条。

楚上集　（明）汪楫撰　佚

汪楫生平见『史部·编年类·通鉴要略』条。

长公稿　（明）汪楫撰　佚

汪楫生平见『史部·编年类·通鉴要略』条。

十八拍　（明）汪楫撰　佚

汪楫生平见『史部·编年类·通鉴要略』条。

是坡草　（明）汪楫撰　佚

汪楫生平见『史部·编年类·通鉴要略』条。

二东记　（明）汪楫撰　佚

汪楫生平见『史部·编年类·通鉴要略』条。

瀛洲记　（明）汪楫撰　佚

汪楫生平见『史部·编年类·通鉴要略』条。

观光吟草　（明）陈元旦撰　佚

陈元旦生平见『经部·孝经类·孝经章句』条。

行余漫草　（明）陈元旦撰　佚

陈元旦生平见『经部·孝经类·孝经章句』条。

星沙清兴　（明）陈元旦撰　佚

陈元旦生平见『经部·孝经类·孝经章句』条。

存笥文草　（明）陈元旦撰　佚

陈元旦生平见『经部·孝经类·孝经章句』条。

葵中自订稿二卷　（明）王上许撰　佚

王上许，字葵中，临武县人。少颖异，娴习声律。明万历二十二年（1594）副举，后累举不第，四十八年以岁贡授宝庆训导，再补永明教谕，后辞官归养，家居二十五年。

天常阁集　（明）邓学古撰　佚

邓学古，字慕梅，临武县人。选贡，明万历四十一年（1613）补授获嘉知县，有治绩，入获嘉名宦。

横江集二卷　（明）卢思道撰　佚

卢思道，字恪斋，临武县人。明万历时人，胡秉观弟子，以师有《横江遗略》，因以名集。

紫园草二十二卷　（明）曾朝节撰　存

曾朝节生平见『经部·易类·易测十卷』条。

是集分上下册。文十二卷，诗十卷。是集留下了大量的人文资料，对同时代的重要人物、重大事件多有涉及。

《明史·艺文志》著录。

有明万历二十五年（1597）吴楷刻本，国家图书馆、浙江图书馆、中国台北『国家图书馆』藏。

紫园续草四卷　（明）曾朝节撰　佚

曾朝节生平见『经部·易类·易测十卷』条。

紫玉园集十二卷　（明）曾朝节撰　佚

曾朝节生平见『经部·易类·易测十卷』条。

南园草八卷　（明）曾朝节撰　佚

曾朝节生平见『经部·易类·易测十卷』条。

骥鸣集一卷附希骥鸣一卷　（明）曾绍芳撰　存

曾绍芳生平见『子部·杂家类·林下四箴』条。

是集前有宋光夏小引和曾绍芳自序，卷末云：『右一章至二章喻幼而孤寒无知己之遇，三章至五章喻长而历试有用世之资，六章至七章壮南宫奏捷之荣也，八章至十一章述苕溪作宰之苦也，十二章至十五章被谤归田惓惓有恋主匡时之意，十六章至二十一章出补京幕殷殷有振滞拔淹之思，二十二章至二十三章闻别驾之聚迁志喜也，二十四章至二十九章明骥足之不展志慨也，末章则知其无可奈何而安之亦怨而不诽之意云。』

有明万历间刻本，中国台北『国家图书馆』藏。

燕游草（明）曾绍芳撰　佚

曾绍芳生平见『子部·杂家类·林下四箴』条。

蜀道吟（明）曾绍芳撰　佚

曾绍芳生平见『子部·杂家类·林下四箴』条。

茹荼集（明）曾绍芳撰　佚

曾绍芳生平见『子部·杂家类·林下四箴』条。

香海棠集（明）袁子让撰　佚

袁子让生平见『经部·易类·注易图』条。

雷阳八景集（明）袁子训撰　佚

袁子训，郴州人。明万历选贡，历官济南通判、沂州同知，天启四年（1624）任雷州同知，署海康知县。

缶鸣集（明）刘尚友撰　佚

刘尚友，郴州人。明万历元年（1573）举人，十年知藤县，抚瑶有功，擢御史。

主敬集　（明）彭宗赐撰　佚

彭宗赐，字达居，号绍台，桂阳州人。入庠为增生，后累举不第，乃潜心圣贤之理，聚徒讲学，以吟风弄月，叙酒灌花为乐。

晴窗春藻集　（明）彭宗赐撰　佚

彭宗赐生平见『集部·别集·主敬集』条。

藜阁唾余　（明）刘方至撰　佚

刘方至，字如川，桂阳州人。性颖异，精举子业，博综经史，著述甚富，惜散佚不传。

东园稿　（明）李邦撰　佚

李邦，字屏子，安仁县人。性喜吟咏，早孤，初为县掾，后以母老退归。

四六文集　（明）罗文图撰　佚

罗文图，字瑞寰，临武县人。少聪敏，一览成诵，弱冠饩于庠，邑中著作多出其手。

岣嵝集　（明）陈嘉础撰　佚

陈嘉础，字元石，宜章县人。弱补弟子员，汇贯经史，后隐居以老。

锦山堂集　（明）李继体撰　佚

李继体，字震隅，永兴县人。生而颖异，博通书史，明天启元年（1621）贡生。

湘上草　（明）李直夫撰　佚

李直夫，郴州人。

莺鸠吟　（明）王廷玑撰　佚

王廷玑生平见『子部·儒家类·一贯统宗』条。

詹詹言　（明）王廷玑撰　佚

王廷玑生平见『子部·儒家类·一贯统宗』条。

炎炎集　（明）王廷玑撰　佚

王廷玑生平见『子部·儒家类·一贯统宗』条。

宁景纪胜　（明）王廷玑撰　佚

王廷玑生平见『子部·儒家类·一贯统宗』条。

雪龛集　（明）陈文政撰　佚

陈文政，字公仁，号寓庵，临武县人。明崇祯末年恩贡。天资明敏，屡试不第，颇受临武知县徐开禧知赏。生前倡道力学，凡经史子集莫不精通。明亡后，绝意举业，仅以明经终，人皆惜之。

负笈稿　（明）夏九庚撰　佚

夏九庚，字虞飏，桂阳州人。十六入县学，以颖悟冠诸生，明崇祯元年（1628）贡生，朝考取第一，以知州用，因判语有误罢归。越十年，入湖南按察使蔡官治幕，旋谒选补罗平知州，十六年迁南阳府同知，时张献忠已破襄阳，不得行，遂还桂阳，顺治初郝摇旗围州城，以率士民拒城死。

金针集　（明）夏九庚撰　佚

夏九庚生平见『集部·别集·负笈稿』条。

寄园集　（明）袁伯璥撰　佚

袁伯璥，字圭识，郴州人。明天启贡生，明崇祯十七年（1644）补授宿迁知县，曾遍游江越一带。

白云堂郴江吟　（明）李嵩撰　佚

李嵩，字影石，别号景峰，山东枣强县人。明天启二年（1622）进士，授山西翼城知县，擢御史，巡按甘肃，明崇祯间奉命镇压湖广临蓝矿工起义，事平，擢太仆寺少卿。入清，起督山左粮饷，仕至湖广右布政使。

喻春山文集　（清）喻国人撰　佚

喻国人生平见『经部·易类·周易辨正一卷』条。

是集潘宗洛有序云：『春山先生明季举于乡，旋值革命，绝意仕进，隐居三十年，著书立言，以授其门人，殚精覃思，至老不懈。』

百梅诗　（清）曾献瑞撰　佚

曾献瑞，字国桢，永兴县人。清顺治八年（1651）拔贡，家居不仕，尤力学著书，孜孜不倦。

来鹿堂诗草　（清）曾献瑞撰　佚

曾献瑞生平见『集部·别集·百梅诗』条。

回文诗　（清）曾献瑞撰　佚

曾献瑞生平见『集部·别集·百梅诗』条。

梅溪草一卷　（清）陈文徽撰　佚

陈文徽，字公猷，临武县人。清顺治时生员。

云社小草　（清）黄询撰　佚

黄询，永兴县人。

觉思毳十六卷（清）何文麃辑　存

何文麃生平见『经部·易类·易系辞辨解』条。

是书有曹德赞序，称其书『上下千年，纵横万里，有学有识，足与何文简《余冬叙录》互相颉颃』。

有清咸丰十一年（1861）刻本，华东师范大学图书馆藏；又清道光二年（1822）何锺昭刻十卷本，清华大学图书馆藏。

砚田集（清）李会阳撰　佚

李会阳，字受之，宜章县人。博学能文，工诗律。清康熙三年（1664）岁贡，二十四年修县志，多采其遗稿。

只可集（清）李会阳撰　佚

李会阳生平见『集部·别集·砚田集』条。

苏溪诗集（清）范秉秀撰　存

范秉秀，字伊璜，桂阳县人。清康熙二十四年（1685）拔贡。性高洁，通贯古籍，诗才敏妙。曾佐贵州提学吴自肃、云贵总督范承勋幕。生平善琴奕，工草书。

是书成于清康熙三十五年五月中旬。时任桂阳知县鹿宾梓，由其女婿朱毂，儿开祈、开礼、开禧编订。苏溪在今云南云龙县西北，因范秉秀受差遣过往，并曾久居此地，其诗绝大部分所作于此，被同僚称为『苏溪君』『苏溪先生』，其集由此得名。集前有鹿宾、龚淳孚、吴自肃、丁炜、揆哉氏序，次《分草小引》。正文为《雪泥草》《苍耳草》《昆华草》《住春草》《停云草》《归来草》《秋山草》《寻真草》《纫兰草》《西堂草》。

有清康熙间刻本，北京大学图书馆藏。

居山杂咏一卷 （清）刘克谐撰 存

刘克谐，字仲夔，临武县人。居衡阳，清康熙十一年（1672）拔贡。是集仿金梦锡《居山杂咏》而作。附于刘尧海《虚籁集》后。有清雍正六年（1728）临武刘氏刻本，陕西省图书馆藏。

义庄诗集 （清）李朴大撰 佚

李朴大生平见『经部·四书类·四书讲义』条。

松涛阁集 （清）李朴大撰 佚

李朴大生平见『经部·四书类·四书讲义』条。《沅湘耆旧集》著录。

听石斋集 （清）曾铨撰 佚

曾铨，永兴县人，清康熙三十三年（1694）副贡生。

枕湘集 （清）曹维撰 佚

曹维生平见『集部·别集·枕湘集』条。

省斋遗草　（清）曹维撰　佚

曹维生平见『集部·别集·枕湘集』条。

云亭草　（清）胡国篇撰　佚

胡国篇（1669—1735），字竹书，号云亭，又号石庵，兴宁县人。清康熙二十九年（1690）武举，会试屡次不第，后居乡四十余年。

怡怡楼诗集　（清）胡国篇撰　佚

胡国篇生平见『集部·别集·云亭草』条。

东水诗集不分卷　（清）朱毂撰　存

朱毂，字而敏，桂阳县人。清康熙三十七年（1698）拔贡。少有文名，事母纯孝。

是集由范秉秀、潘宗洛鉴定，郭远、凌鱼等阅参，其子有林、有相、有鹏、有冀编次。前有潘宗洛、程干序。诗分体，不编年，凡四百五十九首，词十三首，诗后附《灵寿杖赋》《题复中学碑记》《假馆永宁寺上佛表》《请复南街孝女朱余周姑圣胙呈》《建南闱捐费公呈》等五文，集末附其子朱有翼《司铎月课告示》等文三篇，诗十六首。

有清道光九年（1829）重刻本，湖南图书馆藏。

乃吾庐文集二卷　（清）朱毂撰　佚

朱毂生平见『集部·别集·东水诗集不分卷』条。

青来文集六卷　（清）郭远撰　佚

郭远，字青来，桂阳县人。清康熙五十年（1711）举人。曾公请南北分闱，使湖南得以单独举行乡试。与邵阳王元复、车无咎、衡阳王敔齐名。

是集储大文有序云：『郭子青来既没，余为志其墓，后三年，其子思齐复集其诗文杂著索序，予谓自古立言者兼擅为难，斲琴者不能制笛，刻玉者不能镂金，彼其所得，各有偏长独到之处。青来生湖湘上游，困于诸生者三十年，乃大肆力于诗古文辞，无体不工。』

郭青来制艺文稿　（清）郭远撰　佚

郭远生平见『集部·别集·青来文集六卷』条。

万轴堂文集　（清）李人龙撰　佚

李人龙，字虎文，一字云从，号灵川，桂阳州人。清康熙五十六年（1717）举人。清雍正九年（1731）奉部引见，以知县即用，善诗文。

《沅湘耆旧集》著录。

云从诗集　（清）李人龙撰　佚

李人龙生平见『集部·别集类·万轴堂文集』条。

《沅湘耆旧集》著录。

憨梦吟　（清）欧阳天杰撰　佚

欧阳天杰，字眉山，安仁县人。清康熙年间岁贡生，初随母族姓侯，即贡成均始复本姓。是编镌于清康熙乙未（1715）秋，凡近体诗八十余首，末附四书题诗十余首。

来青阁诗集二卷　（清）周世德撰　佚

周世德，字元伯，桂东县人。为邑庠生，性颖异，喜饮耽吟。

信天翁集八卷　（清）卢承晓撰　佚

卢承晓生平见『子部·术家类·地理探源四卷』条。

和鸣集四卷　（清）卢承晓撰　佚

卢承晓生平见『子部·术家类·地理探源四卷』条。

澄潭集四卷　（清）卢承晓撰　佚

卢承晓生平见『子部·术家类·地理探源四卷』条。

秋云集四卷　（清）刘大铉撰　佚

刘大铉，字世臣，桂阳州人。清康熙时贡生，曾参与编撰《［康熙］桂阳州志》。

醉枫集四卷　（清）萧景乾撰　佚

萧景乾，桂阳州人。

雪窟草　（清）僧慧朗撰　佚

僧慧朗，临武县僧。

庆余子稿四卷　（清）李长年撰　佚

李长年，字而眉，别号庆余，桂阳州人。少颖异，读书一览通解，补州学廪生。清康熙中以贡授训导，不就。

养性草一卷　（清）李长年撰　佚

李长年生平见『集部·别集·庆余子稿四卷』条。

玉峰楼集　（清）龙际时撰　佚

龙际时，字云友，更字惟中，安仁县人。清康熙年间岁贡生，工题咏。是集诗、古文、辞，无卷数，分为三集。邑令黄锡朋序之。

治心编　（清）龙际时撰　佚

龙际时生平见『集部·别集·玉峰楼集』条。

琐言编　（清）龙际时撰　佚

龙际时生平见『集部·别集·玉峰楼集』条。

山居吟　（清）唐接任撰　佚

唐接任，字次尹，安仁县人。怡情山水，以布衣老。

是编近体诗居多，前有序，凡十篇，安仁县令周元良序冠其首。

凤冈吟　（清）尹梦熊撰　佚

尹梦熊，字起潭，茶陵州人。清康熙五十一年（1712）由拔贡生官安仁县教谕，五十四年曾偕邑令周元良增修邑志，邑有凤冈，为八景之一，因以名集。《[同治]安仁县志》：『是集凡古今体诗四百余首，无卷数，前有学使李周望序，称其识见超旷，邑令郝祺跋其后，亦称为理醇趣远，序跋内俱称梦熊有《梅花百韵》，集内未刊。』

自怡吟　（清）尹梦熊撰　佚

尹梦熊生平见『集部·别集·凤冈吟』条。

《[同治]安仁县志》云：『是编古今体诗凡二百七十余首，无卷数，亦邑庠诸生所梓，前有学使姚湑焘、茶陵州牧宜思恭序各一篇，后有梦熊自跋，称前在衡州时，曾著有《自怡吟》一帙，此外尚有客郢、客燕、客汉以及《澹园近稿》诸集，所失过半，因合旧作为一集，亦曰《自怡》，则此编尤其约而存之者也。』

自娱集　（清）夏荣达撰　佚

夏荣达，桂阳州人。清康熙四十七年（1708）补廪生，累举不第，后聚徒授业二十余年。

纪胜集　（清）李名瓯撰　佚

李名瓯，永兴县人。诸生。

黄岑诗集　（清）曾荣春撰　佚

曾荣春，字梅谷，宜章县人。庠生，敦行孝友，寄情诗酒，建茅屋黄岑岭，手植花木。邑令蒋宗芝钦其高致，令子纲师事之。

晴峰自治集　（清）何达宪撰　佚

何达宪生平见『子部·杂家类·南郴野语』条。

金陈时文八卷　（清）何达宪撰　佚

何达宪生平见『子部·杂家类·南郴野语』条。

郴游草　（清）李天祐撰　佚

李天祐，字澹华，醴陵县人。岁贡生，清康熙五十三年（1714）任宜章训导，课诸生以笃行为要。

柏子书屋全集（清）李开祥撰 佚

李开祥，字生生，临武县人。曾参修《〔康熙〕临武县志》。

岭云集三卷又藏稿二卷（清）吴先致撰 佚

吴先致，字至尹，宜章县人。廪生，天性纯孝，父鳏居，夜必伴宿，衣食躬亲。将贡而卒，入祀忠孝祠。

彭必琨诗一卷古文一卷（清）彭必琨撰 佚

彭必琨生平见『经部·四书类·四书文一卷』条。

黄教谕诗稿（清）黄立成撰 佚

黄立成，字永年，桂东县人。清雍正元年（1723）拔贡，授通道司谕，辞不赴。

燕游草（清）李宗德撰 佚

李宗德，字世求，永兴县人。清雍正四年（1726）举人，任攸县教谕。工诗古文词，骈体尤善。

光裕堂稿（清）郭佑达 郭联魁撰 佚

郭佑达，字致远，号巨峰，桂东县人。清雍正七年（1729）乡试第一。清乾隆十五年（1750）知安岳县，政绩卓著，安岳人有『铁峰巅高于天，龙溪水清到底，山高而水清，非候其孰比』之谣。历三载以病告归，后再任。郭联魁，字象台，廪贡生，任善化训导。

泉山集二十四卷　（清）李晋兴撰　佚

李晋兴，字康侯，号泉山，临武县人。清康熙三十七年（1698）拔贡，授醴陵司铎，次年乡试文武三捷。清乾隆七年（1742）升辰州府教授。

调元堂集　（清）李晋兴撰　佚

李晋兴生平见『集部·别集·泉山集二十四卷』条。

一苇草四卷　（清）何华年撰　佚

何华年生平见『子部·杂家类·三余杂箸十卷』条。

梧村文稿　（清）范宗佺撰　佚

范宗佺（1675—1748），字坦夫，一字翰占，号梧村，桂阳县人。少颖异，以拔贡入太学，清雍正十三年（1735）举人，清乾隆元年（1736）进士，补授河南获嘉知县，以劳瘁卒于官。

石林诗草十卷　（清）何洞撰　佚

何洞，字咫斋，桂阳州人。年十五，试衡州府文赋第一，入学为附生，旋补廪生。清雍正十年（1732）举人。清乾隆四年（1739）选补宁乡教谕，改沅江，升候选知县，十九年补授广东大埔县知县，二十二年缘事革职。工诗，善书法，行草有晋人风。

燕游草一卷　（清）张翼轸撰　佚

张翼轸，字照南，安仁县人。清雍正十三年（1735）拔贡，官宗学教习，苏州沈睿祖视学云南时，曾聘主学幕，后睿祖谢病家居，复招游吴门，故有纪游各草，其《学稼斋存草》为居家时所著。

滇南游草一卷　（清）张翼轸撰　佚

张翼轸生平见『集部·别集·燕游草一卷』条。

吴游草一卷　（清）张翼轸撰　佚

张翼轸生平见『集部·别集·燕游草一卷』条。

学稼斋存草一卷　（清）张翼轸撰　佚

张翼轸生平见『集部·别集·燕游草一卷』条。

学稼斋文集　（清）张翼轸撰　佚

张翼轸生平见『集部·别集·燕游草一卷』条。

吐珠亭文集二卷　（清）何祖亿撰　佚

何祖亿，字来初，桂阳县人。清雍正七年（1729）举人，授广东平远知县，在任二年，惠和清慎，因不肯迎合上官，呈请改职，补湘阴教谕。

明史撮咏 （清）李澍福撰 佚

李澍福生平见『经部·四书类·四书图考』条。

诗书春秋撮咏 （清）李澍福撰 佚

李澍福生平见『经部·四书类·四书图考』条。

诸藩镇撮咏 （清）李澍福撰 佚

李澍福生平见『经部·四书类·四书图考』条。

经史吟 （清）李澍福撰 佚

李澍福生平见『经部·四书类·四书图考』条。

醉苏轩学古集 （清）邓林芷撰 佚

邓林芷，字衡若，永兴县人。幼颖异，清乾隆初恩贡生，授永明教谕，二载告归。晚年热心公益，捐书院膏火，赈贫修路，出力尤多。

东墅试草 （清）邓林芷撰 佚

邓林芷生平见『集部·别集·醉苏轩学古集』条。

拾余旧稿一卷　（清）张必昌撰　佚

张必昌生平见『经部·四书类·大学家训二卷』条。

游山水记一卷　（清）郭启哲撰　佚

郭启哲生平见『经部·易类·周易经传图表』条。

梅斋诗集　（清）黄立臧撰　佚

黄立臧，字天彝，桂东县人。廪生，孝友恬静，披阅群书，诗古文词挥毫立就。

今明文集　（清）郭化日撰　佚

郭化日生平见『经部·四书类·四书讲义』条。

学吟草一卷　（清）何启雯撰　佚

何启雯生平见『经部·四书类·四书讲义』条。

香岩诗集　（清）黄体瓒撰　佚

黄体瓒生平见『子部·类书类·摘青策略』条。

青藜诗集　（清）黄卷撰　佚

黄卷，字成山，桂东县人。廪生，擅杜才，工米墨，长旭书，时称三绝，雅爱山水琴棋。

拙园录　（清）周藩撰　佚

周藩，字可屏，桂东县人。清乾隆六年（1741）拔贡，充景山教习，署青州府同知，寻知昌邑县，后历知聊城、泰安等县，所至多惠政。

北游草　（清）罗万卷撰　佚

罗万卷生平见『经部·易类·易卦说』条。

酬俗草　（清）罗万卷撰　佚

罗万卷生平见『经部·易类·易卦说』条。

消闲汇笔　（清）罗万卷撰　佚

罗万卷生平见『经部·易类·易卦说』条。

桂溪全集　（清）罗万卷撰　佚

罗万卷生平见『经部·易类·易卦说』条。

梅轩吟　（清）楚以道撰　佚

楚以道，字立三，永兴县人。增生，为文纯雅，有气度。

诗赋文集　（清）吴国甡撰　佚

吴国甡生平见『经部·礼类·居家四礼』条。

宛在轩诗文集　（清）楚光华撰　佚

楚光华，字言可，永兴县人。廪生，聪慧嗜学。前桂东令张为经曾赠以『经史名家』额，乡人称为『孝文先生』。

粤游草　（清）楚光华撰　佚

楚光华生平见『集部·别集·宛在轩诗文集』条。

庄检堂文集　（清）首永清撰　佚

首永清生平见『史部·地理类·郴州志补遗』条。

桐荫园集说　（清）首永清撰　佚

首永清生平见『史部·地理类·郴州志补遗』条。

䌹斋诗集一卷　（清）卢世昌撰　佚

卢世昌生平见『史部·地理类·〔乾隆〕丰县志十六卷首一卷』条。

丹霞山人集　（清）卢世昌撰　佚

卢世昌生平见『史部·地理类·［乾隆］丰县志十六卷首一卷』条。

此集录其精华之作，《续修四库全书总目提要》著录。陈田爱《自题藏书室》谓其诗『冰雪镜洁，清脆可喜』。

松涛书屋诗抄　（清）朱方扬撰　佚

朱方扬，桂阳州人。清乾隆中任鹿峰书院山长。

就日堂遗文　（清）欧阳炎撰　佚

欧阳炎生平见『史部·史抄类·史通』条。

东山稿　（清）吴国玿撰　佚

吴国玿，字扬次，宜章县人。行端履洁，工诗赋。清乾隆二十年（1755）以岁贡任衡阳府训导。

湖湘草诗赋　（清）吴国玿撰　佚

吴国玿生平见『集部·别集·东山稿』条。

晓堂文稿三卷　（清）范宗裕撰　佚

范宗裕，字晓堂，桂阳县人。清乾隆二十一年（1756）举人，三十六年进士，四十七年补授江西东乡知县，下车伊始，革除陋规，后保奏入都，因目疾致仕。

鹤崖存稿二卷　（清）范孟兰撰　佚

范孟兰，字鹤崖，桂阳县人。颖悟不凡，清乾隆三十五年（1770）举人，拣选知县，试春官，屡荐不售，年四十七终。

翠园诗草　（清）范孟兰撰　佚

范孟兰生平见『集部·别集·鹤崖存稿二卷』条。

南庄诗文集　（清）李冕撰　佚

李冕，字冠山，宜章县人。工诗赋，清乾隆四十二年（1777）拔贡，肄业国子监，候铨教谕，充广西郁林州紫泉书院、广东连州星江书院、本县玉溪书院山长。

清来文稿八卷　（清）何潭撰　佚

何潭，字清来，桂阳州人。年十五，以衡州府录送第一，学政试再第一，清乾隆三年（1738）副榜，十八年举人，后连不得第，以经义教授两湖间，弟子数百人。

洗研傭诗文抄四卷　（清）曹大受撰　佚

曹大受，字可斋，桂阳州人。有文名，清乾隆时岁贡。

黄进士遗集　（清）黄昭著撰　佚

黄昭著，字次明，桂东县人。性倜傥，读书过目成诵。年十七冠童子军，补弟子员。清乾隆三十九年（1774）举人，四十六年进士，殿试二甲，候铨，归以授徒为业。后截取知县，不赴，改教职，补宝庆府教授，未赴，晚年掌教濂溪书院，年五十七卒。

次明文稿　（清）黄昭著撰　佚

黄昭生平见『集部·别集·黄进士遗集』条。

柏溪文集　（清）李荣增撰　佚

李荣增，字如川，永兴县人。以岁贡中清乾隆二十年（1755）举人。

念劬堂文稿　（清）谢才撰　佚

谢才，字吴望，号屐山，安仁县人。清乾隆四十年（1775）进士，官宝庆府学教授，以忧归，服除，授辰州府教授，不就，年七十三卒。

竹堃课艺　（清）谢翔撰　佚

谢翔，字于千，别号竹堃，安仁县人。清乾隆九年（1744）举人，尝游历燕齐间，所交多名士。曾主讲宝庆府濂溪书院。

竹堂诗存　（清）谢翔撰　佚

谢翔生平见『集部·别集·竹堂课艺』条。

忠爱堂集　（清）周惠锝撰　佚

周惠锝生平见『子部·杂家类·遇著录』条。周惠锝所作诗文甚多，没后散佚，其子准仁搜访得古文二十余篇，诗十余首，末附以制艺汇为一集存之。

蕉窗录　（清）谢天相撰　佚

谢天相，字吉旃，号焦阳，安仁县人。清乾隆十八年（1753）拔贡，后中举，历知福建清流、永定、闽清等县，以廉明著。后引疾归。年七十三卒。

谢天相幼随父读书，斋中植蕉数十本，题曰『蕉窗』，继宰闽中，绘《蕉窗乐事图》悬署中，公余染翰课，多拟作。晚归林下，课孙自娱。

唧唧吟　（清）谢如珑撰　佚

谢如珑，字声玉，安仁县人。清乾隆六年（1741）拔贡生，考授景山教习。所作各诗皆自订，末附诗余一卷。

挑灯草　（清）周镛撰　佚

周镛，字元音，安仁县人。年十五入庠序，旋食饩，屡举优行，性孝友，有文名。

柳湄居士文集二卷诗集四卷　（清）张廷良撰　佚

张廷良生平见『史部·地理类·纪程录』条。

香山堂集　（清）卢山著　佚

卢山，字嵎一，安仁县人。岁贡生，清乾隆五十九年（1794）恩赐举人，授徒讲学，老于文律，其子兆鳌，进士，历官知县、知州、同知，汇其所藏。

北游草　（清）谢世埰撰　佚

谢世埰，号瀑泉，安仁县人。天姿英敏，博览群书，县府试俱冠军，复以院考第一名入泮，清乾隆五十九年（1794）乡试中式第三名。以知县官福建，历署闽清、莆田、武平等县，补授晋江知县，致仕归。

南旋草　（清）谢世埰撰　佚

谢世埰生平见『集部·别集·北游草』条。

醉经轩诗集　（清）李其显撰　佚

李其显生平见『经部·春秋类·春秋便闻』条。

南游草　（清）曹亨时撰　佚

曹亨时生平见『经部·春秋类·左氏贯十六卷』条。

是集为乾隆二十四年曹亨时与邑人袁希徐兄弟三人同舟赴省，相与唱合之作。

清溪时文三卷　（清）曹亨时撰　佚

曹亨时生平见『经部·春秋类·左氏贯十六卷』条。

清溪课余录　（清）曹亨时撰　佚

曹亨时生平见『经部·春秋类·左氏贯十六卷』条。

敬修斋诗古文四卷　（清）李元禄撰　佚

李元禄生平见『史部·年谱·朱子年谱纲目十二卷首一卷末一卷』条。

四留堂草　（清）王世缔撰　佚

王世缔生平见『子部·杂家类·四留堂杂说』条。

卫叔文稿　（清）罗淇撰　佚

罗淇生平见『史部·史抄类·策约』条。

制艺课草　（清）刘光庭撰　佚

刘光庭生平见『经部·礼类·礼记集要』条。

涣锦新编　（清）袁淑先撰　佚

袁淑先生平见『史部·地理类·龙标芳躅吟』条。

模圃时文　（清）袁淑先撰　佚

袁淑先生平见『史部·地理类·龙标芳躅吟』条。

季岩文集二卷诗集三卷　（清）傅凌云撰　佚

傅凌云，字季岩，桂东县人。拔贡生，性颖异，博涉群书，工古近体诗。郡邑名士多与之游，后累举不第，旋卒。

百梅诗稿　（清）黄体玑撰　佚

黄体玑，字国珠，桂东县人。优廪贡生，诸书无不涉猎。

黄照人遗诗　（清）黄莹性撰　佚

黄莹性，字照人，桂东县人。性颖悟，补弟子员，未几卒，邑士人多惜之。

仙邻文集　（清）朱大必撰　佚

朱大必，字品上，桂阳县人。岁贡，性孝友，清乾隆五十三年（1788）授茶陵州学训导。

羽余诗草　（清）朱大必撰　佚

朱大必生平见『集部·别集·仙邻文集』条。

桐阴草　（清）叶岐凤撰　佚

叶岐凤，字周集，桂阳县人。清乾隆四十二年（1777）拔贡，性孝友，素勤学，博览群书，兼好善乐施，曾官龙山司铎。

毡余草　（清）朱莲撰　佚

朱莲，字玉华，桂阳县人。清乾隆三十五年（1770）举人。清嘉庆二年（1797）授宣平知县，在任五载，解组归。

归田吟　（清）周玑撰　佚

周玑生平见『子部·杂家类·采菽堂旧闻四卷』条。

橘园诗集　（清）周光俎撰　佚

周光俎，字嗣香，号橘园，桂阳县人。清嘉庆间岁贡，喜吟诗，工书法，入江西督粮道周玑幕十余载。

耕余草　（清）周光俎撰　佚

周光俎生平见『集部·别集·橘园诗集』条。

周桂垣吟草　（清）周桂垣撰　佚

周桂垣，桂阳县人。

清真文集三卷　（清）何绍怡撰　佚

何绍怡，字鹿野，桂阳县人。家贫嗜学，书法端楷，清乾隆五十一年（1786）赐举人，次年会试赐翰林检讨。

闲亭集　（清）何洛书撰　佚

何洛书，字圣则，桂阳县人。清乾隆二十七年（1762）举人，分发四川，补大宁知县，历筠连、江油等县，嗣复任大宁，旋卒于成都官舍。

香远堂遗文一卷　（清）林愈芳撰　佚

林愈芳，字桂山，号香远，宜章县人。愈蕃兄，少有器识，好读书，年十二随父迁居四川。

林青山集十三卷　（清）林愈蕃撰　存

林愈蕃生平见『经部·孝经类·孝经刊误要义一卷』条。

集内有文集八卷，诗集五卷，卷一为书；卷二为论；卷三为学规、得心偶录；卷四收序文；卷五收题跋；卷六至十收诗，是《林青山文集》的主要内容。诗多为五七言，内容主要为写景、记事、赠答、感怀、凭吊；卷十一为引、碑；卷十二为赋、墓表、行状、传、祭文。书末附有《林青山墓志铭》《林公香远先生行状》《言行拾遗录》《林公青山先生年谱》。

有清乾隆三十八年（1773）刻本，上海图书馆、四川省图书馆、清华大学图书馆、美国哈佛大学哈佛燕京图书馆藏。

四友轩诗草六卷 （清）林愈蕃撰 佚

林愈蕃生平见『经部·孝经类·孝经刊误要义一卷』条。

敬义堂稿五卷 （清）林愈蕃撰 佚

林愈蕃生平见『经部·孝经类·孝经刊误要义一卷』条。

楚南吟草一卷 （清）沈维基撰 存

沈维基生平见『史部·科举·安陵课试录』条。

有《紫薇山人诗抄》本，清华大学图书馆藏。

黄岑草一卷 （清）张九镡撰 存

张九镡（1721—？），字竹南，号吾溪，湖南湘潭人。清乾隆二十三年（1758）任兴宁儒学训导，后升郴州学正，四十三年中进士，授编修，居京二十余年，有《笙雅堂集》十九卷。

是集为张九镡为官郴州时所作。

有《笙雅堂集》本，首都图书馆藏。

陈剑溪稿五卷　（清）陈昭谋撰　存

陈昭谋（1754—1827），字燕贻，号剑溪，郴州人。清乾隆四十二年（1777）拔贡，朝考一等第三，授江华教谕。四十八年中举，拣选知县。历官湘阴、湘乡训导，乾州厅、嘉禾、绥宁教谕，五十五年补授桂阳州学正。在官十余年。俸满升山东昌邑知县，调甘肃文县知县，未赴任回籍。掌教东山书院十载，主修《郴州总志》。

是集五卷，附贡卷一卷、朱卷一卷，前有李元度、聂铣敏、刘祖焕序，及自记。卷一为小题，卷二为大题，卷三为典制题，卷四为理题，卷五为散行体，后附贡卷和朱卷，共收时文一百二十六篇，皆其年少课读及宦游时所作。由其子振玉、振琳编次。

有清光绪八年（1882）陈善墀长沙郡学刻本，国家图书馆、南京图书馆藏。

剑溪文集四卷　（清）陈昭谋撰　佚

陈昭谋生平见『集部·别集·陈剑溪稿五卷』条。《湖南文征》著录。

翠轩祭稿八卷　（清）唐宗镕撰　佚

唐宗镕，字范兹，号翠轩，兴宁县人。清乾隆十八年（1753）拔贡，考取宗人府教习，任山东定陶知县，降调直隶涿州州判，题升延州州判，后告病回籍。

暗斋杂著八卷　（清）唐宗镕撰　佚

唐宗镕生平见『集部·别集·翠轩祭稿八卷』条。

渊泉杂著八卷 （清）唐宗镕撰 佚

唐宗镕生平见『集部·别集·翠轩祭稿八卷』条。

小冶诗草八卷 （清）唐宗镕撰 佚

唐宗镕生平见『集部·别集·翠轩祭稿八卷』条。

蒙求集 （清）李铭福撰 佚

李铭福，兴宁县人。

唱和诗 （清）叶大绿撰 佚

叶大绿生平见『子部·儒家类·训世格言』条。

朝阳文稿 （清）朱文蛟撰 佚

朱文蛟，字化龙，桂阳县人。性敏好学，清乾隆十五年（1750）副举，四十四年任保靖训导，致仕归。

敏堂历试草 （清）范俨撰 佚

范俨，字敬存，桂阳县人。岁贡生，敦行孝友，试屡冠军，教弟宗佺、男孟琯、孟珠皆登科甲，从游者蜚声甚众，曾任沅江训导。

笃庆轩合稿　（清）范俨等撰　佚

范俨生平见『集部·别集·敏堂历试草』条。

花月吟　（清）胡兴黉撰　佚

胡兴黉生平见『子部·杂家类·序圃杂著』条。

序圃时艺　（清）胡兴黉撰　佚

胡兴黉生平见『子部·杂家类·序圃杂著』条。

苍园文集　（清）邓松撰　佚

邓松，永兴县人。清乾隆三十九（1774）副榜，笃学，至老不懈。

东园文集　（清）邓植撰　佚

邓植生平见『史部·史抄类·两汉辑句』条。

杏园集　（清）何图撰　佚

何图，字崇教，号会江，别号杏园，永兴县人。融贯六经，纵横诸史，以明经授芷江县教谕。

独言集　（清）何节义撰　佚

何节义，字竹庵，兴宁县人。廪生，性至孝，后教授生徒。

耕心堂稿三卷　（清）彭运修撰　佚

彭运修生平见『经部·春秋类·春秋说』条。

是亦堂集　（清）陈瑞鳌撰　佚

陈瑞鳌，字戴五，号笠如，安仁县人。博洽群书，博通古今，藏书甚富，清乾隆三十九年（1774）中举，晚年补湘阴教谕，卒于官。曾纂辑邑志，所作诗文颇多散佚，其从弟一柱、一桂等搜访所及汇成是集，末附志稿，为乾隆五十七年邑令谭崇易开馆重修安仁县志，聘瑞鳌为总纂时所辑。

竹斋登峰集　（清）曾时球撰　佚

曾时球生平见『经部·四书类·学庸问答』条。

爱弧集　（清）李惟成撰　佚

李惟成生平见『经部·四书类·四书讲义』条。

耕砚草　（清）李良佐撰　佚

李良佐，永兴县人。

春雪堂诗草 （清）曹宗泌撰 佚

曹宗泌，永兴县人。

竹埤楼诗集十卷 （清）吴鲸撰 佚

吴鲸生平见『经部·易类·周易本相释疑十二卷』条。《沅湘耆旧集》录其诗十五首。

集堂文稿六卷诗稿二卷 （清）陈振玉撰 佚

陈振玉生平见『史部·地理类·郴州总志续编』条。

守正斋诗文选八卷 （清）陈振玉撰 佚

陈振玉生平见『史部·地理类·郴州总志续编』条。

守正斋读古录 （清）陈振玉撰 佚

陈振玉生平见『史部·地理类·郴州总志续编』条。

古文存 （清）陈振玉撰 佚

陈振玉生平见『史部·地理类·郴州总志续编』条。

诗存　（清）陈振玉撰　佚

陈振玉生平见『史部·地理类·郴州总志续编』条。

制艺存　（清）陈振玉撰　佚

陈振玉生平见『史部·地理类·郴州总志续编』条。

邃经堂诗文集十二卷　（清）曹德赞撰　佚

曹德赞生平见『经部·礼类·四礼附论一卷』条。

藜阁诗草　（清）刘廷柱撰　佚

刘廷柱，字国器，嘉禾县人。幼颖异，读书过目成诵。清嘉庆十二年（1807）州试五场冠军，院试亦第一，曾设馆桂阳州，喜吟咏。

记存文集　（清）马步青撰　佚

马步青生平见『经部·五经总义类·五经注释节要』条。

记存诗集　（清）马步青撰　佚

马步青生平见『经部·五经总义类·五经注释节要』条。

课儿存草　（清）马步青撰　佚

马步青生平见『经部·五经总义类·五经注释节要』条。

龙山诗文集二卷　（清）邓桂撰　佚

邓桂生平见『经部·四书类·四书讲义』条。

述古楼古文诗集　（清）邓玉撰　佚

邓玉生平见『经部·易类·周易述翼二十四卷』条。

壶芦诗集二卷　（清）邓德焕撰　佚

邓德焕生平见『子部·杂家类·痴呆论』条。

永思堂文集二卷　（清）邓光撰　佚

邓光，字照堂，永兴县人。庠生。办育婴义仓、修惜字炉诸善举。

棣友堂唱和诗草　（清）欧阳厚垣编　佚

欧阳厚垣生平见『史部·地理类·居游闻见录』条。

搜新诗集　（清）李鼎撰　佚

李鼎，字肇元，号雨吉，安仁县人。弱冠补弟子员，屡试冠军，后以授徒为业。清嘉庆年间恩赐举人。

赏雨山房诗草　（清）张粹余撰　佚

张粹余，字养和，号纯斋，安仁县人。岁贡生，性颖悟，善书工诗，博览群书。

素位小草　（清）谢镜三撰　佚

谢镜三，安仁县人。庠生。乐善好施，倡修邑中文庙、书院、桥路、寺院等，输赀七千余金，议叙通判。

咏仁堂文稿　（清）李宅钦撰　佚

李宅钦，字怀厚，号敦轩，安仁县人。天姿明敏，博览群书，由举人任永州府宁远县训导，倡修文庙、书院等处，年五十六卒于任。

疑山诗稿　（清）李宅钦撰　佚

李宅钦生平见『集部·别集·咏仁堂文稿』条。

五经诗草　（清）周建镐撰　佚

周建镐，号丰垣，安仁县人。拔贡生，工诗古文词，掌教宜溪书院数载。

萃英堂文稿　（清）欧阳人骥撰　佚

欧阳人骥，字玉台，安仁县人。清道光十七年（1837）举人，博览群书，掌教宜溪书院十余载。

听彝堂文稿　（清）李毓麟撰　佚

李毓麟，字屏垣，安仁县人。岁贡生。

怡怡存草　（清）李中瀚撰　佚

李中瀚，号海门，安仁县人。清道光十二年（1832）举人，二十四年（1844）大挑一等，以知县分发河南试用，署尉氏知县，调补鄢陵县知县。

欧阳坦斋全集不分卷　（清）欧阳厚均撰　存

欧阳厚均生平见『经部·易类·易鉴三十八卷』条。

有清嘉庆十九年（1814）刻本，湖南图书馆藏。

望云书屋文集二卷　（清）欧阳厚均撰　存

欧阳厚均生平见『经部·易类·易鉴三十八卷』条。

是集由其孙欧阳世洵、曾孙欧阳椿寿、欧阳桐寿校字刊行，无序跋。卷一为序、记，卷二为跋、传、行略、墓志铭、祭文、青词，末附《请禁传教结会以靖地方折》等奏疏十篇。

有清同治间刻本，国家图书馆、上海图书馆藏；又清道光间刻本，湖南省社会科学院图书馆、湖南图书馆藏。

有方游草二卷 （清）欧阳厚均撰　存

欧阳厚均生平见『经部·易类·易鉴三十八卷』条。

是集前有同治四年（1865）李元度序，卷一收嘉庆己未（1799）至戊辰（1808）之诗，卷二收己巳（1809）至甲戌（1814）之诗。

有清同治间刻本，国家图书馆、湖南图书馆藏。

来谂堂诗草二卷 （清）欧阳厚均撰　存

欧阳厚均生平见『经部·易类·易鉴三十八卷』条。

是集前有清嘉庆丙子年（1816）自序，卷一收嘉庆乙亥（1815）至道光乙酉（1825）之诗，卷二收道光丙戌（1826）至甲辰（1844）之诗

有清同治间刻本，国家图书馆藏；又清道光间刻本，湖南省社会科学院图书馆、湖南图书馆藏。

粤东游草一卷 （清）欧阳厚均撰　存

欧阳厚均生平见『经部·易类·易鉴三十八卷』条。

有清道光刻本。国家图书馆、湖南省社科院图书馆、湖南图书馆藏。

隶友堂试帖偶存四卷 （清）欧阳厚均撰　存

欧阳厚均生平见『经部·易类·易鉴三十八卷』条。

有清木活字本，湖南省社科院图书馆藏。

祇遹堂诗稿　（清）侯襄朝撰　佚

侯襄朝生平见『经部·小学类·音韵辨义』条。

安焉堂诗集　（清）贺拔撰　佚

贺拔，字列五，安仁县人。岁贡生。

介圃文集　（清）郭大基撰　佚

郭大基，字溥堂，桂东县人。恩贡生。

听雨蕉房诗集　（清）郭孔岚撰　佚

郭孔岚，字峻峰，号晓岩，桂东县人。清嘉庆二十一年（1816）举人，主邑书院讲席十一载，后任衡州府训导、衡阳县教谕，迁永春州州同，有政声，卒于任。

霞川集　（清）李如珙撰　佚

李如珙，字卓庵，桂东县人。监生，博综经史，工诗古文辞。清康熙中累举不第，年未四十卒。

磨旋吟草　（清）李延芳撰　佚

李延芳，字菊甫，宜章县人。清嘉庆二十四年（1819）恩贡。

菊甫遗文　（清）李延芳撰　佚

李延芳生平见『集部·别集·磨旋吟草』条。《沅湘耆旧集》著录。

净因阁诗稿　（清）周琛撰　佚

周琛，女，字藕香，桂阳县人。

粤游草　（清）周琛撰　佚

周琛生平见『集部·别集·净因阁诗稿』条。

十旬草　（清）周世锦撰　佚

周世锦生平见『史部·地理类·纪游图记二卷』条。

养园诗抄　（清）周世锦撰　佚

周世锦生平见『史部·地理类·纪游图记二卷』条。

梦觉轩诗集　（清）范次尹撰　佚

范次尹，桂阳县人。

顺正堂草 （清）范仲升撰 佚

范仲升，字清时，桂阳县人。年十三而孤，早岁游庠，旋食廪饩，屡举不第，乃援例，清嘉庆七年（1802）署宁远训导。

课耕堂集 （清）范仲易撰 佚

范仲易，字浴咸，桂阳县人。清嘉庆中岁贡生，少孤，性高洁，授徒以身示则。

课徒文草二卷 （清）范仲映撰 佚

范仲映，字照初，号杏圃，又号敦山，桂阳县人。清乾隆五十四年（1789）举人，会试下第，留京设教四年。清嘉庆六年（1801）进士，十年授任常德府教授，丁外艰服阕，补永顺府教授，致仕归。

见山草堂知意草六卷 （清）范继衡撰 佚

范继衡，字子斋，桂阳县人。廪贡生，候选训导，善画嗜琴，尤工诗。宦幕多年，癖爱山水。

星聚山房文集四卷 （清）何谓善撰 佚

何谓善生平见『子部·道家类·率性赋』条。

碧山堂文集 （清）何英耀撰 佚

何英耀，字光甫，桂阳县人。清嘉庆中例监，捐纳州同衔。

锄云斋文集　（清）李昌望撰　佚

李昌望，字平远，桂阳州人。弱冠食廪，累举不第。

他山石诗集　（清）罗锐才撰　佚

罗锐才生平见『史部·地理类·揽胜图记』条。

时文全稿　（清）罗储凤撰　佚

罗储凤（1774—1828），字鸣冈，号桐轩，郴州人。少有文名，试辄州试第一，清嘉庆二十四年（1819）副举，后累试不第，遂授徒为业。

初学诗集　（清）罗储凤撰　佚

罗储凤生平见『集部·别集·时文全稿』条。

安仁诗草一卷　（清）黄齐云撰　佚

黄齐云，号荟川，湘乡人，清嘉庆三年（1798）由举人任安仁县教谕，学问渊博，曾徒建学署及节孝祠于学宫内。

章水唱和录　（清）黄本骐撰　佚

黄本骐（1776—?），字伯良，号花耘，宁乡人。清嘉庆十三年（1808）举人，官城步县训导，清嘉庆中，应宜章知县陈永图之聘，延修《[嘉庆]宜章县志》。

郴岭纪游草　（清）黄本骐撰　佚

黄本骐生平见『集部·别集·章水唱和录』条。

震省堂遗文一卷　（清）李克钿撰　佚

李克钿（1783—1821），字冠湖，号希濂，桂东县人。清嘉庆十八年（1813）拔贡，授候选直隶州州判。少有异姿，通六经诸史百家之说，游京师归，协修《［嘉庆］桂阳县志》，与邵阳魏源、桂阳何庆元、郴州陈起诗等相善。

咏史诗　（清）欧阳骧撰　佚

欧阳骧，字云绣，号惺斋，桂阳县人。拔贡，工诗词，精楷法。肄业太学，晚年掌朝阳书院。

岭南杂咏　（清）欧阳骧撰　佚

欧阳骧生平见『集部·别集·咏史诗』条。

酉山文集　（清）廖学聚撰　佚

廖学聚生平见『子部·杂家类·训俗格言』条。

石笏山房文集十六卷　（清）雷澍万撰　佚

雷澍万，字苏亭，桂阳州人。拔贡生，注选州判。博览强记，工馆体，诗赋擅一时。晚筑室钟水旁，号『石笏山房』。

雨庄文稿　（清）叶英撰　佚

叶英，字化区，号雨庄，桂阳县人。岁贡，肆力于经史诗古文词，教授生徒，多所成就。

半闲楼诗文集四卷　（清）何城如撰　佚

何城如，字金城，桂阳县人。工字画，尤善词赋，精音韵。以岁贡任沅江教谕，解组归，历主朝阳书院、孔教分会、农林分会等。

首焕彪集一卷　（清）首焕彪撰　佚

首焕彪，字班臣，郴州人。工古文，清道光十四年（1834）举人，以军功授知县，发江西候补，二十八年署德化知县。清咸丰元年（1851）改德兴知县。

四删诗　（清）陈起诗撰　存

陈起诗生平见『经部·四书类·四书求是录』条。

是书一册，前有陈起诗自记，云：『岁庚午始学诗，及归自长沙，得《长沙集》一卷，合辛壬所得，春泉为删，存三百首；癸酉《长沙二集》一卷，合甲乙所得，菊圃为删，存二百首，贺丈昉汀又删，存百首；丙子《长沙三集》，合前共三百，汪云麓夫子为删，存二百首，为三删诗；丁丑《潭州草》一卷，今统前及删存百首，自删。』据此，此集应为陈氏《四删诗》传抄本。题材以题景、述怀、酬赠为主。

有民国初抄本，湖南图书馆藏。

知新阁散体文二卷骈文一卷　（清）何庆元撰　佚

何庆元（1795—1850），字积之，号漱石，桂阳县人。清嘉庆十八年（1813）拔贡。清道光十一年（1831）湖南乡试中举，十五年成进士，钦点翰林院庶吉士，授实录馆协修，乞假归省，掌朝阳书院。

漱石制义二卷　（清）何庆元撰　佚

何庆元生平见『集部·别集·知新阁散体文二卷骈文一卷』条。

撼山草堂遗稿三卷　（清）陈起书撰　存

陈起书生平见『子部·杂家类·南言十三篇』条。

书名为何绍基所题，书前有何绍基、罗汝怀、魏源、廖宗湘序各一篇，次《湖南忠义录稿》中的《陈起书传》，并道光乙未年自序。内附陈起诗赠弟之作《用曹植次白马王彪韵》四首。全集收有五言古，乐府七言古，五七言近体。内容分抒怀、纪游、赠答、叙事等。魏源评其诗：『集中精华，全在五古，律体感时之作，亦妣美杜陵。诗虽不多，而怀抱之奇，性情之笃，亦可得其大凡矣。』

有清同治五年（1866）刻本，国家图书馆、湖南图书馆、上海图书馆、中国科学院国家科学图书馆、天津图书馆、复旦大学图书馆藏。

诒谷堂文稿　（清）何丙甲撰　佚

何丙甲（1800—1884），又名垣本，字存真，号务园，桂阳州人。年三十补博士弟子员，后为廪生，清光绪元年（1875）举孝廉方正。后授徒为业，咸同间协助州人陈士杰倡建学舍、兴贤堂。

宽闲堂文集一卷　（清）欧阳泳撰　佚

欧阳泳（1805—1844），字子季，号松洲，桂阳县人，少有异姿，工诗古文词。清道光十七年（1837）拔贡，授州判。

《［光绪］湖南通志》著录。

醉山草堂集四卷　（清）黄仲骐撰　存

黄仲骐（1807—？），字正夫，郴州人。贡生，少游陈起诗之门，曾习静北湖，倡为《春柳》四章，和者成帙，诗名大噪，有《郴州论》《永州论》等选入《皇朝经世文编》。

集内文集二卷，前有长沙王楷序，内含记、序、墓志、书、传、祭文等，其中《郴州论》一文对晚清郴州时局的看法颇有见地，其它如《骑田石岩记》《叉鱼亭记》等亦对研究郴州地理颇有价值；诗集二卷，前有朱联奎、陈起乐、梅鉴源序。

有清光绪六年（1880）宁乡学署刻本，国家图书馆、湖南图书馆、上海图书馆、中国科学院国家科学图书馆、嘉兴市图书馆藏。

粤游草　（清）陈起礼撰　佚

陈起礼生平见『史部·年谱·陈起礼年谱』条。

补拙斋诗集不分卷　（清）陈士元撰　存

陈士元（1817—1853），号龙卿，又号农卿，桂阳州人。幼聪慧，五岁出口不凡，十岁会诗文。十九岁会试，拔为郡首。乡试数荐不第，后家居讲学，授徒于塔峰书院，卒年三十七岁。

是集收五七古诗，五言律诗，七言律诗，五言绝句，七言绝句。前有光绪十九年（1893）徐树铭序，次陈士杰传，又次陈兆文识。书末附夏时、陈兆葵《跋》。该书为陈兆文、兆葵堂兄弟收集编辑。

有清光绪十六年（1890）京师刻本，天津图书馆、湖南图书馆、上海图书馆藏。

补拙斋诗一卷 （清）陈起乐撰 佚

陈起乐（1817—1890），字和甫，号葵心，郴州人。清道光二十年（1840）优贡，礼部会考钦取第一名，就职训导，捐输米石议叙县丞。清咸丰二年（1852）以团练功保举州同，五年总办本籍团练，剿办邻境串匪荐保知州，八年改捐同知，分浙江。清同治二年（1863）办理东征筹饷升知府。

潜园散体文抄二卷 （清）何俊撰 佚

何俊生平见『子部·儒家类·教读提纲』条。

白云阁诗集 （清）陈起春撰 佚

陈起春，女，郴州人。陈起诗妹，黄仲骐妻。幼聪慧，从长兄授读性理诸书，潜心《阳明先生集》。

贺剑集 （清）廖宗湘撰 佚

廖宗湘，字春泉，郴州人。清道光间举人，曾为汉宁书院山长。

寸草庐诗文集　（清）彭德灿撰　佚

彭德灿，字惺甫，宜章县人。清道光十一年（1831）举人。国子监学录，工书法。

玉溪书屋诗草　（清）彭德灿撰　佚

彭德灿生平见『集部·别集·寸草庐诗文集』条。

敬园遗艺四卷　（清）欧阳嗣钦撰　佚

欧阳嗣钦，号敬园，安仁县人。监生。

丰圃遗艺四卷　（清）欧阳世逢撰　佚

欧阳世逢，号丰圃，安仁县人。幼聪颖，能文章，清道光十七年（1837）拔贡，由州判改训导。

孝集　（清）何柏亭撰　佚

何柏亭，桂阳县人。父早逝，奉母五十载，以孝行，母丧，吊以诗，累积成卷册，并题为《孝集》。

秋窗吟　（清）黄明昌撰　佚

黄明昌，字勋臣，自号松崖山人，郴州人。

归川诗集　（清）陈梦熊撰　佚

陈梦熊，又名贻渭，字归川，桂阳州人。少家贫，清道光中连年赴试不得志。

耕云山馆诗文抄　（清）雷鹤龄撰　佚

雷鹤龄，字松果，桂阳州人。词赋擅名一时，弱冠补弟子员，试辄优等。清咸丰中以团防功保国子监学正，曾倡建鉴湖书院与兴贤堂。

荟英堂课草　（清）李宅安撰　佚

李宅安生平见『子部·杂家类·迎薰山房杂录』条。

课儿草　（清）侯振焕撰　佚

侯振焕，号松云，安仁县人。优廪生，肄业石鼓书院，为山长刘祖焕、谭鹏霄所器重，累举不第，遂授徒训子。

培性斋诗文遗集　（清）侯振焕撰　佚

侯振焕生平见『集部·别集·课儿草』条。

星槎文集　（清）朱联奎撰　佚

朱联奎，字星槎，郴州人。清咸丰三年（1853）进士，授刑部主事，升员外郎，为曾国藩所器重，延访再三，不就。晚年主讲东山书院。

半帆文集　（清）谢宣撰　佚

谢宣生平见『经部·春秋类·左国合选』条。

经畬堂文稿　（清）谢宣撰　佚

谢宣生平见『经部·春秋类·左国合选』条。

是亦轩尺牍　（清）谢宣撰　佚

谢宣生平见『经部·春秋类·左国合选』条。

白云深处诗草　（清）萧瑞云撰　佚

萧瑞云，字辑五，郴州人。清同治间举孝廉方正，加户部员外郎，筑白云深处书屋，好吟诗。

烬余诗草五卷　（清）李国荣撰　存

李国荣，字华甫，嘉禾县人。少以文学冠其县中，清道光二十九年（1849）拔贡。清咸丰元年（1851）举于乡，会太平天国兴起，归乡筹办团练，七年以守城功升候选知县，并赏加同知衔。后不乐仕途，归家奉亲，旋卒于家。

是集前有光绪十五年（1889）邓辅纶序，又自序。末有陈鼎、雷飞鹏跋。生平得诗不下千首，所存仅此。卷一为五言古诗，卷二为七言古诗，卷三为五言律诗，卷四为七言绝句，卷五为七言律诗。卷五《粤匪攻城纪事》，记载太平军攻占嘉禾县事。诗止于同治元年（1862），其子吟扶跋称，『先君子弃世三十有七年』。

有清光绪二十五年（1899）长沙求是斋刻本，国家图书馆、湖南图书馆藏。

蕉云山馆诗文集三卷 （清）陈士杰撰 存

陈士杰生平见『史部·诏令奏议类·陈侍郎奏议八卷』条。

是书《文集》二卷，《诗集》一卷，为其外甥夏时辑于四川官运盐局总办任上，《文集》内含序、寿序、行述、传、记、图说、碑记、跋、祭文等，其中《感知录》详细回忆了其与曾国藩交往的过程。《诗集》则多归田后而作，有陶渊明之风。

有清光绪十五年（1889）刻本，国家图书馆、湖南师范大学图书馆、南开大学图书馆藏。

陈侍郎书札八卷 （清）陈士杰撰 存

陈士杰生平见『史部·诏令奏议类·陈侍郎奏议八卷』条。

有清光绪三十二年（1906）衡阳刻本，湖南图书馆、内蒙古自治区图书馆、中国科学院国家科学图书馆藏。

训子文集 （清）朱炳元撰 佚

朱炳元，字子联，桂阳县人。由拔贡中清同治元年（1862）顺天举人，官工部屯田司主事，清光绪三年（1877）报捐知府分广西补用，奉委梧州平乐厘务总办，历保甲、善后、交代等局提调，又护解京铜等。归籍主讲朝阳书院，曾延聘修《桂阳县志》《乐昌县志》二志，卒年六十九。

种柏堂诗古文词 （清）萧山撰 佚

萧山生平见『史部·政书类·洋商要略』条。

双溪草堂诗集一卷　（清）黄肇鼎撰　存

黄肇鼎（1829—1890），字雒九，号广文，郴州人。副榜，清咸丰中剿办粤匪以功叙教谕，后入南海知县陈善圻幕，游粤数年。清光绪元年（1875）补授宁乡县教谕。

又名《寄园遗诗》，是集前有黄纯垓序，次黄樹藩《先伯兄雒九行状》，诗大体以创作时间为序，起于光绪癸未（1883）九月，止于戊子（1888）初夏，以纪游、述怀、酬赠诗为主，亦间有纪事之作，如《马江哀》一诗，详记马尾海战经过。

有民国二十五年（1936）松雪铅印本，湖南图书馆藏。

郴游草一卷　（清）杨恩寿撰　存

杨恩寿生平见『史部·日记类·郴游日记一卷』条。

是集收录杨氏同治元年（1862）至三年（1864）居郴期间创作之诗，凡六十三首，多游历之作，如《发郴江夜泊瓦市》《泊西河口》《便县道中》《瓦市舟次》《步出西城过农家导谒义帝陵月上乃归》等。

有清光绪间刻本，国家图书馆藏。

芋香草堂诗集五卷　（清）李泽泮撰　佚

李泽泮，字香泉，宜章县人。清咸丰七年（1857）贡生，由乡团军功叙教职，补平江训导，以功加国子监正衔。工诗，引年归，卒年八十。

桂楼古今体诗赋 （清）胡祖复撰 佚

胡祖复生平见『史部·地理类·［光绪］桂阳乡土志一卷』条。

桂楼杂艺合抄八卷 （清）胡祖复撰 存

胡祖复生平见『史部·地理类·［光绪］桂阳乡土志一卷』条。

是书《文集》六卷，前有桂阳知县刘人骏序，卷一为论、策、表、序，卷二为寿序、书，卷三为书，卷四为书后、启、跋、碑铭、碑记等，卷五为传、墓志、祭文，卷六为光绪甲午（1894）以后所作的禀、书、祭文、传、记等。《诗集》二卷，前有辽东郝恂序，卷一收其一生所创作的纪游诗；卷二收杂体诗赋，其中的《北上程记》详细记录了清同治十二年（1873）胡氏入都应试，从家乡出发，一路所见所闻，所思所想，对研究沿途地理风物颇有价值。

有清光绪三十三年（1907）培桂轩木活字本，湖南图书馆藏。

辅臣遗稿 （清）谭炳国撰 佚

谭炳国，宜章县人。

东源老农诗抄 （清）孟孝煌撰 佚

孟孝煌，宜章县人。

湘舲诗草 （清）吴南沅撰 佚

吴南沅，宜章县人。

悔轩集　（清）吴莹卿撰　佚

吴莹卿生平见『子部·杂家类·求可录』条。

小培堂诗草　（清）谭一匡撰　佚

谭一匡（1835—1882），号功臣，自称小培山人，永兴县人。少补博士弟子员，后授徒四方，英才多游其门。工诗。

杂著　（清）雷沛泽撰　佚

雷沛泽生平见『子部·杂家类·自镜录』条。

课徒草　（清）雷沛泽撰　佚

雷沛泽生平见『子部·杂家类·自镜录』条。

三余别集　（清）雷德焕撰　佚

雷德焕生平见『史部·史评类·读史臆说』条。

樹德堂文稿　（清）郭樹屏撰　佚

郭樹屏，字锦华，号艺圃，桂东县人。少聪颖，年十岁通五经，二十一岁补弟子员，后累举不第，掌教金台书院数年，清咸丰二年（1852）岁贡，督办团练，以军功保举国子监学正衔。清同治八年（1869）补授嘉禾县教谕，连任十载，年七十七致仕归。

锄经轩杂体诗草　（清）胡景瑗　存

胡景瑗生平见『史部·杂录·续香山九老寿言录一卷』条。

是集前有自序，其诗内容多为亲朋庆吊、来往赠答及游观遗怀之作，末附祭文。

有清光绪三十二年（1906）锄经轩刻本，湖南图书馆藏。

渌江随笔二卷　（清）何安行撰　佚

何安行，字春舰，桂阳县人。资性通敏，未冠补弟子员，清同治十二年（1873）副贡，游岳麓书院数载。清光绪十一年（1885）拔贡，朝考二等以教职用，历振铎宁乡、湘阴、新田各县，二十五年补湖南醴陵司训，升长沙、衡州府教授。

诗稿　（清）廖如遂撰　佚

廖如遂生平见『子部·小说类·遁园杂记』条。

田傭杂著　（清）廖如遂撰　佚

廖如遂生平见『子部·小说类·遁园杂记』条。

宦海涛　（清）廖如遂撰　佚

廖如遂生平见『子部·小说类·遁园杂记』条。

半禅子诗集二卷　（清）何鼎撰　佚

何鼎（1852—1917），字淮甫，桂阳县人。由附贡生报捐双月县丞，清光绪十三年（1887）补授福建漳州府澄海知县，后历署古田、沙县知县，二十年调补漳浦知县，后奉委武卫全军提调、山西全省营务处总办，后报捐山西候补道，钦加二品衔，赏戴花翎，二十八年经四川总督岑春煊奏调赴四川差遣，后历热河营务处总办、广东督署秘书长。民国二年（1913）出任北京军需总局顾问，四年当选为国会议员。

锦水轩诗草一卷　（清）李方锐撰　佚

李方锐（1854—1901），字缉甫，又字勉亭，桂阳州人。少嗜古文辞，由国子监生应乡举不第，改捐纳典吏分贵州试用，为贵州按察使文海所知赏。清光绪二十二年（1896）经新任驻藏大臣文海奏调入藏襄理文牍。二十四年以弹压各路土司、保护商旅出力奏升府经历，二十五年升同知衔贵州补用知县，二十六年十二月因处理博高善后事宜有功荐保尽先同知直隶州，并赏加知府衔，旋署察木多军粮府事，次年卒于任。

黔游诗草一卷　（清）李方锐撰　佚

李方锐生平见『集部·别集·锦水轩诗草一卷』条。

塞上吟一卷　（清）李方锐撰　佚

李方锐生平见『集部·别集·锦水轩诗草一卷』条。

醉竹山房诗集十卷　（清）彭政枢撰　存

彭政枢生平见『经部·易类·周易大象述义』条。

是书今存一卷（卷十），为《船山学社吟草》，多为彭氏与船山学社社友的雅集唱和诗。

有民国间长沙船山学社铅印本，湖南图书馆藏。

瓯越吟草　（清）彭政枢撰　佚

彭政枢生平见『经部·易类·周易大象述义』条。

清光绪二十九年（1903）彭政枢应浙江学政陈士元之邀，入浙江佐理文牍，是集当作于是时，见《王先谦集》。

凝粹堂诗　（清）彭政枢撰　佚

彭政枢生平见『经部·易类·周易大象述义』条。

啸竹轩诗　（清）彭政枢撰　佚

彭政枢生平见『经部·易类·周易大象述义』条。

郴州集一卷（清）金蓉镜撰　存

金蓉镜生平见『史部·地理类·郴游录』条。

是集共收录其诗一百二十首。作者自跋云：『右诗一百二十首，不尽属郴州所作，删订缀辑实在郴州，合之在州所为，统名为郴州集。』作者虽在郴任职仅十个月，然对其人文风情，风物民俗颇为留恋，故而感慨『予不能忘郴，郴其忘予乎』？

有清光绪间铅印本，国家图书馆、上海图书馆、天津图书馆、温州市图书馆、嘉兴市图书馆藏。

瘀气集一卷（清）金蓉镜撰　存

金蓉镜生平见『史部·地理类·郴游录』条。

是书签题《治郴日录》，是金蓉镜任郴州知州时的公牍集编，包括地方治理的告示、禀文等。内容多为晚清新政史料，其中反映郴州创办新式中学堂的文献尤多，如：《禀郴州中学堂大概情形》《禀中学文》《禀复办理中学上控文》《中学堂演说》等，从中可以窥见维新思潮下的州县的运作情况。

有清光绪三十四年（1908）刻本，国家图书馆、湖南图书馆、上海图书馆藏。

半学山房遗稿文集二卷（清）周润标撰　存

周润标（1857—1930），字栋云，桂东县人。清光绪二十四年（1898）拔贡，朝考二等，以教职用，历任常德、平江、保靖、桃源等县学。晚于桂东沤江河畔筑舍读书，名『半学山房』。

是书上下两卷，前有著者肖像及郭寅宾所作像赞，次李锦鋆序，又次事略、墓志铭。上卷为文，收说、论、议、电、文、寿序、序、传、记、墓志铭等。下卷为杂著、诗、对等。

有民国二十四年（1935）铅印本，湖南图书馆藏。

澹吟诗草　（清）胡家修撰　佚

胡家修，宜章县人。清光绪二十九年（1903）贡生。

陆舟山人残稿一卷　（清）李寿祺撰　佚

李寿祺生平见『史部·年谱·李寿祺年谱』条。

陆舟记　（清）李寿祺撰　佚

李寿祺生平见『史部·年谱·李寿祺年谱』条。

鲁园记　（清）李寿祺撰　佚

李寿祺生平见『史部·年谱·李寿祺年谱』条。

金粟山馆诗文集　（清）李吟芙撰　佚

李吟芙生平见『子部·艺术类·楹联余语』条。

橘园诗存　（清）李学镜撰　佚

李学镜，字心若，嘉禾县人。性雅，好词赋书法。尝入珲春副都统郭宗熙幕，清宣统元年（1909）归，旋中拔贡，民国间任财政保管处等职，不乐，辞去，旋卒。

颐庐草　（清）李学镜撰　佚

李学镜生平见『集部·别集·橘园诗存』条。

纫蘅室诗草　（清）李学铭撰　佚

李学铭生平见『史部·政书类·历代中外交涉表一卷』条。

蘅石诗文集　（清）萧覃荫撰　佚

萧覃荫，字蘅石，嘉禾县人。清光绪二十三年（1897）拔贡，湖广总督张之洞开设两湖书院，咨送入院课读，课试辄高等，肆力诗古文辞。宣统二年（1910）援例由拔贡授安徽州同，因国变归里。

水西村居诗集　（清）李兆蓉撰　佚

李兆蓉生平见『史部·政书类·岭南文牍』条。

知非文存　（清）李兆蓉撰　佚

李兆蓉生平见『史部·政书类·岭南文牍』条。

辽梦草一卷 （清）雷飞鹏撰 存

雷飞鹏（1863—1933），字筱秋，晚号艾叟，嘉禾县人。中国近代民主革命家。清光绪十九年（1893）举人，二十三年补授祁阳训导，历署湘潭、宜章训导，后宦游京师，调奉天提法司科员，改税务科员。清宣统元年（1909）补授宽甸知县，旋改西安县知县。后入同盟会，从事革命活动，辛亥后为湖南省议员，民国十年（1921）任湖南图书馆馆长，十四年任职上海群治大学，后归里，担任《嘉禾县图志》总纂。雷飞鹏一生苦读经史，能诗善文，著述颇丰。

是书一卷，前有己酉年（1909）自序，所录诗起丁未（1907）三月，讫己酉（1909）八月，内容多为其辞湘赴辽沿途游观遣怀之作。

有清宣统二年（1910）铅印本，国家图书馆、湖南省社科院图书馆、首都图书馆、北京师范大学图书馆、吉林省图书馆藏。

辽梦草续（征兆日记诗）一卷 （清）雷飞鹏撰 存

雷飞鹏生平见『集部·别集·辽梦草一卷』条。

有清宣统二年（1910）铅印本，复旦大学图书馆藏。

松江修暇集九卷附诗余一卷 （清）雷飞鹏撰 存

雷飞鹏生平见『集部·别集·辽梦草一卷』条。

民国六年（1917）雷飞鹏于吉林倡立松江修暇社，参会者有郭宗熙、栾骏声、成多禄等十余人，先后集会九次，互相唱和，以诗为主，是书按九次集会先后为序，编成九集，后附诗文，为集会唱和词。

有民国七年（1918）铅印本，辽宁省图书馆藏。

汗漫草一卷　（清）雷飞鹏撰　存

雷飞鹏生平见『集部·别集·辽梦草一卷』条。

有民国间铅印本，安徽省图书馆、贵州省图书馆藏。

都庞山馆诗文抄二卷　（清）雷飞鹏撰　存

雷飞鹏生平见『集部·别集·辽梦草一卷』条。

是书又名《南平集》，其中诗钞起庚午（1930）四月，讫辛未（1931）五月。文钞收录《赠廖海涛先生六十有八序》《游蓉城公园记》《大桥堡炮楼碑》等文二十余篇，末附弟子钟伯毅跋。

有民国二十八年（1939）蓝山地方石印局石印本，国家图书馆、湖南图书馆藏。

艾室诗文稿　（清）雷飞鹏撰　存

雷飞鹏生平见『集部·别集·辽梦草一卷』条。

是书四册，第一册为传、序，第二册为骈体，第三册为艾室诗草，收庚子至壬寅之诗，第四册为勔求是斋诗，收戊戌以前之诗。

有稿本，南京图书馆藏。

二邓先生诗合抄二卷　（清）邓辅纶　（清）邓绎撰　（清）雷飞鹏辑　存

雷飞鹏生平见『集部·别集·辽梦草一卷』条。

二邓即武冈邓辅纶、邓绎兄弟。邓辅纶，字弥之，官至浙江候补道；邓绎，字葆之，累官浙江补用知府。二人学识渊博，因而被人尊为『二邓先生』。

是书邓辅纶《白香亭诗集》和邓绎《藻川堂诗集》各一卷，前有雷飞鹏《武功二邓先生祠堂记》，次许振祎、高心夔《白香亭诗集序》及邓绎《藻川堂诗集自序》，又次张凤台《二邓先生诗集序》。

有清宣统二年（1910）铅印本，天津图书馆藏。

止园杂诗　（清）雷飞鹏辑　存

雷飞鹏生平见『集部·别集·辽梦草一卷』条。

民国五年（1916）雷氏任德惠知事，时县衙屋漏墙倾，其修葺并辟一公园，名曰『止园』，首载『止园』一篇，记建园经过，吟园中花草虫鸟及夏秋景色。

有民国八年（1919）铅印本，民间藏。

孜善轩集五卷　（清）欧阳知撰　存

欧阳知生平见『史部·年谱·欧阳知自订年谱』条。

是书前有著者小像，次自序。全书五卷，卷一为散行文，收序、书、启、寿序、行状等；卷二为骈体文，收序、传、书、启等；卷三为有韵文，收释义、祝词、祭文、诔词等文；卷四为白话文，收《劝兴学》等文；卷五为附录，分年记、联语、风簷惜别图题咏辑佚、青琅玕室遗草四部分。

有民国十九年（1930）年湘鄂印刷公司印本，湖南图书馆藏。

青琅玕室遗草　（清）陈亮撰　存

陈亮，女，字励英，郴州人。欧阳知妻。

是集收《题守如二兄麓云山馆图》等诗。附于《孜善轩集》后。

有民国十九年（1930）年湘鄂印刷公司出版，湖南图书馆藏。

小醉山草堂文集二十二卷　（清）黄纯垓撰　存

黄纯垓生平见『史部·科举·光绪二十三年丁酉科湖南乡试硃卷一卷』条。

是集前有刘次源、张梯云、颜曹勋序。卷一至六为论古类，卷七至十二为感时类，卷十三为讲义类，卷十四至十七为书牍类，卷十八至二十一为序、记、传、赞、墓表、祭文类，末卷为诗。文以论为多，亦有许多近代郴州文献，如《郴县重修文庙记》《郴县兵灾报告书》《郴阳创建高等小学堂序》颇具价值。

有民国十三年（1924）铅印本，国家图书馆、湖南图书馆、中国人民大学图书馆藏；又六卷本，清光绪三十一年（1905）活字印本。中国科学院国家科学图书馆藏。

夏寿田诗词集不分卷　（清）夏寿田撰　存

夏寿田生平见『史部·杂史类·涿州战纪十六卷』条。

此集三册，第一册前有环天（曾广钧）题跋，多为杂诗和拟古诗；第二册前题《窟居集》，为歌行体；第三册为词。各诗大体以时间为序，起光绪戊戌（1898）止民国戊午（1918）。稿中有曾广钧墨笔批语，樊增祥墨笔圈点，杨庄题识及朱笔圈点。杨庄题识云：『先生诗才高古超拔，自愧不足，不敢赞词，以先生不耻下问，不欲自蹈藏拙不学之愆，辄以鄙意，杜加评骘，当否？不自知，尚乞谅察。』集中之作有涉及夏氏与王闿运、杨度、齐白石等人的交往，如《将去长安寄答王湘绮师衡阳赐诗》《赠杨哲子》《齐璜石印歌》等。

有稿本，湖南图书馆藏。

夏太史遗墨一卷　（清）夏寿田撰　存

夏寿田生平见『史部·杂史类·涿州战纪十六卷』条。

是书为夏寿田去世后，由姬觉弥搜集其遗著刊印而成。

有民国二十四年（1935）石印本，上海图书馆藏。

直心翁词抄一卷　（清）夏寿田撰　存

夏寿田生平见『史部·杂史类·涿州战纪十六卷』条。

是书收夏氏词作四十首。

有稿本，民间藏。

隐庵诗集三卷文集二卷　（清）陈兆奎撰　存

陈兆奎生平见『经部·孝经类·孝经古注一卷』条。

是书为王闿运鉴定，并朱批。诗集三卷，无序跋，亦无目录，前有『湘绮弟子』印，收录其光绪二十年（1894）至二十九年（1903）之诗，尤以二十五年（1899）为多，共二百余首，内容以感怀、酬赠为主，王闿运评其诗『清稳似唐人格调』。文集二卷，前有『湘绮弟子』『完夫』二印，收录《醉竹山房诗集序》等序、记、墓志二十余篇。

有稿本，国家图书馆藏；又清光绪间刻本（存《诗集》三卷），国家图书馆、湖南图书馆藏。

怡庐诗草不分卷　（清）雷森撰　存

雷森，字宝吾，嘉禾县人。飞鹏从子。少以经古受知于学政张亨嘉，入船山书院，后与陈兆奎、袁绪钦等同肄业长沙校经书院。清末随熊希龄仕宦辽东，为提法使吴钫所赏知，试以法曹掾吏。檄署昌图府司狱，未几国变归。曾开馆授徒，从游者众，后以疾卒。

是书前有清宣统二年（1910）自序，集内收《怡庐诗草》《缁尘集》《沈阳集》三种。

有清宣统二年（1910）铅印本，首都图书馆、安徽省图书馆藏。

小草集　（清）雷震坤撰　佚

雷震坤，嘉禾县人。岁贡生。

梓堂诗文集　（清）邓炳明撰　佚

邓炳明生平见『经部·易类·周易卦爻人事证二卷』条。

北游诗草　（清）黄文炜撰　佚

黄文炜，字芷岩，宜章县人。清光绪二十三年（1897）拔贡，官内阁中书。民国二年（1913）任宜章县议会议长。

芷芳诗集（清）黄玉川撰　佚

黄玉川，宜章县人。清光绪二十六年（1900）岁贡。

竹园诗集（清）黄克翻撰　佚

黄克翻，宜章县人。

雪春轩集（清）黄炳奎撰　佚

黄炳奎，宜章县人。

岑麓逸叟诗稿（清）欧阳鋆撰　佚

欧阳鋆，宜章县人。清光绪十一年（1885）拔贡，朝考二等，补镶白旗官学教习，历官广西兴业、隆安、罗阳知县，河池、奉议、永康知州，累官至南宁知府。

荻香诗草（清）欧阳熺撰　佚

欧阳熺，宜章县人。

秋心阁遗著（清）江庄撰　佚

江庄，女，字肃箴，闺名细贞，桂阳州人。曾肄业于长沙隐珠女子学堂，历任广西桂林女子师范学堂教授、长沙杨氏家塾塾师、湘乡公立女学堂正教习、桂阳镇中女学堂堂长。

诵芬书屋诗文集四卷　（清）李崇畴撰　佚

李崇畴，临武县人。曾任临安开广道库大使，署宁州知州。

东游鳞爪录一卷　（清）陈毓华撰　存

陈毓华（1883—1945），字仲恂，号石船，桂阳州人。士杰孙。少从王闿运游，清末留学日本，先后入张之洞、端方、陈宝琛、恩铭幕府，民国年间历任教育部佥事、行政院秘书、财政部秘书等职，与政界多有交往。抗战后期担任湖南省政府顾问，后避居老家泗洲寨，卒于家。陈毓华工诗，尤善旧体诗，是南社湘集成员。

有清光绪三十三年（1907）铅印本，南京图书馆、无锡市图书馆藏。

宝云诗集　（清）邝炳元撰　佚

邝炳元生平见『经部·五经总义类·宝云斋经解』条。

是集附其子孝思《北游杂感叙》和七律诗四首。

敝帚集　（清）蒋祖营撰　佚

蒋祖营，宜章县人。

覆瓿集　（清）蒋祖营撰　佚

蒋祖营生平见『集部·别集·敝帚集』条。

冕旒集　（清）蒋祖琨撰　佚

蒋祖琨，宜章县人。

（三）总集

蜀国文英八卷　（五代）刘赞撰　佚

刘赞，郴州人。刘瞻之子。天祐二年（905）进士，仕梁，官至崇政院学士。《宋史·艺文志》著录。

分门诗集十卷　（五代）刘赞撰　佚

刘赞生平见『集部·总集·蜀国文英八卷』条。《宋史·艺文志》著录。

郴江前集　（宋）佚名辑　佚

有郴州知州凌伯裕序。凌伯裕，政和中以承事郎知郴州。宋代郴州区域性诗文总集。

郴江集　（宋）佚名辑　佚

有郴州知州李若谷后序。李若谷，宋绍兴八年（1138）由朝散郎知郴州。宋代郴州区域性诗文总集。

桂水集（宋）张修辑　佚

张修，山东无棣人，宋绍兴十二年（1142）知桂阳监，改镇江府，二十五年为监察御史，后除左正言，太常少卿，左中奉大夫、主管台州崇道观，三十一年卒。

宋代桂阳监区域性诗文总集。

桂水续集（宋）徐大观辑　佚

徐大观，宋淳熙五年（1178）桂阳知军。

宋代桂阳监区域性诗文总集。

郴江前集十卷后集五卷续集九卷（宋）丁逢辑　佚

丁逢，宋淳熙十四年（1187）由朝请大夫、直秘阁知郴州，十六年除湖北提刑。

宋代郴州区域性诗文总集，《宋史·艺文志》著录。

桂水续集（宋）曾槐辑　佚

曾槐，字仲卿，番禺人。幼能属文，长从周必大、杨万里游，登宋淳熙五年（1178）进士。以荫除司农寺簿，署大府丞，摄监察御史，出知桂阳军，调汉阳军。

宋代桂阳区域性诗文总集。

圭塘欸乃集　（元）许有壬　（元）马熙等撰　存

马熙，字明初，安仁县人。楚王马殷之后，六世祖珍始迁居安仁。著有《涅阳侯传》《缑山书院行状》《乐府十解》《圭塘补和》等诗文。元至元六年（1340）结识许有壬，一起赴都北上，至正初以中台、翰林举荐得授安阳缑山书院山长，八年擢右卫率府教授。

此集系元代文学家许有壬与其弟有孚、子桢、宾客马熙吟咏唱和之作。其诗大多为五言、七言绝句和律诗，另排律三首，词《太常引》《渔家傲》四首。

有清乾隆间刻本，国家图书馆、北京大学图书馆、浙江图书馆、中国科学院国家科学图书馆、山东省图书馆藏。

郴州文志七卷　（明）王心撰　佚

王心生平见『史部·地理类·［嘉靖］郴州志』条。

《四库全书》有存目，《四库全书总目提要》云：『据此书原序，盖既辑《郴志》六卷，又与郴诸生袁大邦等集古今之文为郴而作者，勒成此集，以辅《郴志》。其以命制、纪载、议论、咏歌四类分编，略仿真德秀《文章正宗》之例，所载咏歌内以汉周憬《功勋碑铭》为安康邦作，亦不免沿讹也。』

新刻辛丑科翰林馆课八卷　（明）曾朝节　敖文祯辑　存

曾朝节生平见『经部·易类·易测十卷』条。

有明万历三十一年（1603）周氏博古堂刻本，中国科学院国家科学图书馆藏。

古文评解十二卷 （明）曾朝节撰 佚

曾朝节生平见『经部·易类·易测十卷』条。

眉山课士录 （明）袁子让撰 佚

袁子让生平见『经部·易类·注易图』条。

垂世名章八十卷 （明）陈元旦编 佚

陈元旦生平见『经部·孝经类·孝经章句』条。

凤雅遗言六十卷 （明）陈元旦编 佚

陈元旦生平见『经部·孝经类·孝经章句』条。

过庭录 （明）雷君惠撰 佚

雷君惠生平见『集部·别集·芸香诗集』条。

蓉文拾粹 （清）何文麃撰 佚

何文麃生平见『经部·易类·易系辞辨解』条。

庐阳残稿不分卷　（清）盛民誉撰　存

盛民誉，字来初，一字仲来，号容闾，浙江嘉兴人。清顺治十八年（1661）进士，授湖南桂阳知县。

此集一册，卷首钤有『秀水盛氏柚园图书』『楝湖』阳文长印。前有清乾隆元年（1736）孙男文焯序曰：『先大父令桂阳，不满四年，距今且甲子一周矣。因检祥稿碑记题录之在邑志者撮而录之，以附谱后。』凡文十二篇、诗十四首，附湘乡颜鼎受诗文各二首。文多司桂阳县时事，如《请增营兵月米价详文》《桂阳县重修濂溪书院记》《紫演楼赋》《六谕诠释自序》。

有清乾隆元年（1736）抄本，中国社会科学院文学研究所藏。

景忠课艺　（清）谢世埰撰　佚

谢世埰生平见『集部·别集·北游草』条。

经史汇书集注　（清）谢世埰撰　佚

谢世埰生平见『集部·别集·北游草』条。

典制分类文海二十四卷　（清）陈昭谋撰　佚

陈昭谋生平见『集部·别集·陈剑溪稿五卷』条。

理题正宗四卷　（清）陈昭谋撰　佚

陈昭谋生平见『集部·别集·陈剑溪稿五卷』条。

小题分类文基六卷　（清）陈昭谋撰　佚

陈昭谋生平见『集部·别集·陈剑溪稿五卷』条。

岳麓诗文抄五十七卷　（清）欧阳厚均撰　存

欧阳厚均生平见『经部·易类·易鉴三十八卷』条。

是书为著者有感于历次所修岳麓志书『不免残亡』，乃辑是书。其自序云：『择集中诗古文词，芟繁去冗，录而存之。复就见闻所及，加以咨访，上溯唐宋，逮于国朝，凡宦寓名贤，钓游髦士，题咏传记诸作，悉与抄撮，按时代之先后为编次。』计有《诗抄》三十五卷，《词抄》一卷，《赋抄》三卷，《文抄》十八卷，作者凡五百五十八人，作者皆有小传。

有清道光十年（1830）刻本，国家图书馆、湖南图书馆、湖南师范大学图书馆藏。

岳麓课艺初集八卷　（清）欧阳厚均撰　佚

欧阳厚均生平见『经部·易类·易鉴三十八卷』条。

岳麓课艺二集八卷　（清）欧阳厚均撰　佚

欧阳厚均生平见『经部·易类·易鉴三十八卷』条。

岳麓课艺三集八卷　（清）欧阳厚均撰　佚

欧阳厚均生平见『经部·易类·易鉴三十八卷』条。

岳麓课艺四集八卷　（清）欧阳厚均撰　佚

欧阳厚均生平见『经部·易类·易鉴三十八卷』条。

棣友堂课艺试草　（清）欧阳厚均撰　佚

欧阳厚均生平见『经部·易类·易鉴三十八卷』条。

朝阳书院课艺　（清）朱文蛟撰　佚

朱文蛟生平见『集部·别集·朝阳文稿』条。

璧岩课艺　（清）楚以道撰　佚

楚以道生平见『集部·别集·梅轩吟』条。

课艺试草　（清）钟湘撰　佚

钟湘生平见『经部·四书类·四书讲义』条。

八股字辨　（清）唐光都撰　佚

唐光都生平见『经部·书类·尚书摘说四卷』条。

东山课艺 （清）陈振玉选 佚

陈振玉生平见『史部·地理类·郴州总志续编』条。

清道光二年（1822）郴州知州张春源序：『陈集堂孝廉品粹学醇，因延之主讲，以资整顿，多士闻风向学，争自濯磨，焕然改观。学使许莱山先生夏间按试，拔前茅，取古学游泮宫者，肄业书院中居多，文教浸浸日上矣！随倡捐以增膏火奖赏之费，并选刻课艺，俾励士气，而树先声，非务为标榜也。』

安陵读本 （清）杨家麟辑 佚

杨家麟，号蕴山，云南景东厅人。举人，清道光十四年（1834）官永兴知县。

汉文选要读本 （清）周元编 佚

周元，字公勋，安仁县人。清乾隆十二年（1747）举人，官茶陵州学正，尝主讲酃县烈山书院。

古文家训十卷 （清）张必昌编 佚

张必昌生平见『经部·四书类·大学家训二卷』条。

是集前有自述，后附作文之法，局法曰起局、曰承局、曰转局、曰结局。句法曰宜简、曰宜润、曰宜生、曰宜转命意、曰宜超、曰宜切制格、曰宜整、曰宜变文体、曰宜洁文气、曰宜充反覆，颇有裨于初学者。

唐诗家训一卷 （清）张必昌编 佚

张必昌生平见『经部·四书类·大学家训二卷』条。

是编所选各诗，每体仅录数首，详加批注，为初学诗者法。

树德堂师友合编　（清）侯如湘撰　佚

侯如湘，安仁县人。家贫力学，清乾隆十五年（1750）举人，任澧州学正。是集为其与弟岁贡如洙、增生淇俭合著。

自庵课士录　（清）欧阳世任辑　佚

欧阳世任，号自庵，安仁县人。清嘉庆二十四年（1819）举于乡，掌教宜溪书院数载，造就人材不少。

文选内篇十六卷　（清）曹亨时辑　佚

曹亨时生平见『经部·春秋类·左氏贯十六卷』条。

文选外篇六卷　（清）曹亨时辑　佚

曹亨时生平见『经部·春秋类·左氏贯十六卷』条。

今文备法十二卷　（清）曹亨时撰　佚

曹亨时生平见『经部·春秋类·左氏贯十六卷』条。

古文备法　（清）曹亨时撰　佚

曹亨时生平见『经部·春秋类·左氏贯十六卷』条。

小戎十艺一卷　（清）曹亨时撰　佚

曹亨时生平见『经部·春秋类·左氏贯十六卷』条。

策学备要六卷　（清）曹亨时撰　佚

曹亨时生平见『经部·春秋类·左氏贯十六卷』条。

批昭明文选　（清）曹亨时撰　佚

曹亨时生平见『经部·春秋类·左氏贯十六卷』条。

北湖酬唱诗略二卷　（清）程恩泽 邓显鹤撰　存

程恩泽（1785—1837），字云芬，号春海，安徽歙县人。清嘉庆十六年（1811）进士，历官湖南、贵州学政，官至户部侍郎，与阮元并称道光间儒林之首。邓显鹤（1777—1851），字子立，一字湘皋，湖南新化县人。清嘉庆九年举人，著有《沅湘耆旧集》，后学尊为『楚南文献第一人』。

是书为清道光六年（1826）至八年程邓二氏的唱和之作，始于《北湖怀古》一诗，故名。其中上卷为程恩泽所作，下卷为邓显鹤所作，附程氏《重浚北湖记》。

有清道光八年（1828）刻本，国家图书馆、上海图书馆、湖南图书馆藏。

补全唐诗选辑　（清）陈起诗选　佚

陈起诗生平见『经部·四书类·四书求是录』条。

大题分法　（清）陈起礼选　佚

陈起礼生平见『史部·年谱·陈起礼年谱』条。

小题分类　（清）陈起礼选　佚

陈起礼生平见『史部·年谱·陈起礼年谱』条。

试律赋分类　（清）陈起礼选　佚

陈起礼生平见『史部·年谱·陈起礼年谱』条。

魏喻义舆颂录　（清）许乃文辑　存

魏喻义（1822—1902），号质斋，桂阳州人。清咸丰中，组织州南乡团，结营自保，始创营勇，旋以功升主簿，九年（1859），于州境之花园堡大败石达开，以知县归部选用，并加同知衔。旋升同知。清同治元年（1862），奉调入浙江剿办太平军，率部克复严州，署严州知府，并赏加振勇巴图鲁名号。二年擢浙江温处道，并加按察使衔。十二年授兰州道，旋改甘肃宁夏兵备道。清光绪四年（1878）开缺回籍。二十八年卒于家。

是书辑录其任浙江温处兵备道时，当地士绅颂赞诗文。前有《纪略》一篇，记载魏氏平定太平天国和温处兵备道任上的事迹，次谢辅墀、竺士濂序。存一册。

有清同治五年（1866）浙江东瓯郭涣春博古斋刻本，湖南图书馆藏。

国初制艺　（清）胡礼训选　佚

胡礼训，字青云，兴宁县人。清咸丰初治团练，保七品衔。

时贤墨裁　（清）胡礼训选　佚

胡礼训生平见『集部·总集·国初制艺』条。

文律　（清）何起撰　佚

何起，字鹏皋，桂东县人。工书，清乾隆十年（1745）以明经授永明县训导，不赴。

课虚　（清）谢宣撰　佚

谢宣生平见『经部·春秋类·左国合选』条。

麓云仙馆图题咏集一卷　（清）陈为钠撰　存

陈为钠（1856—?·），字伯彝，号守愚（一号守如），郴州人。清光绪中以廪贡生任善化县训导。

是书收录友人李元度、皮锡瑞等人为《麓云仙馆图》作的序文及题咏。

有清光绪八年（1882）宁乡刻本，湖南图书馆、嘉兴市图书馆藏。

知新编六卷　（清）雷飞鹏选　存

雷飞鹏生平见『集部·别集·辽梦草一卷』条。

有清光绪二十八年（1902）宜章学署刻本，陕西省图书馆，湖南省社会科学院图书馆藏。

日本明治维新小史杂事诗一卷　（清）雷飞鹏纂　存

雷飞鹏生平见『集部·别集·辽梦草一卷』条。

有清光绪三十四年（1908）铅印本，首都图书馆藏。

（四）诗文评

余冬诗话三卷　（明）何孟春撰　存

何孟春生平见『经部·易类·易疑初筮告蒙约十二卷』条。

此书今存二卷，对古今人品、诗人诗作、诗文体裁、文物典故等诸多方面都有评说探究，内容丰富，而较为芜杂。《四库全书总目提要》称其『以讲学之见论文，已不能得文外之致。至以讲学之见论诗，益去之千里矣』。

有《学海类编》本、《丛书集成初编》本。清道光十一年（1831）六安晁氏活字印本。国家图书馆、中国科学院国家科学图书馆、北京大学图书馆、中山大学图书馆、重庆图书馆藏。

仓禾诗话　（清）龙翔撰　佚

龙翔，号云岚，桃源县人。清乾隆五十一年（1786）举人，任嘉禾训导二十年，后升湖北郧阳府教授，擢四川荣昌知县。

诗法辑要　（清）邓松撰　佚

邓松生平见『集部·别集·苍园文集』条。

评选史记十二卷　（清）何达宪撰　佚

何达宪生平见『子部·杂家类·南郴野语』条。

评选古今文　（清）何德朗撰　佚

何德朗生平见『经部·四书类·钟山讲义』条。

（五）词曲

夔一足题词　（清）雷飞鹏等撰　存

雷飞鹏生平见『集部·别集·辽梦草一卷』条。

有清光绪二十六年（1900）刻本，北京师范大学图书馆藏。

民国文献目录

一、著述

（一）北湖区

谭延闿郴州日记　谭延闿撰

谭延闿（1880—1930），字组庵，或作祖庵、组安、祖安，号无畏、切斋，湖南茶陵人，政治家、书法家。清光绪二十三年（1897）举人，三十年进士，授翰林院编修，旋返湘办学，历任湖南中路师范、明德学堂总办。民国元年（1912）出任湖南都督兼民政长，先后三次督湘。后追随孙中山。曾任南京国民政府主席。谭延闿长于诗法、书法、枪法，绰号『谭三法』。尤以书法享誉于世，著有《祖庵诗集》等。谭延闿勤于记述个人行迹，一生所遗日记稿本达六十六本。

《郴州日记》是其民国八年至九年（1919—1920）居郴期间所写日记，真实地记录了谭延闿在郴州的日常活动和当时的社会面貌。上海图书馆藏。

伤寒论、金匮要致浅释　张驻尘撰

张驻尘（1882—1952），郴县人。幼读经史，后弃文学医，以行医为职业。民国五年（1916）应武卫军某部之聘，出任军医。十一年因妻病假归，适值郴城霍乱流行，他以理中汤加减治之，愈者甚众，名闻遐迩。二十三年应湖南《国民日报》曾觉叟之请，撰写论文《春瘟之我见》。该文卓异创见，蜚声全省医学界。被天津医学院中医学术委员会聘请为名誉顾问。《自题小照》云：『半日读经半日医，民生托命百年期。漫云三指十痊九，心法几人绍仲师。』

德文辞解　何清华撰

何清华（1885—？），郴县人。十六岁童试，录取庠生入州学，后考入京师译学馆德文毕业，钦赐配举人。留学德国和日本，曾任中国驻日本公使游学监督处会计科科长。回国后，历任中央交通部邮政、电政两司主事兼秘书，交通部驻天津电科转运处处长等职。抗日战争前，调庐山军官学校任德文教官，民国二十六年（1937）返归故里定居。

另著有《德文介辞》等。

社会学要论　邓深泽撰

邓深泽（1897—1952），又名邓元明，郴县人，系邓华将军本家堂兄。民国元年（1912）考进岳云中学。毕业后，曾做过邓华的启蒙老师。七年考取官费留学，十年入日本东京帝国大学社会学系，十七年入校研究院，通英、日、德、法语，获硕士学位。

香祖书画册 王兰作

王兰（1898—1950），字开渊，号香祖，郴县人。民国初期，入广州美术专科学校学习。民国十八年（1929）在上海望志路创办香祖书画社。擅长国画，且善取西洋画之长。作品颇多，代表作有《百蝶图》《红树秋山》《雪牧牧归》《兰君画册》等。

救亡中国 曹亨灿撰

曹亨灿（1902—1928），郴县人。民国八年（1919）春，入衡阳省立第三师范学校，读书期间积极参加学生爱国运动。

另著有《阶级和阶级力量》等。

秋季反扫荡的经验教训 邓华撰

邓华（1910—1980），别名邓多华，字实秋，郴县人。民国十七年（1928）参加朱德、陈毅领导的湘南起义，参加创建井冈山中央革命根据地，后历任东北保安副司令兼沈阳市卫戍司令、辽吉军区司令员、纵队司令员、军长、兵团司令员等职。一九四九年后，曾任中国人民志愿军第一副司令员兼第一副政治委员、代司令员兼政治委员、司令员兼政治委员、中国人民解放军副总参谋长兼沈阳军区司令员。一九五五年授予上将军衔。一生著作颇多。

该文为作者于民国三十年（1941）撰写，另著有《铁丝沟战斗》，民国二十四年撰。《北盘江》，民国二十四年撰。

陈康先生传　李星学撰

李星学（1917—2010），郴县人，古植物学家、地层学家。民国三十一年（1942）毕业于重庆大学地质系。曾任中国科学院学部委员（院士）、中国科学院南京地质古生物研究所研究员。长期从事地质古生物研究。多次荣获国家自然科学奖、中国科学院重大科技成果奖。

该著作民国三十三年（1944）发表于《地质论评》九卷（1—2）合期，是为纪念在贵州作地质调查时惨遭杀害的陈康及许德佑、马以思三位年轻地质学家而作。

另著有《华北月门沟群植物化石》，一九六三年出版。《中国晚古生代陆相地层》，一九六三年出版。《华南大羽羊齿类生殖器官的发现》，抄本。《东亚华夏植物群的起源、演替与分布》，抄本。《中国与邻区晚古生代植物地理区划》，抄本。

（二）苏仙区

普济方目录　陈宜诚撰

陈宜诚（1873—1960），原名为銮，郴县人。清光绪二十四年（1898）经岁科考试列一等，补廪膳生，旋由郴州教谕举优贡。曾任湖南首富朱昌琳『朱云谷堂』管事。民国七年（1918）携眷迁居北京，从事中医学研究与教育。十九年，与施今墨等人创办华北国医学院。一九五二年八月受聘为中央文史研究馆馆员。

另著有《普济方分类改编》。

郴江百咏笺校一卷　陈九韶撰

陈九韶（1875—1968），字先瀛，号文裳，郴县人。清光绪二十四年（1898），岁试一等补廪。后肄业于北京国立财政学堂，转国立法政大学政治经济科毕业。早年入同盟会。民国六年（1917）七月赴粤，参加孙中山于八月十八日在广州召开的国会非常会议，被委任为总统府参议。十一年再次赴京续职。不久，回郴寓居。一九五二年七月任湖南省文物保管委员会委员，一九五三年十一月改任湖南省文史馆馆员。

《郴江百咏笺校》是其居郴期间所著，民国二十一年（1932）铅印本。国家图书馆、湖南图书馆藏。

戆园诗集　王振渚撰

王振渚（1878—1951），字季凫，郴县人。清光绪三十一年（1905）考入广东陆军将弁学堂。毕业后与黄兴、倪映典等人结为密友。民国四年（1915）王振渚率部参加讨袁斗争，被推举为广州南路讨袁军副总指挥。六年任讨龙（济光）军副司令。后任广东大元帅府高级参议。十二年称病归隐田园，以诗书自娱。

另著有《危楼消遣集》《西山文集》《抗日诗稿》。

机械车学　首联洲撰

首联洲（1882—？），郴县人，字瀛甫，学名风标，庠生。肄业于长沙时务学堂，留学日本宏文师范学院修业，日本岩仓铁道专门学校机械科毕业。清宣统元年（1909）回国。民国元年（1912）任粤汉铁路湘路公司机务科长，兼湖南高等铁路学校教务长、代校长。曾任交通部全国线路审查委员会专任委员、全国国道设计委员会主任秘书、北平铁路大学教务长。

另著有《应用机械力学》《机械工作方法》《工场管理法》《铁路经济》《交通概要》《陆水空军事运输学》。

诗文集《亚醒草庐杂俎》《亚醒草庐题集类编》《东瀛决胜记》《庐山游草》《蜀游记》。

现代政治概论　邝震鸣撰

邝震鸣（1889—1962），原名邝征明，又名邝翰青，原籍宜章，寄籍郴县。民国七年（1918）毕业于雅礼大学本科。十二年入燕京大学研究院学习。十四年从北京东方大学研究院社会学系毕业后从教。曾任民国大学政治系教授。一九五一年聘为湖南省文物管理委员会委员，一九五三年任湖南省人民政府参事室参事。

该书于民国三十二年（1943）永安改进出版社出版，湖南图书馆藏。另著有《现代社会问题》，民国二十一年（1932）北平文化学社出版，湖南图书馆藏。《公民责任》《中国政治名著选编》稿本，国家图书馆藏。《北京平民教育之现状》《公民训练纲要》《公民训练图表》，均由北京公民教育讲演团民国十四年（1925）刊印。

世界史大纲　黄士衡撰

黄士衡（1889—1978），字体楷，号剑平，郴县人。民国二年（1913）赴美国乌路普莱佑大学深造，民国六年（1917）美国埃阿瓦州立大学毕业，次年获哥伦比亚大学研究院硕士学位。八年聘为《民气周刊》主笔。中华人民共和国成立后任湖南大学教授、湖南省政府委员兼省教育厅长、湖南大学校长。一九五九年任湖南省文史研究馆副馆长。

另著有《汉语难词解释》《汉英成语词典》《中国移民美国史》。

菊花轩诗文集　首聘之撰

首聘之（1893—？），字则坤，号阐甫，郴县人。肄业于岳云中学，后历仕政教交通各界二十余年。

另著有《菊花轩杂稿》。佚。

株韶导游　凌鸿勋编

凌鸿勋（1894—1981），字竹铭，江苏常熟人，中国土木工程专家、教育家、铁路史研究专家。民国四年（1915）毕业于上海工业专门学校，同年赴美，在美国桥梁公司实习并在哥伦比亚大学进修。七年归国。曾任交通大学教授、代理校长、校长，铁道部和交通部技正，陇海、粤汉、湘鄂、湘桂、天成、宝天铁路或路段工程局（处）长兼总工程师，交通部次长、代理部长。一九四九年去台湾，任台湾大学教授。

该书为粤汉铁路株韶段旅游指南，分长沙、南岳、衡阳、耒阳、郴县、宜章、坪石、乐昌、韶州九部分，书首有照片四十四张。附长沙至韶州各大站食宿代步一览表、物产概要表、粤汉铁路全路线略图。民国二十五年（1936）出版。国家图书馆、上海图书馆藏。

冬笙诗集　张愈昱撰

张愈昱（1898—1950），字冬笙，郴县人。湖南第七联合中学毕业。曾任郴县视学、教育局长，省教育厅政教股长、省参议员。

湖南郴县金船塘商务报告、资兴瑶冈仙钨矿报告、宜章长城岭锑矿报告　许原道撰

许原道（1898—1986），湖南省宁乡县人，地质学家。民国十四年（1925）毕业于北京大学地质系。后任湖南省建设厅技士、湖南省地质调查所技士。

该书介绍郴县金船塘矿、资兴瑶岗仙钨矿、宜章长城岭锑矿沿革、交通、矿区、地质、矿床、运输、采矿、产额、销路等。附图四版插图三。湖南建设厅地质调查所报告（第十号：经济地质志第七册）。民国十九年（1930）十月湖南建设厅地质调查所印行，湖南图书馆藏。

安源工人俱乐部部歌　黄静源撰

黄静源（1900—1925），字家足，号执谦，郴县人。民国七年（1918）考入衡阳省立三师读书，民国十年（1921）加入中国共产党，十三年被中共湘区委员会委派去安源路矿从事工人运动，担任工人俱乐部副主任，并主持安源工人子弟学校第七校工作。『五卅惨案』后，黄静源领导工人举行声势浩大的罢工斗争，是年十月壮烈牺牲。

金陵石灰岩之珊瑚和腕足类化石　朱森撰

朱森（1902—1942），郴县人。民国十七年（1928）毕业于北京大学地质系。师从中国著名地质学家李四光。地质研究造诣颇深，著述颇多。

该专著民国二十二年（1933）发表。另著有《宁镇山脉地质图》，民国二十四年（1935）国立中央研究院地质研究所印行。《金陵石灰岩之珊瑚类与腕足类化石》（英文本），民国二十二年（1933）国立中央研究院地质研究所印行。《南京龙潭地质指南》（中英文合编），朱森、李四光合著，民国二十二年（1933）国立中央研究院地质研究所印行。《湖南郴县瑶林之古生代地层及动物群》（英文），民国十六年（1927）在《中国地质学会志》刊物发表。《江苏西南部山脉之研究》，民国十八年（1929）发表。《栖霞灰岩及其相关地层》（英文），李四光、朱森合著，对中、下石炭统地层深作细分，创立了『金陵石灰岩』『黄龙石灰岩』两个地层名称。《黄龙石灰岩与其所含生物群》，李四光、朱森合著。《记安徽南部海西运动幕》（英文），民国二十一年（1932）发表。《广西中部马平市附近地层并记述『马平石灰岩』》（英文），朱森、李捷联名发表。《湖南宜章艮口之地质及其与南岭造山作用之关系》（英文），朱森、李毓尧联名发表。《中国造山运动》（英文），民国二十六年（1937）春撰写，发表于《泛美地质学家》杂志。《四川龙门山地质》，朱森与吴景祯、叶连俊合著，民国三十一年（1942）在四川省地质调查所《地质丛刊》第四号上刊载，单行本出版。

愚天山房诗集　刘振湘撰

刘振湘，又名运粮，字维汉，号愚天，郴县人。肄业于岳云中学，曾任郴县高等小学堂教员，郴县议员，博学多才，喜赋诗，善作文。

郴县第二期教育行政报告　郴县教育局编

郴县教育局编。民国二十一年（1932）十二月出版，一百九十页。收录民国十九年（1930）至二十一年相关图表、法规、转令、训令、呈文、公函、指令、布告、会议、统计等内容。湖南图书馆藏。

（三）资兴市

资兴石鼓程氏族谱　程子楷纂修

程子楷（1872—1945），字瀛石，号忍公，兴宁县人。留学日本，同盟会会员。曾任湖南讨袁军第一司令，抗战期间任湖南军事参议。民国二十五年（1936）木活字本，资兴程氏家族藏。

中国教育与三民主义教育　段廷圭撰

段廷圭（1873—1960），初名段荣华，学名段兴黉，号碧江，晚年自号庸庵老人，兴宁县人。清光绪二十四年（1898）考入京师大学堂师范馆。曾任湖南省立第三师范学校校长、北京私立女子学校校长、湖南省教育厅督学、资兴县立中学校长。

该书由商务印书馆出版。另著有《女子教育》，商务印书馆出版。《两亩半园》，阐述『平均地权，人人有土地』的政治理想和民生主张。

退安集　颜曹兴撰

颜曹兴（1883—1961），又名颜宗鲁，字立全，退安，兴宁县人。自幼颖慧，有少年才子之称。清宣统元年（1909）考入湖南高等警官学校，毕业后留校任教。曾任湖南省政府视察员、湖南高等法院检察处书记官等职。民国二十六年（1937）参加『南社』第十五次雅集，与柳亚子等湖南知名人士一起提倡气节，发扬国学，演进文化。之后曾任桂东县县长、汉寿县县长、国民党第九战区少将军法官。喜爱诗作，该书为作者在『南社』期间所作。另撰有《采莲歌》《秋桃花》，存世。

做科学的信徒　肖耀撰

肖耀（1888—1931），字日华，化名仰占，兴宁县人。毕业于湖湘政法学堂，曾和曾中生一道赴苏联莫斯科大学学习。任中共中央机关报《布尔什维克》（上海）编辑。后到广州、哈尔滨从事革命工作，宣传革命思想。

另著有《平均地权论》，民国十九年（1930）在广东《大光报》刊发。

炸弹与征鸟　白薇撰

白薇（1893—1987），原名黄彰，又名黄鹂，兴宁县人。留学日本，中华人民共和国成立后曾任中国文联委员、全国政协委员。著作颇丰。

主要著作有，《苏斐》，三幕剧，民国十一年（1922）在日本创作并公演，民国十五年（1926）刊发于《小说月报》和《语丝》。《琳丽》，民国十四年至十五年（1925—1926）创作，上海商务印书馆出版。《访雯》独幕剧，民国十五年（1926）创作。《革命神受难》，独幕剧，民国十七年（1928）三月创作。《打出幽灵塔》，多幕剧，民国十七年（1928）在《奔流》杂志连载，上海春光书店出版。《北宁路车站》《致同志》《火信》等抗日作品。《屠刀下》《塞外健儿》《一二八战士》，多幕剧。《长城外》，电影故事。《捷克，你的悲剧》《马德里》，诗歌。《北方女郎》《女医生》，小说。《抢救粤汉铁路》，《快乐的黄昏》，散文。

生命统计　李蕃撰

李蕃（1896—1973），字云凡，兴宁县人。北京大学肄业，赴法勤工俭学。曾任复旦大学商学院统计学系主任。

该书由商务印书馆出版。民国期间另著有《日球与月球》，民国二十年（1931）上海商务印书馆出版，湖南图书馆藏。《高级统计学》《统计制图》《统计实务》《统计学》《动态人口编查纲要》，民国二十五年（1936）上海正中书局出版。《欧美各国农业统计法》《萍矿一瞥》《人口动态统计方法》，民国二十四年（1935）南京正中书局出版。

游击战争要诀　曾中生撰

曾中生（1900—1935），原名曾钟圣，字炎光，资兴人。曾入黄埔军校、苏联中山大学学习。中国工农红军杰出指挥员。一九八八年被中央军委确定为中国人民解放军三十三位军事家之一（后增至三十六位）。著有多部军事论著。

其主要军事著作还有《与川军作战要点》《与『剿赤军』作战要诀》。《曾中生黄埔军校地理、历史、语文、军事等读书笔记手稿》，湖南开元博物馆藏。

统一广东革命根据地的斗争　李奇中撰

李奇中（1901—1989），又名奇忠，资兴人。湖南省立第三中学、长沙广雅英数专门学校毕业。民国十三年（1924）入黄埔军校学习，曾参加南昌起义、湘南起义。曾任国民革命军第十六绥靖区副司令。中华人民共和国成立后曾任全国政协文史专员。

另著有《棉湖战役一鳞半爪》《会昌城边》。

谍报勤务　曾希圣撰

曾希圣（1902—1968），字滕光，资兴人。先后在省立第三师范、黄埔军校、延安抗日军政大学学习。曾任中共中央委员、安徽省委第一书记兼华东局第二书记、山东省委第一书记、济南军区政委。

该书写于民国二十七年（1938）。

关于奔袭作战中的几个问题　曹里怀撰

曹里怀（1909—1998），原名曹李槐，又名树帮，资兴人。中将军衔，曾任中国人民解放军空军副司令员、中共中央委员。

该书为作者一九四九年撰。另著有《延安整风文章汇集》，资兴市图书馆藏。

审讯学　谭政文撰

谭政文（1910—1961），原名正文，又名文才，资兴人。中华人民共和国成立后曾任广东省公安厅长、广州市公安局长兼广州警备司令部第一政治委员、最高人民检察院副检察长。该书藏于中国人民革命军事博物馆。

另著有《山西崞县是怎样进行土地改革的》，民国三十五年（1946）撰写，刊于《新华日报》。

诸佛宝忏　胡昭乐辑

胡昭乐生平见『子部·道家类·真经合编』。

该书分上下卷，为佛教观音渡本经，六十八页。民国三年（1914）永州三一堂印刷，铅印本。

金远询工作日记　金远询撰

金远询，资兴人。曾任国民党军统局湖南站少将站长，国民党军统中将。

该书为作者民国二十年（1931）撰，油印本，记录金远询在国民党湖南省调查室工作的情况以及献计『抗日方略』。资兴市档案馆藏。

资兴西北区被日寇沦陷始末记　段碧江撰

段碧江，资兴人。

该书为民国三十四年（1945）抄本。

高彦文生活日记　高彦文撰

该书为高彦文民国三十一年至三十二年（1942—1943）任资兴县县长时所撰。二〇一六年江苏人民出版社出版。

书田诗文选　袁水精撰

袁水精，字廷章、素光，号书田，资兴人。历任武冈、祁阳县管狱员、看守所所长。

该书于民国三十三年（1944）正风书局出版。另著有《书田联话》《资兴县地方抗战史》《整理保甲之我见》

新冬至祭簿　黄仕奇修订

黄仕奇，资兴人。

该书为资兴清江黄氏宗祠冬至祭祖用书。清光绪三十二年（1906）十月重镌，民国十七年（1928）资兴青江乡青草村黄仕奇修族谱时重订。

孔明碑文解　资兴同善分社编

民国十二年（1923）上海宏大善书局石印本。

（四）桂阳县

延安雅集　李木庵撰

李木庵（1884—1959），桂阳县人，著名法学家。清光绪三十一年（1905）毕业于京师法政专门学堂。曾主编《怀安诗刊》。民国二十六年（1937）后回桂阳东镇乡，举办抗日自卫游击干部训练班。三十年到延安，历任陕甘宁边区高等法院院长、检察长。中华人民共和国成立后任中央人民政府司法部党组书记、副部长、中央法制委员会委员、中央法制委员会刑事法规委员会主任。

另著有《西北吟》《解放吟》《窑台诗话》《延安新竹词》。

大别山东北部白垩纪探讨　李毓尧撰

李毓尧（1894—1966），字叔唐，桂阳县人，地质学家。民国十一年（1922）从英国学成归国，任教于北京大学、湖南大学。历任湖南地质调查所所长、『中央』研究院地质研究所研究员、湖南大学工学院院长兼地质系主任、湖南大学校长。三十四年任省建设厅厅长，三十五年任国民政府立法委员。中华人民共和国成立后继续从事地质研究。

该书为民国十四年（1925）铅印本。另著有《宁镇山脉地质》《关于水口山地质结构和矿脉分布调查》。

开发湖南矿产意见书　刘基磐撰

刘基磐（1898—1985），号德村，桂阳县人。民国四年（1915）入北洋大学地质专业，后留学美国哥伦比亚大学，获硕士学位。十一年回国，任北京师范大学教授兼博物系主任。十六年筹建湖南地质调查所任所长。

该书主要介绍湖南省煤、铁、锡、锑、铅锌、金等矿藏情况及开发意见。民国二十三年（1934）八月湖南地质调查所印行，上海图书馆藏。

另著有：《第二次湖南矿业纪要》（第十四号：矿业专报第三册），刘基磐、郭绍仪著，民国二十一年（1932）湖南建设厅地质调查所印行，铅印本。《湖南桂阳虎形山地质》《湘乡梓门桥煤田地质》《湘乡鸦头山铅锌矿》《临武癞子岭钨矿报告》，民国二十一年（1932）湖南建设厅地质调查所印行，介绍桂阳虎形山、湘乡梓门桥煤田、湘乡鸦头山铅锌矿、临武癞子岭钨矿等矿区位置及交通、地形、地层、矿床、经营状况等。《湖南建设厅地质调查所报告》（第十三号：经济地质志第十册），湖南图书馆藏。《湖南之锑业》，介绍湖南锑矿之分布、开采、冶炼、市场、贸易等情况，民国十七年（1928）七月湖南建设厅地质调查所印行。国家图书馆藏。

桂阳大顺垅、临武香花岭锡砒矿报告　王晓青等撰

王晓青（1900—1990），湘乡县人。民国十四年（1925）北京大学地质系毕业。十七年回湘，任湖南地质调查所技士、技正、主任技正。中华人民共和国成立后历任水口山铅锌矿勘探队队长、中南地质局副总工程师、地质部普查委员会工程师、地质矿产研究所研究室主任。

该书于民国二十年（1931）湖南建设厅地质调查所印行。

愤怒的火　刘惠撰

刘惠（1905—1973），字惠宜，桂阳县人。学识渊博，勤于笔耕，北伐前后在《北平晨报》《京报》发表文章，出版《惠风诗集》及小说散文集多种。一九五二年春，执教于台湾嘉义省立商业职业学校。另有作品《路》《驶向祖国》《兰墅文选》存世。

党义表解汇编　陈正江编

陈正江，桂阳县人。历任县国民党党部书记长、省立中学训育主任、湖南善后救灾分署编辑股长等职。

该书于民国三十年（1941）贵阳文通书局出版。另著有《军队党务工作》《四行仓库回忆录》，民国二十七年（1938）江西吉安《日新日报》出版。《中等学校训导纲要》，民国三十年（1941）贵阳文通书局出版。《新体高中公民学》，民国三十三年（1944）长沙湘芬书局出版。《初中公民表解》，民国三十四年（1945）长沙湘芬书局出版。《以党建军》《社会写真面面观》，民国三十五年（1946）长沙《中央日报》《湖南日报》出版。

石船诗存　陈毓华撰

陈毓华生平见『集部·别集·东游鳞爪录一卷』条。

该书湖南图书馆藏。另著有《家霞韵十一首》，一九四九年稿本。

玄楼日记　李静撰

李静，字伯仁，号玄楼，桂阳县人，音乐理论家。

《玄楼日记》为作者起自清光绪三十年（1904），迄于一九四九年所著，十三册，稿本，湖南图书馆藏。另撰有《玄楼读书杂抄》《烟尘随录》稿本，湖南图书馆藏。

桂阳县长张致元巡视日记　张致元撰

张致元，曾任桂阳县县长。

该书为作者任职时详细记载各区积谷、治安、教育、风俗、户口、农林、粮食、工商、民生等情形。一册，民国二十一年（1932）石印本。

出巡日记　罗植乾撰

罗植乾，曾任桂阳县县长。

该书为民国十九年（1930）十二月十五日至二十九日下乡巡视日记，记载各团团总情形、自治情形、种植、教育、农林、商业、风俗等。一册，民国铅印本。

桂游日记　宾敏陔撰

宾敏陔，东安人。留学德国，习机械，后任湖南水口山矿务局长。

民国二十七年（1938）四月赴桂阳考察，日记记载作者游桂阳的日程、内容与观感。

［民国］永顺县志三十六卷　胡履新　张孔纂

胡履新，桂阳县人。曾任永顺县长。

《［民国］永顺县志》三十六卷，民国十九年（1930）铅印本。

湖南常宁、桂阳锡砒矿报告　王竹泉等撰

介绍湖南常宁北成窿及桂阳大顺窿等处锡砒矿，报告注重于矿体之形态、矿物之组织及矿业成因等。民国二十四年（1935）九月国立北平研究院地质学研究所、实业部地质调查所印行，摘《地质汇报》第二十六号。湖南图书馆藏。

物工化币论　刘子亚撰

刘子亚，桂阳县人，货币学家。

该书记录孙中山关于经济及货币的相关论述，是现代经济学论著。民国三十年（1941）出版，湘溢印书馆出版发行，铅印本，二百多页。桂阳北关刘氏谱馆藏。

（五）宜章县

伤时盲集　胡襄撰

胡襄（1868—1928），宜章县人。清宣统元年（1909）加入孙武等创立的『共进会』，辛亥革命后任文员。

［民国］宜章县志三十二卷　邓典谟总纂

邓典谟（1874—1946），字钦甫，号晓峰，晚年号庸庵老人，宜章县人。清光绪二十八年（1902）中举人。三十年任坪石上乡书院院长。三十一年进京补盐大使缺。曾任永嘉盐场盐课大使。民国元年（1912）任郴郡六城中学校长。次年选为省议会候补议员，并任衡山县知事半年。三年赴京应第四届县知事考试，名列甲等，留任国民政府诠叙局主事。六年递补省议员。二十五年回乡组设志书局，任《宜章县志》总纂，三十年付梓刊印。

另撰有《论语会通》《释亲》《俗语考》《本草注要》《家庭医药》《邓典谟自传》《庸庵诗文联集》等书。

中国职工运动简史　邓中夏撰

邓中夏（1894—1933），原名隆勃，字仲澥，宜章县人。北京大学毕业。中国共产党早期创始人之一，马克思主义理论家，杰出的工人运动领袖。曾任中国共产党第三届、五届中央委员，第三届、六届中央候补委员，中央临时政治局候补委员。民国十六年（1927）四月任中央秘书长。十七年四月代表中华全国总工会去莫斯科参加赤色职工国际第四次代表大会，当选为赤色职工国际中央执委。十九年七月从苏联回国，任湘鄂西苏区特委书记和红二军团政治委员兼前敌委员会书记。二十一年秋，任中国赤色互济总会主任兼党团书记。二十二年三月不幸被捕，九月就义于南京雨花台。

该书于民国三十二年（1943）由延安解放社（延安出版社）出版。湖南图书馆藏。邓中夏著述颇丰，另著有：《邓康口述『五四』运动第一周北京公民大活动》，载于民国八年（1919）《每周评论》第二十一号。《共产主义与无政府主义》，载民国十一年（1922）一月《先驱》创刊号，署名重远。《政治教育》，载民国十二年（1923）十一月十七日《中国青年》第五期，署名中夏。《革命主力的三个群众——工人、农民、士兵》，载民国十二年（1923）十二月八日《中国青年》第八期，署名中夏。《论工人运动》，载民国十二年（1923）十二月十五日《中国青年》第九期，署名中夏。《论农民运动》，载民国十二年（1923）十二月二十九日《中国青年》第十一期，署名中夏。《论兵士运动》，载民国十三年（1924）一月十九日《中国青年》第十四期，署名中夏。《北游杂记》系列文章，载民国十三年（1924）一至三月《中国青年》第十四、十五、十八、十九期，署名中夏。

《列宁年谱》，载民国十三年（1924）《中国青年》第十六期，署名中夏。《列宁传》，载民国十三年（1924）三月十五日《青年工人》第三期，署名中夏。《论劳动运动》，载民国十三年（1924）《平民周报》第二期，署名中夏。《论农民运动的政略与方法》，载民国十三年（1924）三月二十九日《民国日报》副刊《平民周报》第三期，署名中夏。《我们的力量》，载民国十三年（1924）十一月《中国工人》第二期，署名中夏。《中国劳动运动的新生命》，载民国十四年（1925）六月二十四日《工人之路》创刊号，署名邓中夏。《工人阶级与革命政府》，载民国十四年（1925）六月二十四日《工人之路》创刊号，署名邓中夏。

《省港罢工工人的组织》，载民国十四年（1925）七月十六至十七日《工人之路》（选载），署名邓中夏。

《在省港罢工工人第九次代表大会上的政治报告》，载民国十四年（1925）八月七日《工人之路》第四十四期，署名邓中夏。

《工会论》（上编），载民国十四年（1925）十二月《职工运动丛书》，署名中夏。

《在中国海员工会第一次代表大会上的政治报告》，载民国十四年（1925）一月二十至二十二日《工人之路》，署名邓中夏。

《五卅后中国职工运动之新现象》，连载于民国十四年（1925）二月《人民周刊》第一、三期，署名邓中夏。

《中山先生之工农政策》，载民国十四年（1925）三月《人民周刊》第五期，署名中夏。

《省港罢工概况》，民国十五年（1926）中华全国总工会省港罢工委员会宣传部出版，署名中夏。湖南图书馆藏。

《省港罢工中之中英谈判》，民国十五年（1926）中华全国总工会省港罢工委员会宣传部出版，署名邓中夏。湖南图书馆藏。

《工农商学联合战线问题》，连载于民国十五年（1926）六月十二、十三、十八日《工人之路》，署名中夏。

《省港罢工的策略》，连载于民国十五年（1926）九月三十日、十月一日、二日《工人之路》，署名中夏。

《『二七』与国民革命》，载民国十六年（1927）二月七日《人民周刊》第四期，署名中夏。

《上海总罢工的意义》，载民国十六年（1927）二月二十五日《人民周刊》第四十四期，署名中夏。

《一九二六年之广州工潮》（专著），民国十六年（1927）春在广州出版，署名中夏。

《白色恐怖下之中国职工运动》，先后发表于《赤色职工国际》和《太平洋工人》等刊，署名邓中夏。

《组织中国农村工会问题》，民国十八年（1929）撰。

《一九二八年之中国职工运动》，载莫斯科出版的《赤色职工国际》月刊，署名邓中夏。
《广州暴动与中国共产党的策略》，载民国十九年（1930）出版的《广州公社》，署名中夏。
《给狱中妻子的一封信》写于民国二十一年（1932）。

奇恒疟治　周吉撰

周吉（1895—1967），字筱航，宜章县人。民国九年（1920）毕业于县立甲种师范讲习所，后弃文从医，精研医术数十年。

另著有《治疟》《麻疹津梁》《伤寒末议》《平野樵讴》等医术类书籍二十余种。佚。

广东海丰和普宁等地农民斗争经验　颜秉仁撰

颜秉仁（1895—1927），乳名润怀，宜章县人。民国九年（1920）考入长沙兑泽中学。十二年毕业回乡任教于县立高等小学。十三年加入中国共产党。十四年七月任中共宜章县执行委员会委员。后任宜章农民自卫军总队队长。十六年十月就义于宜章县城。

该文稿为颜秉仁民国十六年（1927）四月撰写的农民运动讲习所讲课教程。另撰有文稿《农民自卫队组织法》。

团的党委会暂行工作条例（草案）　张际春撰

张际春（1900—1968），字存向，号晓岚，宜章县人。民国十四年（1925）衡阳省立第三师范学校毕业。十五年十一月加入中国共产党。十六年初任教于宜章县立女子初级师范。曾参加湘南起义，后上井冈山，任红四军党委秘书长，红一方面军政治部宣传处处长。二十一年任红一军团政治部宣传部长，三十四年任晋冀鲁豫军区及野战军副政委兼政治部主任。中华人民共和国成立后任中央宣传部副部长、国务院文教办公室主任。

该文为作者民国三十五年十一月按照古田会议决议精神拟订并刊发。另撰有《中原野战军政治部关于淮海战役中部队主要思想情况向中央军委的综合报告》，一九四九年二月刊发。

京汉路『二七惨案』纪实　范体仁撰

范体仁（1900—1980），字庭英，号齐韩，宜章县人。民国十年（1921）考入北京大学文科预科，后转经济系和法律系。十一年八月任中国劳动组合书记部总部干事。十五年南下任国民革命军军事法庭庭长。三十五年任福建高等法院院长。中华人民共和国成立后曾任南京市中山陵园管委会委员兼主任秘书。

该书撰写于民国十二年。另著有《王世和与现代评论派》。

粉碎地方武装中的机会主义动摇　李赐凡撰

李赐凡（1908—1935），原名嗣番，号汉亲，宜章县人。民国十六年（1927）任宜章县学联主席。十七年在鹧鸪坪区组织暴动后上井冈山，担任工农革命军第四军二十九团教导队党代表。十九年任红四军第一纵队政治委员。二十一年任红一军团第十师师长。二十三年赴瑞金参加中华苏维埃第二次全国代表大会，被选为中华苏维埃共和国第二届候补执行委员。

赤石局志　曾昭熺编纂

曾昭熺，宜章县人。

是书编于民国三十二年（1943），主要内容有：七堡尚义局谱序（光绪十年教谕周绶荣著）；永济桥序（乾隆庚子年谷书霖著）；赤石局志序（清末举人邓典谟著）；赤石公局沿革概要（曾昭熺著）；赤石高级小学碑记；重修城东书院序；妥议奉行章程；计划条规；尚义学捐题牌位姓名；公局所属田产簿记。

湖南慈利西北部地质矿产、邵阳保和堂、辰溪五里墩、宜章杨梅山煤田地质报告　田奇等撰

介绍宜章杨梅山等煤田位置及交通、地质、地层、构造、煤质、煤量、经营状况等。湖南地质调查所报告（第十八号：经济地质志第十二册）。民国二十五年（1936）十二月湖南建设厅地质调查所印行。湖南图书馆藏。

厚生矿业股份有限公司档案

是书记载湖南宜章县锡矿申请领采经过，民国三十二年（1943）长沙油印本，国家图书馆藏。

（六）永兴县

对当前局势和军事方针的意见　黄克诚撰

黄克诚（1902—1986），别名黄时瑄，永兴县人。毕业于湖南省立第三师范。大将军衔。曾任中央书记处书记，中国人民解放军总参谋长，中纪委第二书记。黄克诚的军事思想和主要贡献，收录在一九四九年后出版的《黄克诚军事文选》《黄克诚回忆录》中。

该文为民国三十四年（1945）九月十四日黄克诚以个人名义致电中央，提出立即派大批部队开赴东北，创建战略根据地的建议。另著有《思亲》，民国二十一年（1932）撰。

证治谷绳　刘寿彭撰

刘寿彭（1906—1969），字昌春，永兴县人。名医，尤擅长内、儿科和针灸。

九国公约会议概观　彭楚珩撰

彭楚珩（1908—1983），法名无德，永兴县人。曾任《正中日报》主笔，中广公司编辑，中国佛教会副秘书长。

该书于民国二十六年（1937）长沙吟章印刷局印行。另著有《湖南光复运动始末记》《历代名僧故事》《粤汉铁路备览》，民国二十六年（1937）长沙洞庭印务馆印行。

抗战与文化　许维汉撰

许维汉（1913—1955），原名孔钤，永兴县人。民国二十三年（1934）考入湖南大学政治经济系。次年，转入国立武汉大学，二十八年毕业。曾任陕西省富平县县长等职。抗战期间，另著有《动荡的荷属东印度》《烽火中的南太平洋》《陕西省黄龙设治局三十五年工作概况》。

铁甲列车（剧本）　邓止怡撰

邓止怡（1920—1982），乳名来来，又名邓怡、长乐、逸帆，永兴县人。民国二十七年（1938）考入陕北公学，后入西北青年救国联合会从事战地文艺工作。

鼓声集　许文撰

许文（1920—?），笔名放平、集风，永兴县人。歌词作家。民国二十五年（1936）毕业于湖南郴郡联立师范学校。曾在《桂林日报》东北解放区行知师范、中国音协研究部、中央乐团创作组任职，中华人民共和国成立后后曾任郴州地区文联主席、地区文学工作者协会主席。另有诗集《大鹏鸟的歌》《便水谣》，儿童诗集《桂花姑娘》《高峡横笛》。

悼何昆　刘瑞龙撰

刘瑞龙（1910—1988），江苏南通人。原农业部副部长。

该文是作者为悼念何昆（1898—1930，永兴县人）而作。

八秩忆铭录　王荣撰

王荣，永兴县人。作者诗集，一九四九年刊行。

题梅花（诗）　廖书仓撰

廖书仓，永兴县人。

永兴随拾　佚名撰

作者为永兴县人。

回忆录　郭文忠撰

郭文忠，永兴县人。

旅途日记　佚名撰

作者为浏阳人。

是书收录作者从民国十二年（1923）三月至十三年二月赴永兴、安仁、耒阳等地探亲访友，记载沿途见闻，系乡土游记。

湖南江华上五堡锡矿、沅陵乌溪锑矿、沅陵洞冲沟金矿、永兴马田墟煤田地质报告　廖有仁等撰

是书介绍江华上五堡锡矿、沅陵乌溪锑矿、沅陵洞冲沟金矿、永兴马田墟煤田的位置及交通、地质、地文、矿床、经营状况等。民国二十四年（1935）一月湖南建设厅地质调查所印行，六百八十页。湖南建设厅地质调查所报告（第十七号：经济地质志第十一册）。湖南图书馆藏。

（七）嘉禾县

铁岭税捐报告书　雷飞鹏撰

雷飞鹏生平见『集部·别集·辽梦草一卷』条。

抗日筑城　李云杰撰

李云杰（1889—1936），字俊三，嘉禾县人。少年时由叔父李国柱接济读私塾，先后入长沙明德中学、长沙陆军小学、武汉军官预备学校、河北保定军官学校学习。曾任国民党第二十七军上将军长。民国二十年（1931）请缨抗日，并编撰军事训练教程。

国耻纪念　雷渊博撰

雷渊博（1900—1929），字时鸣，号濯清，嘉禾县人。民国十年（1921）入省立三师简师科学习。从教县立女校。长于歌词谱曲。所作词曲《国耻纪念》《唤醒农民》等汇编成册，存嘉禾县档案馆，原件藏衡阳党史陈列馆。

海内集　雷嗣尚撰

雷嗣尚（1906—1946），字季尚、不同，后改名嗣尚，嘉禾县人。就读于天津南开中学、长沙岳云中学，后进入北平国立师范大学深造。民国十七年（1928）任冯玉祥军政部主任秘书，二十年主编《新社会杂志》并任《世界日报》主笔。二十四年十一月任北平市社会局局长，后担任湖南省政府政治总参议、湘南自卫区司令。

浴血罗霄　萧克撰

萧克（1907—2008），原名武毅，字子敬，乳名克忠，嘉禾县人。黄埔军校毕业。民国十四年（1925）投笔从戎，曾参加北伐战争、南昌起义、湘南起义、井冈山斗争和长征，历任团长、师长、军长、红六军团长、红二方面军副总指挥等职。抗战时期任八路军一二〇师副师长、晋察冀挺进军司令、晋察冀军区副司令。解放战争时期任冀热辽军区司令、华北军区副司令员，华北军政大学副校长、第四野战军第一参谋长等职。中华人民共和国成立后，曾任中国人民政治协商会议第五届全国委员会副主席，中国共产党第八届、第十一届中央委员。中共第十二届中央顾问委员会常务委员。

《浴血罗霄》的创作出版经历了漫长复杂的过程。在黄土高原上一个叫镇原的小城外，萧克开始了《浴血罗霄》的创作，后因战事中断。民国二十七年（1938）八月，他重新执笔，完成初稿。直至一九八八年由解放军文艺出版社出版。《浴血罗霄》是一部长篇小说，生动描写了抗日战争时期，湘赣苏区的主力红军罗霄纵队按照中央指示，向北挺进，不畏敌军封锁、环境酷劣，浴血奋战的经历。塑造了以罗霄纵队司令郭楚松为代表的共产党人的崇高形象。

萧克著作颇多。另著有《孙中山北上》，民国十三年（1924）写于嘉禾甲种师范学校。

［民国］嘉禾县图志　雷飞鹏撰

雷飞鹏生平见『集部·别集·辽梦草一卷』条。

该县志为民国二十年（1931）刊本。设建制、山川、事纪、礼俗、户籍、教育、选举、财赋、食货、人物、叙志十一篇三十四卷。国家图书馆、湖南图书馆、中国台北『国家图书馆』藏。

嘉禾县城区公民上湖南省第二次请愿书　李先庆等撰

李先庆，嘉禾县人。

民国初年，嘉禾县民因当地土匪横行联名上书省议会请求将嘉禾县城『迁治』。是书为嘉禾县城区公民第二次请愿书。一册，民国元年（1912）铅印本。

嘉禾学生寒假服务团工作一瞥　嘉禾学生寒假服务团编

嘉禾学生寒假服务团编。收录该团宣言、演词、报告、言论、会议录、表册。易骨峋序，李开达编后言。民国二十七年（1938）二月文华石印局印行，五十四页。湖南图书馆藏。

崇尚堂节俭公约　嘉禾县地方维礼会编印

嘉禾县地方维礼会编印。记录婚丧嫁娶当地习俗。全文录存嘉禾县志。原有木刻散佚。

（八）临武县

戎马生涯话当年　杜从戎撰

杜从戎（1902—1979），临武县人。民国十一年（1922）就读于广东西江海陆军讲武堂，十三年五月考入黄埔军校第一期，毕业后任军校教导第二团第一营第三连连长，随军东征。十五年赴苏联学习政治、军事。十六年底任南京中央军校教务部少将主任、南京国民政府警卫团少将团长。二十五年任广西柳州越南特别训练班中将主任。

另著有《黄埔军校之创建和东征北伐之回忆》，存世。

临武县汾市古渡口盐运考察报告　曾昭璇撰

曾昭璇于民国三十四年（1945）参加广东省地理学会历史地理专业组开展的『湘南临武县牛头粪历史地理考察』活动之后，撰写该论文。

主要论述了汾市镇的地理位置、水运、陆运、宿站和城镇景观状况，介绍了汾市镇盐店、米店、杂货店、羊杂店、伙店、小商店、酒馆、圩场、大桥和学校等文化教育设施，并对汾市历史上的繁盛与作者考察时的萧条、荒废进行对比，最后结论为汾市作为都市必需进行再建。该文稿曾刻印，存世。

过山榜

民国年间，临武西山瑶族村用红布抄录，为临武本地瑶族人抄本。其中载有明正德年间临武蓝山两县以汉人（秀才）换广西贺县鸡笼山瑶族人的历史。原本收藏于临武西瑶乡桃园坪村。

另有清道光时期瑶族的宣纸抄本小册子，记录湖南、广东两省多地瑶族的历史事件（含《过山榜碑文》《晓谕》等），系临武公共山村过山瑶抄本。

湖南常宁炭山窝、桂阳大顺窿、临武香花岭锡砒矿报告　田奇　王晓青　粟显俅等撰

介绍湖南常宁炭山窝、桂阳大顺窿、临武香花岭锡砒矿的位置、交通、气候、沿革、地形、地质、构造、地质程序、矿藏、工程、运输等情况。民国二十年（1931）八月湖南建设厅地质调查所印行，湖南建设厅地质调查所报告（第十一号：经济地质志第八册）。湖南图书馆藏。

湖南临武琶溪农民挖煤概况　周作杰撰

周作杰，临武县人。

该书记载临武琶溪挖煤历史、组织状况、经营销售、工人待遇、挖煤对琶溪农村的影响等。载于民国二十三年（1934）上海《中国乡村》杂志，重载于《东方杂志》三十卷二十八号。

临武香花岭锡钨矿视察记　李兢存撰

载于民国十八年（1929）《实业杂志》第一百四十五期。

湖南临武之圩场　吴向时撰

载于《岭南学报》民国三十七年（1948）第一期。

华锋画集　罗华锋绘

罗华锋，临武县人。擅水彩画，题材以山水飞禽为主。民国三十二年（1943）自绘本。

临武农村的龙须席业与织女生活　关后秀撰

主要记载龙须草席的生产状况、编织程序、种类价格、产量销路、销售口岸、织女生活等，载于民国二十四年（1935）《东方杂志》第二十期。

湖南临蓝嘉联立简易乡村师范学校现藏图书目录

民国二十五年（1936）五月湖南临蓝嘉联立简易乡村师范学校手写本，一册。南京图书馆藏。

哥哥去当兵　临武县立第一高小教师合编

临武县立第一高小教师合编。歌剧集。主要是宣传抗日，号召民众当兵御寇。民国二十七年（1938）民智书店石印本。

水乡吟　中山大学临武籍学生与力行小学教师合编

中山大学临武籍学生与力行小学教师合编。话剧集。民国三十三年（1944）启明书社雕刻石印本。

荆沙诗抄　黄国平撰

黄国平，临武县人。

是书为作者民国三十五年（1946）至三十六年在湖北国立师范学院求学时所著。抄本。

湖南临武香花岭埠成公司九年六月份售砂日记并庶务采办收发矿工回料月报底册、九年十二月经费决算书存根　埠成公司辑

埠成公司辑，抄本，三册。国家图书馆藏。

（九）汝城县

汝城县志　卢纯道编纂

卢纯道（1861—1937），字达源，晚号啸蜗老人，汝城县人。清末岁贡，曾任汝城劝学所长，汝城县立初级中学校长。

该县志为民国二十二年（1933）版。

答二哥　朱良才撰

朱良才（1900—1989），汝城县人。民国十七年（1928）参加湘南暴动，在耒阳遇见朱德，加入红军。上井冈山后，在军部当通信员。中华人民共和国成立后任北京军区政委，一九五五年授予上将军衔。

该诗作于抗日战争时期。

怒吼吧！醒狮　朱子奇撰

朱子奇（1920—2008），汝城县人。毕业于延安抗日军政大学，曾任中国作协常务书记。诗人，散文家。

该文于民国二十六年（1937）刊行。另著有《平型关大捷》。民国二十六年（1937）撰写并刊行。《延河曲》《杨家岭出太阳——毛泽东颂》《我歌颂伟大的七月》《我的心飞向莫斯科》《学习突击队》《反投降进行曲》《反法西斯进行曲》《我们是毛泽东时代的青年》《飞蛾扑火的故事——希特勒必败，斯大林必胜》《起来，保卫莫斯科》《百团大战进行曲》等，延安时期撰写并刊行。《和平胜利的信号》《北京·莫斯科》《十二月的莫斯科》散文集。《战歌与情歌——朱子奇译诗集》，民国三十五年（1946）译著（俄文）。诗集有《春鸟集》《春草集》《友谊集》《和平歌（译诗）》。长诗有《星球的希望》。

苏维埃花园　胡代炜撰

胡代炜（1920—2001），汝城县人。中国作协会员，文艺评论家。民国三十三年（1944）延安大学财经系肄业，『延安诗社』创立者之一，组织出版《新诗歌》。中华人民共和国成立后曾任中共郴州地委宣传部部长、湖南省文联副主席。

另有诗作《儿子的歌》《深夜》等。

土地分配　高山撰

高山（1922—1952），原名朱宾能，汝城县人。民国二十六年（1937）考入湖南第一师范学校，次年九月，赴皖南参加新四军。二十八年一月被派往农村经济委员会工作。该文民国二十八年（1939）刊载于新四军《抗战》杂志。

另著有《农村经营》。

汝城县教育会第二届执行委员会报告书　汝城县教育会编

汝城县教育会编。收录民国十八年（1929）九月十六日汝城县第二次委员大会有关资料，教育会年度工作报告，内容有该会宣言、规程、会议录、大事纪要、收发文要目、经济概况、图表等，附委员名录。民国十九年（1930）九月出版，共一百五十八页，照片、图表。湖南图书馆藏。

中庸思想体系之研究　郑德行撰

郑德行，汝城县人。

该书于民国三十五年（1946）汝城美光石印局印行，石印本。

汝城县教育概况调查表　汝城县文献委员会编

汝城县文献委员会编。收录湖南省志教育志材料，民国三十六年（1947）抄本，一册，湖南图书馆藏。

汝城县氏族源流概况表　汝城县文献委员会编辑

汝城县文献委员会编辑。收录汝城县各姓氏开族年代、从何省何县迁来、现状人口数、生活状况、经六十年来族长姓名、历代重要人物概述等。复写本，一册。湖南图书馆藏。

（十）桂东县

社会经济学　邓飞黄撰

邓飞黄（1895—1953），原名声坦，字子航，桂东县人。民国七年（1918）入北京大学经济系读书，投身『五四』运动。十三年任国民党北京执行部青年部秘书，主编《国民周报》《国民新报》。十五年赴广州任国民党中央宣传部《政治周报》主编。二十年任铁道部职工教育委员会委员长。二十四年留学英国伦敦大学经济系。回国后曾任《中国经济月刊》《经济杂志》主编。

另著有《中国经济建设问题》，存世。

铁心医案　李自信撰

李自信（1902—1976），字铁心，桂东县人。衡阳国立医科学校毕业，曾任桂东县中医药协会主任。专治疑难杂症，尤其对瘟病、伤寒、六经诸症独具匠心。

中国词史大纲　胡云翼撰

胡云翼（1906—1965），原名胡耀华，字号南翔、北海，笔名拜苹女士，桂东县人。著名词学家、文学史家。曾任中华书局、商务印书馆编修，暨南大学教授，上海师范学院教授。长期致力于中国古典文学的整理研究工作，著述颇丰。

该书于民国二十二年（1933）上海北新书局出版，北新印书馆印刷。另著有：《浪漫诗人杜牧》，民国亚细亚书局出版。《宋名词选》，民国二十二年（1933）上海亚细亚书局出版。《宋名家词选》二卷，民国三十五年

（1946）上海文力出版社出版。《清代词选》，上海亚细亚书局出版，民国三十五年（1946）上海教育书店出版，民国三十五年（1946）上海文力出版社出版。《词选》，民国二十一年（1932）上海亚细亚书局出版，民国二十五年（1936）上海中国文化服务社出版，民国三十七年（1948）上海教育书店出版。《我们的文艺》，民国二十五年（1936）上海正中书局出版。《唐诗研究》，民国十九年（1930）上海商务印书馆出版。《李白诗选》，民国三十五年（1946）上海教育书店出版。《宋诗研究》，民国十八年（1929）上海中华书局出版，民国十九年（1930）上海商务印书馆出版。《中国文学概论》，民国十七年（1928）上海启智书局出版。《唐代的战争文学》，民国十六年（1927）上海商务印书馆出版。《词学ABC》，民国十九年（1930）上海世界书局出版。《宋词研究》，民国十五年（1926）上海中华书局出版，民国十八年（1929）上海中华书局出版。《新著中国文学史》，民国二十一年（1932）上海北新书局出版。《中秋月》《围城杂记》（散文集），民国十七年（1928）上海光华书局出版。《女性词选》一卷，民国三十五年（1946）上海文力出版社出版。《西泠桥畔》（小说），民国十六年（1927）上海北新书局出版。《爱与愁》（小说），民国十九年（1930）上海亚细亚书局出版。《新著文章作法》，胡云翼、谢秋萍著，民国二十一年（1932）上海中国文化服务社出版。《抒情词选》（辑），民国二十一年（1932）上海亚细亚书局出版，民国三十六年（1947）上海教育书店出版。《国文学习法》，洪为法、胡云翼著，民国二十二年（1933）上海亚细亚书局出版。《现代小说选》，民国二十三年（1934）上海北新书局出版。

还著有《孔雀东南飞辨异》，民国十三年（1924）刊《学灯》杂志。《新婚的梦》（戏剧），民国十七年（1928）上海启智书局出版。《麓山红叶》（散文集），《艺林社文学论》《诗人辛弃疾》《李清照评传》《中国词史略》《词学概论》《中国文史大纲》《词学小丛书》《中国古代作品选》《宋词选》，上海古籍出版社出版。《胡云翼选词》，华东师范大学出版社出版。《胡云翼重写文学史》，华东师范大学出版社出版。《胡云翼说词》，华东师范大学出版社出版。《胡云翼说诗》，华东师范大学出版社出版。

赃官丑态（戏曲） 李璧撰

李璧（1907—1927），原名锦辉，桂东县人。曾任桂东农协会委员长。

民国十五年（1926）另撰有《军阀凶恶》《地方民情》两部戏曲并刊行于世。

东北农村合作社组织大纲 邓力群撰

邓力群（1915—2015）原名邓声喈，桂东县人。北京大学毕业。中国共产党的优秀党员，久经考验的忠诚的共产主义战士，无产阶级革命家，思想理论宣传战线的杰出领导人，马克思主义理论家。曾任中国共产党第十二届中央书记处书记。

另著有《中共中央东北局关于发展农村供销合作社问题的决议草案》。延安时期撰写《把箭向自己射》，发表于民国三十一年（1942）六月二十日《解放日报》。

民书新春联、柬帖、告文 宁天海撰

宁天海，桂东县人。

毛边纸，抄本。

工作机械 李复旦撰

李复旦，桂东县人。曾任山西太原大学堂教授。

是书为该校教材，民国二十年（1931）出版。

小园文集　李晓渊撰

李晓渊，桂东县人。另著有《小园诗集》《判犊》。

杂剧稿　李斐君撰

李斐君，桂东县人。抄本。

千金帚　郭寅宾撰

郭寅宾，桂东县人。抄本。

外科秘方　胡文圃、黄勋丞撰

胡文圃、黄勋丞，桂东县人。

该书撰于民国二十四年（1935），桂东文元石印局印。

桂东第三区立高级小学校概况　桂东联合区立高级小学校编

桂东联合区立高级小学校编。收录该校沿革、概况、规章、师生名录等。民国二十四年（1935）二月该校印行。国家图书馆藏。

守土日记二卷　谢树宝撰

谢树宝，湘阴县人，抗战时期任桂东县长。

该书为作者在任期间所写日记，桂东石墨印刷厂出版。

牛经大全　佚名撰

该书介绍桂东县等地牛市买卖经验，木刻本、皮纸。

农民文化课本（第三册）　佚名撰

桂东自编乡土教材，桂东文元石印局印行。

让房诗歌　佚名撰

辑录桂东县民间礼仪诗歌。桂东民间抄本。

亡人歌　佚名撰

又称黄泥歌。辑录桂东县民间伦理诗歌。桂东民间抄本。

（十一）安仁县

杂病治疗集八卷　萧石麟撰

萧石麟（1900—1973），安仁县人。幼时随祖父学医，曾任安仁县救济院医务室主任，厚丰药店坐堂医师，湖南省中医研究院特约研究员。

建立农民武装问题　谭文炳撰

谭文炳（1900—1931），字际蒙，化名昭然，安仁县人。曾任安仁县立第一高等小学校长，农民协会筹委会主任，安仁《新潮社》总编辑。

另著有《农民协会组织法》《农民斗争对象、策略问题》《关于男女平等问题》等。

我们的红军游击队　唐天际撰

唐天际（1904—1989），原名唐时雍，曾用名唐文发、唐天济。安仁县人。民国十四年（1925）进入黄埔军校第四期学习，十五年加入中国共产党。参加北伐战争、南昌起义、湘南起义。一九五五年授予中将军衔。

此歌词为作者民国十七年至十八年间任湘南红军游击大队长时所作。另于抗战时期撰有《抗日救国保家乡》。

安仁县风俗调查纲要　李沐撰

李沐，安仁县人。民国三十七年（1948）石印本。

安仁侯母李太夫人褒扬节孝征文录　侯匡复辑

侯匡复，安仁县人。传主李太夫人，安仁李瑞云之女。

是书为其子侯匡复辑录侯母事亲至孝、守节抚孤的事迹。书首有侯匡复叙言、宋鋆序、何魏《李太夫人事略》，附相关呈文和批示。民国二十五年（1936）三月浙江立达印刷局铅印本。湖南图书馆藏。

中国地理便记二卷　贺寿辰撰

贺寿辰，字斗槎，安仁县人。

另著有《舆地歌括》。

中国女子诗词选目录十五卷　袁雪程撰

袁雪程，安仁县人。民国油印本。

二、档案馆藏文献（按时间先后排序）

（一）郴州市档案馆

郴郡联立初级中学教职员及学生名录

民国二十五年（1936）编。收录民国二十五年郴郡联立初级中学教职员和学生名录。

湖南省第八区保安司令部社会军事训练干部训练班同学录、官佐通讯录及学员履历册

民国二十八年（1939）编。收录湖南第八区社会军事训练干部训练班同学录、总理遗像和总理遗嘱、训练班官佐通讯录，以及第一队学员、第二队学员、第三队学员的简名履历册。共九十六页。

三区专署人事任免事项

民国三十年（1941）编。收录三区专署人事任免有关文件及报表等。共一百三十一页。案卷号：00365。

《桂阳民报》及日本国地图

收录民国三十一年（1942）《桂阳民报》相关资料及日本国地图一张。共十一页。案卷号：00058。

宜章县人民团体组织情况表

民国三十二年（1943）编。记载宜章县镇南、镇东、镇北、金泉等乡农会指导人民团体组织的总报告表。共二十页。案卷号：00317。

二区、三区专员公署、保安司令部职员录

民国三十四年（1945）编。记录二区、三区行政督察导员兼保安司令员、统计员、视察员、秘书等职位职员的个人信息，包括职员的姓名、性别、年龄、籍贯和到任年月日等信息。共五页。

郴县及各县警察局、教育馆、救济院、卫生院职员录

民国三十四年（1945）编。收录民国三十四年郴县及各县（包括桂阳、永兴、资兴、宜章、临武、嘉禾、蓝山、汝城、桂东）等地警察局、教育馆、救济院、卫生院的职员录。

临武县政府法规辑要

民国三十五年（1946）编。内容为民国三十五年临武县政府编撰法律法规辑要。共二十九页。案卷号：00247。

临武县政府民国三十五年度物价指数调查表

民国三十五年（1946）编。记录民国三十五年临武县普通生活零售物价指数计算表和公务员生活必需品价格调查表。共二十四页。案卷号：00256。

郴县、宜章、资兴、桂东、永兴各县概况

民国三十五年（1946）编。主要记载郴县、宜章、资兴、桂东等县概况，含各县政府总会计普通基金现金出纳表、土地承包税率表、全县健全机构情形等内容。共七十六页。案卷号：00338。

三区专保公署现有陆军大学、军队各兵种毕业军官未任职人员调查表

民国三十五年（1946）编。记载民国三十五年三区专保公署现有陆军大学、军队各兵种毕业军官未任职人员调查表及文件，包括陆军大学毕业学员服务期间成绩考核表填写说明、官位及职务经历、以及服务期间的成绩。共五十一页。案卷号：00361。

军委会关于收复区军校毕业生处理办法的训令

民国三十五年（1946）编。收录民国三十五年军委会关于收复区军校毕业生处理办法的训令及相关文件。共九页。案卷号：00525。

军委会关于军人复原期间领导工人运动办法实施要点

民国三十五年（1946）编。记载复原期间领导工人运动办法实施要点。共九页。案卷号：00526。

汝城县历任县长交接文件清册

民国三十六年（1947）编。主要收录汝城县历任县长交接时的有关文件清册。共一百三十六页。案卷号：00146。

中华民国嘉禾县籍忠烈将士姓名录

中华民国三十六年（1947）编。记载嘉禾县籍忠烈将士姓名录及其官职、年龄、死亡类别、时间、地点等信息。共四十七页。案卷号：00274。

三区各县县长考核办法

民国三十六年（1947）编。记录三区各县县长考核表及考核办法的有关文件。共八十三页。案卷号：00390。

三区所属各县党政机关部队及各县中小学教职员调查表

民国三十六年（1947）编。记载三区所属各县党政机关部队及各县中小学教职员调查表情况，包括湘南初级中学、天风初级中学等学校。共二百三十六页。案卷号：00392。

郴县政府关于人事任免、支薪、人事管理员考核办法及人事制度报告

民国三十六年（1947）编。记录郴县人事任免、支薪、人事管理员考核办法、成绩考核记录表、人事制度报告和考试及格人员任职情形调查表等。共一百一十二页。案卷号：00450。

郴县历任县长训令和行政交接清册

民国三十六年（1947）编。主要记录县长训令和行政交接清册。共一百一十四页。案卷号：00450。

三区集训大队队务座谈会议记录

民国三十六年（1947）编。内容为民国三十六年三区集训大队队务座谈会议记录、给养会议记录等。共六十九页。案卷号：00459。

各县关于灾荒自救互救实施办法及联合会议记录

民国三十六年（1947）编。收录各县青年团筹备处、救济院、参议会等申请救助的文件及灾荒自救互救实施办法和联合会议记录等文件。共六十六页。案卷号：00523。

专署及各县为筹设妇婴救济站呈文

民国三十六年（1947）编。记录专署及各县为筹设妇婴救济站有关文件及办理人员名单及调查表。共四十四页。案卷号：00524。

三区专署及所属各县府关于选举国大代表情况的报告

民国三十六年（1947）编。记载三区专署及所属各县府关于选举国大代表情况、当选人和候选人名单及结果报告书。共八十一页。案卷号：00570。

郴县及各县民国三十五年度施政报告书

民国三十六年（1947）编。主要记载郴县及各县民国三十五年度施政报告书。

省府限制人力车办法

民国三十六年（1947）编。收录第三区行政督察专员催报人力车夫调查表的代电、限制使用人力车实施办法和郴县政府人力车夫调查表及名单。共二十六页。

桂东县清理积谷会议记录、暂行办法

民国三十七年（1948）编。主要记载桂东县政府清理积谷会议记录和暂行办法。共二十页。案卷号：00218。

三区集训大队集训教育计划

民国三十七年（1948）编。记载三区集训大队集训教育计划大纲、实施计划训令和学科课目进度实施计划表等内容。共九十七页。案卷号：00424。

三区所属各县府关于各级禁烟工作人员成绩考核

民国三十七年（1948）编。记载民国三十七年三区所属各县府各级禁烟工作人员成绩考核表及其相关内容。共一百零七页。案卷号：00431。

关于通讯口号军事情报等问题三区专署给集训大队公文

民国三十七年（1948）编。记载通讯口号军事情报等问题，包括止匪旬报表和情报及改变对空识别信号的通知，三区专署给集训大队有关文件。共四十一页。案卷号：00612。

户口登记工作竞赛办理及各县有关竞赛情况报告

民国三十七年（1948）编。记载郴县户口登记工作竞赛办理实施办法、工作分期竞赛表和有关竞赛的报告奖惩表、成绩考核表等内容。共六十三页。案卷号：00626。

郴县、永兴、桂阳、桂东、资兴治安实施办法及座谈会议记录

民国三十七年（1948）编。收录永兴县、桂阳县、桂东县、资兴县、郴县治安座谈会议记录及实施办法。共九十七页。

郴县县政府职员录

一九四九年编。为民国三十四年至一九四九年郴县县政府职员录。共八十二页。案卷号：00007。

桂阳县府各部门办事细则

一九四九年编。由湖南省桂阳县政府下发关于出纳、任免考核、户政、地政、禁政、文献保存、著作出版、『剿匪』事项的办事细则。共二十页。案卷号：00106。

桂东、临武、汝城、宜章、永兴县长出巡工作日记

一九四九年编。记录桂东、临武、汝城、宜章，永兴等县县长出巡工作日记等相关文件。共一百零二页。案卷号：00358。

郴县及各县政会议记录、施政计划、汇报表及职员录

一九四九年编。收录民国三十一年至一九四九年郴县及桂阳、永兴、嘉禾、资兴、汝城等各县政的会议记录、施政计划、汇报表、职员录等。

郴县及各县有关教育工作文件和报告

一九四九年编。收录郴县、桂阳、永兴、资兴、宜章、临武、嘉禾、蓝山、汝城、桂东等地民国二十五年至一九四九年来的有关教育工作的文件和报告。

嘉禾郴县桂阳乡镇户口干部调查名册及户政讲习学员名册实习报告

一九四九年编。记载民国三十七年十月至一九四九年二月嘉禾郴县桂阳干部人员实习报告的代电、嘉禾县户籍事务员调查表、桂阳县户政干部人员讲习的报告书和成绩册等资料。共一百一十四页。

（二）北湖区档案馆

民国三烈士

民国二年（1913）编。收录民国三烈士的籍贯、事迹。共二页。案卷号：第 18 卷。

熊成基烈士

民国二年（1913）编。收录熊成基烈士在狱时的肖像、遗墨。共二页。案卷号：第 18 卷。

光复伟人陶成章

民国二年（1913）编。收录陶成章先生肖像以及追悼熊成基烈士的歌词。共二页。案卷号：第 18 卷。

陆军上将湖南都督谭延凯

民国二年（1913）编。共一页（注：凯为闿之误）。案卷号：第 18 卷。

中国地形图、气候区域图、江河流域经济地图

民国二年（1913）编。收录日本侵华期间，依据中国地形、气候、各区域经济状况描绘的地图。共十一页。案卷号：第 19 卷。

国立中山大学二十一届毕业同学录

民国二十三年（1934）郴县公安局编。收录毕业生的姓名、籍贯、临时通讯处、永久通讯处。共十页。案卷号：第 12 卷。

国立中山大学教职员及郴州籍同学录

民国二十三年（1934）郴县公安局编印。收录国立中山大学校长、各学院院长人物肖像及各学院学生（含郴州籍）的姓名、籍贯、临时通讯录、永久通讯录信息。共二百一十一页。案卷号：第13卷。

湖南审计处对县立中学复建批准决定、财务审计核准通知

民国二十五年（1936）编。收录湖南审计处对县立中学复建批准决定及县立中学复校募捐者姓名、捐款数登记。共二十一页。案卷号：第23卷。

民国二十六年中华形势一览图

民国二十六年（1937）编。以图标形式介绍当时中华形势，共三十三图。共二页。案卷号：第19卷。

郴县复兴委员会颁发的公文

民国三十四年（1945）郴县公安局编印。内容包括郴县复兴委员会颁发的各种文件。共二十五页。案卷号：第1卷。

中央军训练团第二十七军官总队第三、四、五大队同学录

民国三十四年（1945）郴县公安局编印。收录中华民国中央军训练团第二十七军官总队第三、四、五大队同学的姓名、性别、籍贯、军衔。共二百零五页。案卷号：第5卷。

郴郡中学学校简介

民国三十六年（1947）郴郡中学编。收录郴郡中学学校沿革、人事组织、经费设备、历届学生实践成绩、学校刊物及校长简历。共六页。案卷号：第22卷。

浚明中学同学录

湘南私立浚明初级中学学生自治会编写。收录浚明中学高中部首届毕业师生合影及同学单人照片和个性留言、同学签名、字画、通讯录（籍贯、姓名、年级）。共四十七页。案卷号：第 13 卷。

（三）苏仙区档案馆

郴县县议会常会会议报告书

民国十三年（1924）郴县县议会编。收录郴县议会第一、二、三、四次常会会议报告。民国十三年木活字本，共六册。

郴县农民协会第一次全县代表大会〈宣言〉〈决议案〉

胡世俭撰。胡世俭（1897—1929），郴县人。民国十一年（1922）考入衡阳省立第三师范学校，民国十三年选入湘南学联，负责宣传工作。该文为作者民国十五年撰稿，另撰有《郴县农民协会第一次全县代表大会〈决议案〉》。

《郴县民报》

民国间郴县政府编。涉及民国二十七年（1938）至一九四九年包括抗战时期局势及要闻简讯、特战等内容。共一十八页。案卷号：2-1-53、54、55。

《郴县教育月刊》

民国二十八年（1939）编。内容有短期义务小学国语教学笔顺名称表、收支对照表、专员守则。共四十二页。案卷号：2–1–71。

《郴县震南报》

民国二十九年（1940）出版。主要收录战事，日本侵华事论，各地战报、战况等内容。共十一页。案卷号：2–1–60。

《田家半月报》

民国三十年（1941）郴县政府编。收录第十四期，主要记录当时包括郴县在内的政治、经济文化、军事与青年相关问题及文化等文稿。共五十页。案卷号：2–1–69。

郴桂师管区司令部文件

民国三十一年（1942）郴县军官会编。包括逃亡官兵年级面貌表、县政府训令等内容。共二十页。案卷号：2–6–3。

湖南郴县灾荒报告书

民国三十二年（1943）郴县政府编。收录值日官、值日员、值日丁等相关人员信息。共六页。案卷号：2–2–170。

郴县县政会议录

民国三十四年（1945）郴县政府编。记录有第九次至第十三次县政会议出席人员、开会报告及内容讨论相关事项。共三十一页。案卷号：2-2-174。

郴县永康乡国民兵役及人员表

民国三十四年（1945）郴县参议会编。主要记载郴县永康乡国民兵役及人员表。共四页。案卷号：2-3-20。

湖南郴郡联立中学同学录

民国三十四年（1945）郴县警察局编。收录教职员姓名、住址、性别、年龄、籍贯等相关信息及学生姓名、籍贯等。共三十四页。案卷号：2-4-15。

郴县在城中央及地方党政军各机关部队学校调查

民国三十五年（1946）编。主要收录郴县在城中央及地方党政军各机关部队学校调查表和异动表等情况。共十页。案卷号：2-2-122。

郴郡联中概况

民国三十六年（1947）郴县郡联中学编，包括校长姓名、建设时间、建设地点、教职员及学生人数等。共五页。案卷号：2-6-22。

民国郴县政府三十七年度第一期工作报告

民国三十七年（1948）郴县政府编。收录民政、财政、教育、军事以及合作单位的内容。共二页。案卷号：2-2-159。

郴县政府执行第八次参议会会议决案

民国三十七年（1948）郴县政府编。内容有案由、办理时间、执行情况、承办单位、办理结果等。共十四页。案卷号：2–2–168。

郴县教育概况调查

民国三十七年（1948）郴县政府教育科编。收录郴县教育情况，表式一册。

郴县教育概况调查表

民国三十七年（1948）郴县县政府教育科编。稿本，一册。湖南省志教育志资料，民国三十七年九月填写。分别为清代郴县科举制度、清末兴学迄民国三十七年之郴县教育概况。湖南图书馆藏。

郴县各公私立中小学校概览

一九四九年编。记载公私立学校委任情况。共一页。案卷号：2–1–43。

郴县各军警机关学校医院团体调查

一九四九年编。包括郴县军警机关学校医院团体人员姓名、所居住街道及其所担任职位。共五页。案卷号：2–2–88。

郴县政府及所属机关组织机构、编制等规程

一九四九年编。收录民国郴县政府所属机关组织机构、在编人员职别、官位等相关信息。共十四页。

案卷号：2–2–124。

郴县在乡军官会郴县分会组织规则

一九四九年郴县军官会编。包括乡军官人员职位、姓名及其规则，共十六条规则。共三十一页。案卷号：2–6–1。

县立初级中学职员概况

一九四九年郴县郡联中学编。包括民国二十年（1931）至一九四九年教职员姓名、年龄、性别、籍贯、学历以及学校开支等相关信息。共十四页。案卷号：2–6–24。

郴县自卫团司令部、乡队编制、武器弹药清册及情况调查

郴县自卫团编。收录郴县自卫团司令部、乡队编制、武器弹药清册及情况调查表、郴县自卫团人事派令及指令存稿文件。共三十九页。案卷号：2–4–27。

郴县政府有关粮食、储蓄、税捐的事项

郴县军官会编。包括乡镇、军粮数目、分配给地方学校的粮食数目等。共二页。案卷号：2–6–5（6.7）。

（四）资兴市档案馆

县立中学同学录、校友录、校友会

民国九年（1920）编。收录职教员、学员的姓名、年龄、祖籍、现状。共二十四页。

县立中学校友会

民国十一年（1922）编。收录县立中学校友会名称、宗旨、会址等概况。铅印本，二册，共四十页。

《东升》

民国十二年至十四年（1923—1925）编。资兴红色刊物，由资兴东升会刊印，中华邮务局特准挂号。存二期。

我对资兴家庭教育的改革计划

黄义藻撰。黄义藻（1904—1929），号碧池，资兴人。衡阳省立三中毕业。民国十四年（1925）组织发起资兴进步团体『东升会』并任会刊《东升》主编。曾任中共资兴县委第一任书记兼工农革命军资兴独立团党代表。该文撰写于民国十四年，载资兴《东升》刊物。另撰有《追悼哀思录》，民国十七年『资兴追悼会筹备处』铅印。资兴市档案馆藏。

县政府县执委关于农会和农协会成立大会资料集

民国十六年（1927）编。收录民国资兴县政府县执委关于农会和农协会成立大会资料。手写本，共二十一页。

县政府有关田赋、教育训练、消防、通讯、任职等资料集

民国十七年（1928）编。收录民国资兴县政府有关田赋、教育训练、消防、通讯、任职等情况。手写本，共一百三十四页。

清乡会、警察所关于人事、治安等资料集

民国十七年（1928）资兴县政府编。收录县清乡会、警察所关于人事、治安等工作情况。手写本，共三十五页。

义务教育及乐成高级小学同学录

民国十八年（1929）资兴县教育局编。收录资兴县东区义务教育以及乐成高级小学校同学情况。手写本，共三十八页，乐成高级小学校铅印本。

县政府东区第一次区务会议录

民国十八年（1929）资兴县政府编。记录资兴县政府召开东区第一次区务会议事项，含规程、细则、辩事规则、议事日程、自治公约。铅印本，共二十五页。

国民党资兴县党部历史、同善社沿革

民国十八年（1929）编。收录国民党资兴县党部组织架构、下属机构、党员发展情况及同善社发展史。油印本，共四十页。

县长提交议案和决议案

民国十九年（1930）资兴县政府编。收录资兴县县长议案和决议案，内容含括地方自治、财政、教育、团警、人民生计、仓储、森林、风俗、卫生、商业、交通、禁烟、苗民、娱乐、狱政和其它事项。油印本，共五十二页。

县政府关于治安、禁烟禁赌资料集

民国十九年（1930）资兴县政府编。收录县政府关于治安、禁烟禁赌文件资料。油印本，共五十三页。

县政府对全县军事防疫、水灾、通讯、粮食、税务等工作的记录

民国二十一年（1932）资兴县政府编。收录县政府对全县军事防疫、水灾、通讯、粮食、税务等工作的记录。手写本，共八十四页。

县政府第一届行政会议内刊

民国二十二年（1933）资兴县政府编。收录县政府第一届行政会议内刊。内容有规程、成员、宣言及演词、贺电、祝词、联语、议事日程、民政、财政、教育、治安。铅印本，共二百一十页。

县政府选举国大代表、组织农会、兵役、治安、教育工作等资料集

民国二十二年（1933）资兴县政府编。收录县政府选举国大代表、组织农会、兵役、治安、教育工作等材料。手写本，共八十一页。

县简易乡村师范学校同学录

民国十五年（1936）编。收录县简易乡村师范学校同学情况及学校建设情况。手写本，共四十六页。

县国民党党部、政府有关交通、经费、粮食、军事等材料集

民国二十六年（1937）资兴县政府编。收录县国民党党部、政府有关交通、经费、粮食、军事等工作情况。

手写本，共七十页。

二都传书

民国二十六年（1937）编。记述资兴南区二都（今渡头乡）崇义书院自一八八〇年创建及发展概况。复印本。

县自卫团、司法处有关组织机构、人事、游击、军事等工作文件

民国二十八年（1939）编。收录县自卫团、司法处有关组织机构、人事、游击、军事等工作情况。手写本，共七十二页。

县国民党党部执委党务工作资料集

民国二十九年（1940）编。收录县国民党党部执委有关党组人事、政治等党务工作情况。手写本，共一百二十七页。

县政府有关军事兵役、政务等资料集

民国二十九年（1940）资兴县政府编。收录县政府有关军事兵役、政务等情况。手写本，共一百二十五页。

资兴瑶岗仙矿开采纪实

民国二十九年（1930）编。收录民国政府民国二十九年在资兴瑶岗仙矿勘查、开采、运输钨矿的情况。油印本，共八十八页。

县政府有关政务工作、各乡镇实施新县制推进办法

民国二十九年（1940）资兴县政府编。收录县政府有关政务工作、各乡镇实施新县制推进办法。油印本，共一百零三页。

县政府工作规定、瑶岗仙界抗战资料

民国三十年（1941）资兴县政府编。收录县政府工作规定、瑶岗仙界抗战情况。油印本，共六十六页。

县政府有关推行家庭教育办法

民国三十年（1941）资兴县政府编。收录县政府有关推行家庭教育办法。油印本，共一百三十页。

县政府关于瑶岗仙钨矿的开采及征工问题

民国三十一年（1942）资兴县政府编。收录民国三十一年县政府关于瑶岗仙钨矿的开采及征工情况。共八十一页。

郴州资兴县、宜章县、临武县等地煤炭及铝、锌、砒、磺等勘探资料集

民国三十一年（1942）省建局编。收录含郴州资兴县、宜章县、临武县等地煤炭及铝、锌、砒、磺等勘探资料。共一百三十页。

资兴县土地呈报编

民国三十一年（1942）编。收录资兴县内山林、耕地、旱土等情况。铅印本，共八十七页。

县政府有关军事、地下武装、粮食、贷款、瑶岗仙矿资料集

民国三十二年（1943）资兴县政府编。收录县政府有关军事、地下武装、粮食、贷款、瑶岗仙矿等材料。手写本。

县政府关于健康运动实施办法

民国三十二年（1943）编。收录县政府关于健康运动实施办法。

县政府人事机构、军事、社会治安、游击队活动教育等资料集

民国三十三年（1944）资兴县政府编。收录县政府人事机构、军事、社会治安、游击队活动教育等情况。手写本，共五十八页。

清代、民国时期涉及资兴山林、田土、矿产等契约

民国三十三年（1944）编。收录清代、民国时期涉及资兴山林、田土、矿产等契约。手写本，共三十二页。

县参议会一届一、二、三次会议辑览

民国三十五年（1946）资兴县政府编。收录县参议会一届一、二、三次会议资料。铅印本，共二百六十二页。

县参议会提案和决议案

民国三十五年（1946）资兴县政府编。收录资兴县参议会各项工作提案和决议案。铅印本，共一百一十四页。

县国民党执委会党务干部训练讲义集

民国三十五年（1946）资兴县政府编。收录资兴县国民党执委会民国三十五年党务干部训练讲义。油印本，共二百七十页。

县政府工作计划和工作报告

民国三十六年（1947）资兴县政府编。收录资兴县政府工作计划和工作报告。油印本，共七十八页。

县政府有关社会治安、兵役、壮丁、会议、机构、人事、公路、医药、政法文件集

民国三十六年（1947）资兴县政府编。收录县政府有关社会治安、兵役、壮丁、会议、机构、人事、公路、医药、政法等资料。油印本，共一百六十三页。

县政府经费开支、灾情救济、教育、农贷、建房等文件集

民国三十六年（1947）资兴县政府编。收录县政府经费开支、灾情救济、教育、农贷、建房等情况。手写本，共一百五十三页。

县参议会第一届第四、五、六次会议资料以及议员、县参议会关于纠纷处理、土地、田赋、交通、卫生等工作概况

民国三十六年（1947）编。收录民国三十六年县参议会第一届第四、五、六次会议资料，以及议员、县参议会关于纠纷处理、土地、田赋、交通、卫生等工作概况。铅印本，共四百五十六页。

县交通、邮电通讯等情况集

民国三十六年（1947）资兴县政府编。收录资兴县交通、邮电通讯情况。油印本，共九十一页。

县政府民社党有关选举、救灾、党章简史等材料集

民国三十六年（1947）资兴县政府编。收录县政府民社党有关选举、救灾、党章简史等材料。油印本，共六十二页。

县参议会会议、活动辑萃

民国三十七年（1948）资兴县政府编。收录县参议会第八、十二、十三次会议记录，收录县参议会关于人事、机构、社会治安、公路、学校等工作情况。铅印本。

资兴县教育概况调查表

民国三十七年（1948）资兴县教育科编。湖南省志教育志资料，民国三十七年八月填写。分别为清代资兴科举制度、清末兴学迄民国三十七年之资兴教育概况。油印本，一册。湖南图书馆亦有收藏。

县政府施政计划、工作报告

一九四九年资兴县政府编。收录县政府施政计划、工作报告、社会治安、人事机构、军事武器、粮食救济等工作材料。油印本。

县参议会会议录

一九四九年资兴县政府编。收录县参议会会议及有关机构、人事、粮食、教育、经费、社会治安等工作情况。手写本。

政府教育基金会关于教育学租公户册

一九四九年资兴县政府编。收录资兴县政府教育基金会关于教育学租公户册。铅印本，共一百二十二页。

私立乐成中学同学录

一九四九年编。收录资兴县政府私立乐成中学同学基本情况。铅印本，共三十九页。

资兴瑶族史

记载资兴县瑶族居住、文化、风情等历史沿革。铅印本，共九十四页。

论及旧市乡战国墓及探讨

论及资兴县旧市乡战国墓相关情况。抄本，共一百四十二页。

资兴县历史灾情简介

介绍民国时期资兴重大旱灾、洪灾、虫灾、瘟疫等灾情。油印本，共五十页。

资兴先贤著作调查表

资兴县文献委员会编。记录资兴县先贤人物著作的相关情况。民国间抄本。

（五）桂阳县档案馆

桂阳县公立中学校概览

民国二年（1913）桂阳县公立中学编。收录桂阳县公立中学校布局、面积、校舍、开设科目、开设年级、教师档案、教师工资表、学生档案、收费情况等。手写本，全书四十多页，桂阳县藏家刘虎收藏。

湖南省高等法院桂阳分院有关公文

民国十九年（1930）湖南省高等法院桂阳分院编印。为民国十八年十二月至十九年五月湖南高等法院桂阳分院有关公文。收录『高院令转修正国府军用运输护照规则』『高院令转司法院特许私立法校设立规程』，以及『高院令知渔业法、高院令知票据法、高院令知工厂法、高院令转会计师条例、高院令转度量衡民国十九年一月一日施行』等五十多个公文，公文涉及郴州诸多事项。共一百一十八页。

湖南六十八县（含郴州桂阳县、郴县、嘉禾县等）自治调查办公处调查笔记

民国二十年（1931）编。根据湖南六十八县（含郴州桂阳县、郴县、嘉禾县等）自治调查办公处之调查笔记编辑而成，分五类：地理、政治、文化、风俗、物产。湖南和济印制公司印制，铅印本，共两册，每册二百一十六页。

桂阳县教育概览

民国二十一年（1932）桂阳县教育局编。收录民国十七年至二十一年桂阳县教育行政、教育状况、教育经费、党义教育等内容。铅印本，全书分四编，共一百三十页。

资兴县立中学学校简介、师生名册

民国三十四年（1935）编。收录学校简介、师生名册。抄本，共二十四页。

湖南省第八区乡镇组训干部训练班同学录

民国二十七年（1938）编。含郴县、桂东、汝城、永兴、资兴、临武、蓝山等籍贯学员名册。抄本，共三十二页。

湖南省高等法院桂阳分院财务表册

民国二十九年（1940）湖南省高等法院桂阳分院编。收录民国二十九年（1940）湖南省高等法院桂阳分院有关账务表册，含桂阳地方法院俸薪表、财务总平准表、现存物品表、财产减损表、甲种收支报告、岁出决算

表等。共十三页。

桂阳县国民教育师资短期训练班同学录

民国二十九年（1940）编。含师生名册，抄本，共八页。

桂阳县国民党执委会训令

民国二十九年（1940）桂阳县执委会编。收录桂阳县执委会民国二十九年至三十七年之间的重要工作事件。共一百页。

桂阳县立乡村师范学校同学录

民国三十一年（1942）编。抄本，共十八页。

湖南省桂阳县地方行政干部训练所乡干组第二期同学录

民国三十一年（1942）编。含所本部、教官、第一中队、第二中队结业学员，第一中队学员、第二中队学员名册。抄本，共二十页。

桂阳教育

民国三十二年（1943）编。含教育论文四篇、桂阳县教育公文五篇、湖南省教育公文二篇、国内教育要闻二篇、省内教育要闻八篇、各县教育要闻二篇、本县教育要闻三篇。油印本。共四十三页。

桂阳县屯备军粮集中实施计划草案

民国三十二年（1943）桂阳田赋粮食管理处编。内容有民国三十一年度军粮集中座谈扩大宣传会议记录、民国三十一年度军粮集中实施计划草案等公文。共十八页。

桂阳县粮食收支配发情况

民国三十三年（1944）编。收录桂阳县镇中、五美、福泉、两和、善义、嘉事、大新、两义、人靖、潭源、雁通、东路、中正、福寿、三义、东镇、清靖、燕善、辅正等乡镇粮食收支配发情况。共九页。

桂阳县立乡村师范学校同学录

民国三十四年（1945）编。民国三十四年简师二班、十三班同学录。抄本，共三十页。

湖南省高等法院桂阳分院人事法令汇编

民国三十五年（1946）湖南省高等法院桂阳分院编印。内容有考试、任用、俸给、考核、请假、退休抚恤、惩戒、律师法令、人事机构计划报告、人事汇报。油印本，十册，共一百二十页。

桂阳县兴贤堂公文

收录民国三十五年至三十七年（1946—1948）桂阳县推定『兴贤堂』委员的函、票选骆明夫为『兴贤堂』财管委员的报告和聘书、推选史修德为『兴贤堂』财管委员的报告和批复、『兴贤堂』各团乡选举名册等。共一百二十一页。

县参议会各参议员就职宣誓誓词、桂阳县参议员姓名表、桂阳县参议员暨乡镇民代表会主席一览表

民国三十五年（1946）桂阳县参议会编。收民国三十五年桂阳县参议会各参议员就职宣誓誓词、桂阳县参议员姓名表、桂阳县参议员暨乡镇民代表会主席一览表以及各类函件。共四十六页。

桂阳县度量衡检定布告

民国三十五年（1946）桂阳县政府编。记载民国三十五年至三十七年桂阳县政府有关度量衡检定报告、民国三十六年七至十二月度量衡器具检查结果统计调查情况、如期检定量器的布告等。共三十一页。

桂阳县禁烟禁毒有关公文

民国三十五年（1946）桂阳县政府编。为桂阳县县长向湖南省政府民政厅汇报禁烟禁毒情况、县政府禁烟方法执行、县政府致各乡镇公所对肃清烟毒查得毒品及处理办法的代电、桂阳县提前肃清烟毒计划等。共八十页。

《桂阳民报》

民国时期《桂阳民报》三份，民国三十五年（1946）五月二十日第一百三十五期、民国三十五年五月二十三日第一百三十六期、民国三十七年元月二十五日第□□期，含国内外新闻、桂阳本地新闻、本地政府政令、公告等。油印本。

桂阳县政府工作报告书

民国三十六年（1947）桂阳县政府编。内容有桂阳县政府民国三十六年三月至五月行政、财政、教育、建设、军事、会计等六大部门的工作报告。共十三页。

桂阳县田赋粮食管理处报告书

民国三十六年（1947）汪克刚（田赋粮食管理处处长）编。内容含田赋粮管工作报告书、粮仓租金支付清单等表册。油印本，共七十九页。

桂阳县矿业表册

民国三十六年（1947）编。内容有省政府建设厅关于电催报民国三十五年矿业明细表的代电、县政府关于遵令填实本县宝山铅业及复兴煤业明细表代电、民国三十五年至三十六年矿业生产情形报表等。共十三页。

县人民团体情况报告

民国三十六年（1947）编。收录桂阳县新闻记者工会、中华民国法学会湖南省分会桂阳县支会、县总工会、县理发业职业工会、县缝纫职业工会、县制皮业职业工会、县煤矿业职业工会、县木器业职业工会、县油漆业职业工会、县轿兴业职业工会等人民团体情况。共十四页。

桂阳县国民身份证公文

民国三十六年（1947）编。为桂阳县有关国民身份证公文，含领取国民身份证的报告及清册、国民身份证加盖印信的报告及指示、国民身份证检查办法、制发国民身份证概况调查等。共七十九页。

国民大会代表桂阳县选举事务公文卷

民国三十七年（1948）桂阳县政府编。收民国三十六年至三十七年国民大会代表桂阳县政府选举事务公文，含桂阳县各乡镇投票所报告书、国民大会代表桂阳县选举事务选举函件。共十八页。

各级学校招生简章、报考新生名册及试卷

民国三十七年（1948）桂阳县政府编。收录各级学校招生简章、报考新生名册及试卷和成绩。共一百三十三页。

湖南私立鉴湖初级中学学校概况及规程

民国三十七年（1948）编。含鉴湖初级中学学校平面图、学校简介、学校宗旨、学制、学科学分、行政组织、课外活动、教育方针、学生规约等内容。油印本，共一百三十四页。

桂阳县自卫队表册

民国三十七年（1948）桂阳县自卫队编。内容有自卫总队、中队、常备大队杂费谷表及官兵薪饷情况等。共一百页。

桂阳县清追赋谷委员会公文

民国三十七年（1948）桂阳县清追赋谷委员会编。含县政府成立清追赋谷委员会会议录、清赋委员会奉令指定本会组成人员的公函、奉令更名为桂阳县赋谷亏欠清查委员会代电。共十一页。

民国三十七年桂阳县耕地人口及粮食产销盈亏数量调查

民国三十七年（1948）桂阳县政府编。内容为桂阳县耕地人口及粮食产销盈亏数量调查情况，民国三十七年度耕地人口及粮食产销盈亏调查表请签核的代电等。共五页。

民国三十七年县政府有关修建郴资桂公路的公文

民国三十七年（1948）桂阳县政府编。为有关修建郴资桂公路的公文，含奉令拨用积谷、郴资桂工程报告、奉何专员函催拨用郴资桂公路铺砂积谷的报告、令各乡镇公所为修郴资桂公路谷五百担由积谷项下动支的通知、请指派工程人员来指导修筑桂道公路的函等。共七十九页。

桂阳县工业概况

民国三十七年（1948）桂阳县政府编。为有关工业类公文，含省公务统计工业概况报告、定期召开县政会议处理民生工厂残余布匹函等。共十七页。

桂阳县救济院公文

民国三十七年（1948）桂阳县救济委员会编。收录民国三十七年（1948）桂阳县救济院呈领运送物资和付运费的报告、桂阳县救济院关于募捐的报告、救济物质变质变价处理的报告等。共十三页。

桂阳县冬令救济委员会提案

民国三十七年（1948）桂阳县冬令救济委员会编。含桂阳县冬令救济委员会会议提案、冬令救济工作汇报、冬令救济实话概况报告表、冬令救济委员会会议记录。共五十页。

桂阳县团管区国民兵训练情况调查

民国三十七年（1948）桂阳县政府军事科编。记载民国三十七年（1948）桂阳县团管区陆军二〇五师在桂阳招收新兵、国民兵训练情况调查报告等。共八十六页。

桂阳县自卫队情况概览

民国三十七年（1948）桂阳县政府军事科编。收民国三十七年桂阳县自卫队有关呈报的报告、限期完成自卫组织训练的通知、队部官佐业务分配表、递步哨图、情报网络图、建立地方自卫武力组织系统表等。共一百九十一页。

桂阳县兵要地志调查

民国三十七年（1948）桂阳县政府军事科编。内容有桂阳县山岭地势、县城及主要乡镇、卫生机构、森林、邮电、气象、道路、河流等调查内容。共十六页。

青年儿童庆祝民国三十七年双十节概况

民国三十七年（1948）桂阳县政府编。收录举办双十节各项青年竞赛项目与儿童趣味活动以及竞赛拿奖人员名单。共十八页。

桂阳县简易师范学校同学录

民国三十七年（1948）编。为民国三十七年简师毕业班同学录。抄本，共二十页。

桂阳县简易师范概览

一九四九年编。内容为一九四九年桂阳县简易师范教职员工、学校概况、学生概要等情况。共五十页。

湖南省桂阳县国民兵团保队干部训练班同学录

一九四九年编。含本部、教官、第一中队、第二中队、结业学员名册。抄本，共十七页。

桂阳县政府军事科调训自卫兵实施办法

一九四九年桂阳县政府军事科编。含衡阳警备司令部应变注意事项规定、桂阳县政府军事科颁发调训自卫兵实施办法、警察第一中队调回防守以策安全通知、撤销自救会通知、各县治安情形应随时具报规定等。共十七页。

桂阳县民枪管理实施办法

一九四九年桂阳县军事科编。收一九四九年桂阳县政府军事科有关民枪管理公文，含桂阳县政府关于民枪管理实施办法的命令、桂阳县政府自卫总队部编组各乡镇民枪管理实施办法、衡阳警务司令关于私有枪支应借于各当地自卫队的命令等，共十五页。

桂阳县青年党概况

一九四九年编。内容为民国三十一年至一九四九年桂阳县青年党概况，青年党产生及组织、工作及活动、组织系统表等。共六页。

桂阳县示意图

一九四九年桂阳县党部编。收录国民党三青团桂阳县党部示意图、桂阳县政府行政系统图、桂阳县政府会议图式、国民党桂阳县党部直属区党部、区分部示意图、国民党桂阳县党部直属县政府、法院、警察局、民教馆、总工会、县商会、捐税处、律师工会、干训所、简易师范、县中、省三职、流中、筹备处、改组委员会、指导委员会示意图。共三十七页。

桂阳县戡乱委员会组织规程、建国宣誓大会情况汇报

记载下达桂阳县戡乱主任委员会任务的县长令、桂阳县戡乱建国动员委员会组织规程、桂阳县举行戡乱建国宣誓大会情况汇报的县政府代电等。共六十七页。

桂阳县行政区划图、桂阳县城市地图

手绘图，民国时期桂阳县行政区划图二份、民国时期桂阳县城市地图一份（比例尺 1：5000）。

桂阳县政府民国三十五年施政计划

内容涉及桂阳县县政府关于民政、财政、粮政、建设、警务、军事六类施政计划。共三十四页。

（六）宜章县档案馆

告全县农民书

李文香撰。李文香（1879—1927），字薰圃，又名佐民。宜章县人。民国十三年（1924）加入中国共产党，十四年任中共宜章县地方执行委员会书记时所撰。十六年五月就义于宜章县城。

关于开山寺认捐田亩经过情形呈赍鉴核函

民国三十一年（1942）宜章县政府编。收录开山寺认捐田亩情况。共六十八页。案卷号：第51号。

对本年度教育应办重要事项及实施方案

民国三十一年（1942）宜章县政府编。收录宜章县民国三十一年对本年度教育应办重要事项及实施方案的指示。共三十九页。案卷号：第65号。

宜章县关于国民教育研究会成立的指令

民国三十二年（1943）宜章县政府编。收录宜章县国民教育研究会的组织情况。共八十八页。案卷号：第09号。

宜章县举办小学教员福利事业实施计划

民国三十二年（1943）宜章县政府编。收录宜章县民国三十二年小学教育福利实施计划。共二十四页。案卷号：第09号。

宜章县关于各乡校清贫学生家境贫困免费入学的批示

民国三十二年（1943）宜章县政府编。收录县政府对国民学校贫困学生免费入学的批示。共六十八页。案卷号：第 18 号。

省、县政府关于商业商品购销汽车器材、棉类价格等问题的指令

民国三十二年（1943）宜章县政府编。收录县政府关于购销汽车器材进口记账手续、棉类价格等问题的指令。共二十三页。案卷号：第 34 号。

省、县政府教育厅关于学校经费建设、查禁书报等问题的训令

民国三十二年（1943）宜章县政府编。收录宜章县关于学校经费建设、招生及查禁书报等情况。共八十六页。案卷号：第 45 号。

转颁师范学校童子军教育及简易师范学校童子军课程标准仰遵照函

民国三十二年（1943）宜章县政府编。收录宜章县民国三十二年师范学校童子军教育课程标准。共四页。案卷号：第 89 号。

关于切实办理民众学校的公文

民国三十二年（1943）宜章县政府编，收录宜章县民国三十二年关于切实办理民众学校的指示。共十四页。案卷号：第 116 号。

奉颁发学生服兵役及限制入校资格补充办法

民国三十二年（1943）宜章县政府编。收录民国三十二年本县学生服兵役及入校资格审查办法。共十六页。案卷号：第162号。

奉厅令汇报实施小学国语等课程标准结果形式仰遵照函

民国三十二年（1943）宜章县政府编。收录宜章县民国三十二年小学国语等课的课程标准。共一页。案卷号：第165号。

宜章县推行国民教育计划要点

民国三十二年（1943）宜章县政府编。收录宜章县民国三十二年推行国民教育计划的要点。共三页。案卷号：第185号。

关于增加筹集中心学校田产以固基金而利教育的议案

民国三十二年（1943）宜章县行政会议编。收录县政府议会关于增加筹集中心小学田产达到实谷四百石以利教育的议案。共三十一页。案卷号：第193号。

抄发『新生活运动』各项纲要及办法令仰遵照函

民国三十二年（1943）宜章县政府编。收录『新生活运动』的方案及材料。共二十一页。案卷号：第233号。

宜章县关于推进国民社会教育的代电

民国三十三年（1944）宜章县政府编。收录宜章县民国三十二年至三十三年增加督学小学教师考试检定及推进国民社会教育方面情况。共一百一十四页。案卷号：第47号。

县政府教育工作情况的报告

民国三十三年（1944）宜章县政府编。收录宜章县民国三十三年关于教育经费、国民教育、中等教育、社会教育、师资、图书检查的工作报告。共六页。案卷号：第249号。

宜章县镇南、镇东等乡公所中心学校受领公粮证明册

民国三十四年（1945）宜章县政府编。收录镇南、镇东、白秀、岑南、白石、金华等乡中心小学受领公粮的情况。共八十三页。案卷号：第03号。

督学视导学校状况的报告

民国三十五年（1946）宜章县政府编。收录宜章县民国三十五年督学视导学校状况的报告。共四十二页。案卷号：第150号。

督学各级学校视导报告

民国三十五年（1946）编。收录民国三十五年金泉、秀峰、镇东、镇北乡等各级学校视导报告。共九十三页。案卷号：第180号。

呈请教育厅核发邹升恒为简师校长的服务证明书

民国三十五年（1946）宜章县政府编。收录县政府呈请教育厅核发邹升恒为简师校长的服务证明书。共二十二页。案卷号：第240号。

宜章县关于校长任职护校请愿的指令

民国三十六年（1947）宜章县政府编。收录宜章县各中心国民学校校长的任职与校产的维护等情况。共六十一页。案卷号：第01号。

呈改县各中心国民学校随乡调整情形准予备查函

民国三十六年（1947）宜章县教育局编。收录宜章县民国三十六年国民中心学校随乡调整情况。共二十七页。案卷号：第01号。

省教育厅专署宜章县关于县立简师毕业生成绩统计、招生转学问题的训令

民国三十六年（1947）省教育厅编。收录县立简师毕业生成绩统计及转学等问题。共九十五页。案卷号：第02号。

省督学视导宜章社会教育及办理情况的报告

民国三十六年（1947）宜章县政府编。收录省督学视导宜章社会办学情况。共十八页。案卷号：第03号。

筹集国民学校基金注意事项仰切实遵照函

民国三十六年（1947）宜章县政府编。收录民国三十六年度筹集国民学校基金的注意事项。共七十二页。案卷号：第05号。

宜章县扩大乡镇事宜的请示

民国三十六年（1947）宜章县政府编。收录宜章县民国三十六年扩大乡镇事宜的请示。共十七页。案卷号：第64号。

宜章县国民教育统计及社会教育概况

民国三十六年（1947）县教育局编。收录宜章县民国三十六年本县国民教育统计及社会教育概况。共二页。案卷号：第100号。

宜章县民国三十六年成立石工业职业工会的情况

民国三十六年（1947）宜章县政府编。收录宜章县民国三十六年成立石工业职业工会的情况。共十四页。案卷号：第129号。

省、县政府教育厅关于国民教育简师招生的训令

民国三十六年（1947）宜章县政府编。收录宜章县关于国民教育简师招生的情况。共一百五十七页。案卷号：第157号。

督学视导各乡学校概况及国民教育考核概况

民国三十六年（1947）宜章县政府编。收录金华、白秀、岑南等乡学校的教员和学生的基本情况及国民教育考核情况。共一百二十二页。案卷号：第187号。

宜章县校友录

民国三十六年（1947）宜章县立简师编。收录民国三十六年宜章县各教职员工基本情况，收录各班学生基本情况。共三十八页。案卷号：第259号。

为宜章县名胜古迹古物调查表等项已赍呈鉴核函

民国三十七年（1948）宜章县政府编。收录宜章县民国三十七年本县名胜古迹古物调查登记情况。共二十三页。案卷号：第05号。

为公立医院之医药费收据准免纳印花税一案转仰知照函

民国三十七年（1948）宜章县国税局编。收录公立医院药费收据免纳印花税情况。共五十八页。案卷号：第05号。

章县民国三十七年县级生活指数情况

民国三十七年（1948）宜章县政府编。收录宜章县民国三十七年县级生活指数情况。共一百三十页。案卷号：第05号。

省教育厅宜章县关于县立简师学校的指令代电

民国三十七年（1948）宜章县政府编。收录宜章县简师民国三十五年至三十七年有关情况。共一百六十七页。案卷号：第13号。

县立中学经费、印信、理化药品移交清册

民国三十七年（1948）宜章县政府编。收录县立中学经费、印信、文卷、理化药品的有关移交情况。共一百二十三页。案卷号：第29号。

宜章县收容部派豫鲁学生会会议记录

民国三十七年（1948）宜章县政府编。收录宜章县关于收容部派河南山东会议记录一份。共十七页。案卷号：第30号。

关于修正粮食调剂办法仰遵办函

民国三十七年（1948）宜章县政府编。收录宜章县民国三十七年关于修正粮食调整办法。共二十二页。案卷号：第30号。

宜章县各中心国民学校概况

民国三十七年（1948）宜章县政府编。收录宜章县民国三十七年中心国民学校概况。共一百五十二页。案卷号：第45号。

宜章县关于下半年征兵注意事项的布告

民国三十七年（1948）宜章县政府编。收录宜章县民国三十七年下半年征兵注意事项的布告。共五十七页。案卷号：第49号。

宜章各乡水灾灾情报告及暂禁谷出境的电令

民国三十七年（1948）宜章县参议会编。收录准省参议会电转湖南同乡水灾救济会电各地速报灾情并暂禁谷出境有关事项，宜章各乡水灾灾情报告及暂禁谷出境的情况。共一页。案卷号：第197号。

为保证国防部测量粤汉铁路一带仰遵照函

民国三十七年（1948）宜章县政府编。收录县政府为保证国防部测量粤汉铁路提出的有关要求。共七十一页。案卷号：第197号。

呈赍三十七年度筹集国民教育资金数量册

民国三十七年（1948）宜章县政府编。收录近城乡、白沙乡筹集教育基金数据。共三页。案卷号：第206号。

县立中学后山公有荒地拟请拨改为该校林场等情况请核议案

民国三十七年（1948）宜章县政会议编。收录县立中学后山荒地拨给该校做林场的议案。共二十九页。案卷号：第206号。

省、县政府关于寺庙登记的代电

民国三十七年（1948）宜章县政府编。收录宜章县民国三十五年至三十七年各寺庙的基本情况。共三页。案卷号：第215号。

关于民教馆工作方面的训令

一九四九年宜章县政府编。收录有一九四九年宜章县民教馆的文件。共二页。案卷号：第11号。

民众教育馆工作概况

一九四九年宜章县政府编。收录民众教育馆的工作情况。共八十五页。案卷号：第11号。

省、县政府教育厅关于师范毕业学生分配工作情况的代电

一九四九年宜章县政府编。收录县政府关于民国三十七年至一九四九年师范毕业生分配工作的情况。共六十一页。案卷号：第36号。

县政府继续办理土著民族学校的请示

宜章县政府编。收录县政府办理少数民族学校的有关请示。共八页。案卷号：第24号。

社会教育机关概况报告表

宜章县政府编。收录民众教育馆、公共体育场的地址、组织概况、主管人、成员数量、经费、图书册数、仪器件数及价格情况。共二页。案卷号：第 237 号。

促进注音国字推行办法

宜章县教育局编。收录宜章县关于促进注音国字的推行方案。共一页。案卷号：第 242 号。

推行家庭教育办法

宜章县教育局编。收录推行家庭教育的十四条办法。共六页。案卷号：第 242 号。

（七）永兴县档案馆

小南海玄坛规章制度、祝寿文稿

民国十五年（1926）永兴县政府编印。收录有关小南海玄坛制定规章条目及祝寿文稿。共六十四页。案卷号：第 2 卷第 346 号。

永兴三区国民党党部常委颁发通告、指令、公函

民国十八年（1929）永兴县政府编印。收录民国十八年本县三区国民党党部常委发的通告、指令、公函等。共一百四十页。案卷号：第 2 卷第 302 号。

复修孔庙筹委会账记簿

民国十九年（1930）永兴县政府编印。收录捐款人姓名、钱数和时间情况。共五十八页。案卷号：第2卷第238号。

乡镇农会工作概览

民国二十三年（1934）永兴县政府编印。收录该县乡农会会员职员名册、工作概况、理监事分工等训令。共二十六页。案卷号：第 2 卷第 407 号。

新生农林场有关规则、报告、批复

民国二十五年（1936）永兴县政府编印。收录民国二十二年至二十五年有关新生农林场登记事项的报告批示、令私立新生农场场长迅速培育林苗以便植树的训令等。共二十七页。案卷号：第 2 卷第 312 号。

县所辖保甲与人口调查表、兵要地理材料的调查事项、各月份温度比较情况

民国二十八年（1939）永兴县政府编印。收录本县所辖保甲与人口调查表、关于兵要地理材料的调查事项、各月份温度比较情况。共六十四页。案卷号：第 2 卷第 279 号。

征收房铺捐

民国二十九年（1940）永兴县司法处编印。收录关于房屋铺捐的文卷。共九十七页。案卷号：第2卷第686号。

关于财务决算办法的训令

民国二十九年（1940）永兴县财经处编印。收录民国二十八年至二十九年决算办法的训令，民国二十七年上半年度、民国二十八年度决算书。共三十九页。案卷号：第 2 卷第 1790 号。

关于田赋管理及土地呈文

民国三十年（1941）永兴县司法处编印。收录关于田赋管理及土地呈报的文卷。共四十四页。案卷号：第 2 卷第 690 号。

省、县政府有关乡镇长检定办法、人员后任乡镇长名册、改选布告

民国三十年（1941）永兴县政府民政科编印。收录省、县政府有关乡镇长检定办法、人员后任乡镇长名册、改选布告。共一百四十二页。案卷号：第 2 卷第 1585 号。

县长出巡工作日记

民国三十一年（1942）永兴县政府编印。收录有关县长出巡工作日记、呈报出巡日期的代电。共十页。案卷号：第 2 卷第 310 号。

有关工商团体等同业工会事项

民国三十一年（1942）永兴县政府编印。收录各商业团体应行照办事项、商会及各重要商会同业工会章程、姓名业务报表的训令。共三十九页。案卷号：第 2 卷第 405 号。

战时管理合作金融办法的训令

民国三十一年（1942）永兴县财经处编印。收录民国三十年至三十一年乡县银行业务督导处组织与规程、战时管理合作金融办法的训令。共十五页。案卷号：第 2 卷第 1793 号。

县农林场、苗圃组织章程及调查表

民国三十一年（1942）永兴县财委编印。收录民国三十年至三十一年农业推广所组织大纲暨县农林场组织章程、省辖及县有林场苗圃调查表。共五十五页。案卷号：第 2 卷第 1834 号。

成立县农业推广所指令、私立船山高级农职校毕业学生名册

民国三十一年（1942）永兴县财委编印。收录呈报成立县农业推广所暨请追加预算呈文、私立船山高级农职校毕业学生名册、县农林推广所成立的指令。共六十三页。案卷号：第 2 卷第 1835 号。

国民党省党部十一中（三中）区部党务工作的训令

民国三十二年（1943）国民党湖南省直属第三中学区分部编印。收录民国二十九年至三十二年湖南省党部直属十一中学、区乡部党员名册，党员总考核办法，各级党部执监委员就职宣誓条例，党员监察岗组织纲要、施行细则等。共一百七十七页。案卷号：第 2 卷第 166 号。

永兴县有关参议规则、选举办法

民国三十二年（1943）永兴县政府民政科编印。收录民国三十一年至三十二年本县有关选举参议员、候选人履历，各乡代表名册和省民政厅关于参议规则、检覆、办法、选举，选举参议员当选人及候补人等人的名单。共一百八十八页。案卷号：第 2 卷第 1588 号。

湖南《国民日报》涉永兴资料汇集

民国三十二年（1943）永兴县政府民政科编印。收录民国二十九年至三十二年湖南《国民日报》的指令、涉及永兴的调查表及有关新闻报道。共一百二十八页。案卷号：第 2 卷第 1610 号。

各乡人民要求免缓兵役的报告

民国三十二年（1943）永兴县政府军事科编印。收录民国三十年至三十二年各乡允以缓役、不能服役、换役等报告。共一百八十六页。案卷号：第 2 卷第 1635 号。

积极推广种植棉花的训令、农业推广所工作报告

民国三十二年（1943）永兴县财委编印。收录积极推广种植棉花的训令、农业推广所工作报告等。共七十页。案卷号：第 2 卷第 1838 号。

禁烟、防疫、运动会宣传资料集

民国三十二年（1943）永兴县财委编印。收录有关清洁大扫除及防疫宣传会议录，召开『六三』禁烟纪念会、扩大禁烟宣传纪念周事宜，第五届全县运动大会竞赛规程。共二十五页。案卷号：第 2 卷第 1854 号。

乾道正册第六号

民国三十三年（1944）永兴县政府编印。收录乾道人员姓名、年龄、籍贯、通信处、职业等。共一百页。案卷号：第 2 卷第 267 号。

县政府有关田粮工作的报告、学租收储暂行法则

民国三十三年（1944）永兴县政府编印。收录关于请示县政府宾兴常学田另请夫耕作的报告、学租收储暂行法则、县教育学租报告单等。共八十四页。案卷号：第 2 卷第 291 号。

县政府、会计室有关会计制度修订印发的训令

民国三十三年（1944）永兴县政府编印。收录民国二十九年至三十三年选派从事会计事务人员来府研讨单位会计实务的训令、有关会计制度经修订印发的训令。共八十八页。案卷号：第 2 卷第 354 号。

妇女组织会议记录、妇女会会员名册、妇女会章程准则

民国三十三年（1944）永兴县政府民政科编印。收录民国二十三年至三十三年妇女组织会议记录、妇女会会员名册、妇女会章程准则。共一百零二页。案卷号：第 2 卷第 1591 号。

各乡镇造产计划表、造产计划呈文、乡镇造产筹备会议代电及造产计划指令

民国三十三年（1944）永兴县政府民政科编印。收录各乡镇造产计划表、造产计划呈送卷、乡镇造产筹备会议的代电及造产计划指令。共一百四十五页。案卷号：第 2 卷第 1614 号。

成立船员、中医工会、纺织业工会概况

民国三十三年（1944）永兴县政府民政科编印。收录民国二十九年至三十三年县民船船员工会、中医工会纺织业工会章程、高亭司职业会职员会员名册。共一百零四页。案卷号：第 2 卷第 1619 号。

农林场工作概况

民国三十三年（1944）永兴县财委编印。收录本县农林场民国三十一年移交清册、农业推广所民国三十二年工作月报备查的资料。共八十页。案卷号：第 2 卷第 1842 号。

户籍整理办法

民国三十四年（1945）永兴县政府编印。收录呈复各保选举人超过户籍册总数原因等情指令及户籍整理办法。共四十三页。案卷号：第 2 卷第 413 号。

县参议会第一届第一次会议记录、学租暂行办法

民国三十四年（1945）永兴县政府编印。收录本县参议会第一届第一次会议记录、学租暂行办法。共十八页。案卷号：第 2 卷第 424 号。

乡保图册的规定、章程

民国三十四年（1945）永兴县政府民政科编印。收录民国三十一年至三十四年永兴各乡保图记、乡镇规程。共一百零三页。案卷号：第 2 卷第 1616 号。

中国兵站制度沿革及现制概要

民国三十四年（1945）永兴县政府军事科编印。收录军委关于兵站制度有关资料、汽车油料补给系统表例，兵站统监部编制表。共三十四页。案卷号：第 2 卷第 1692 号。

奉转减免规程训令

民国三十四年（1945）永兴县政府财政科编印。收录民国二十九年至三十四年奉转减免规程的训令函请各单位造名册购役粮食的公函、处务会议的通报。共一百六十九页。案卷号：第 2 卷第 1727 号。

永兴县教育产款学款草图

民国三十五年（1946）永兴县政府编印。收录本县教育产款学款草图。共二十七页。案卷号：第 2 卷第 189 号。

总办公厅值日记录

民国三十五年（1946）永兴县政府编印。收录总办公厅值日时间、温度、天气、值日人员、记事、人事、交代事项等。共四十页。案卷号：第 2 卷第 240 号。

武汉行辕、高亭司站、华中军区合作运输队、长沙绥靖公署代电调查大纲

民国三十五年（1946）永兴县政府编印。收录民国二十一年至三十五年间给本县县长关于兵要地志速修公路的代电、征兵收入收据、军民合作站仓库运输队组织大纲、兵要地志调查大纲。共六十八页。案卷号：第 2 卷第 273 号。

关于教育田产处理办法的训令

民国三十五年（1946）永兴县政府编印。收录民国三十四年至三十五年土地编查通知单、关于教育田产处理办法的训令、付给各学校的领条等。共三十九页。案卷号：第 2 卷第 283 号。

行政联席委员会议记录

民国三十五年（1946）永兴县政府编印。收录行政联席委员姓名和会议内容，处理案件的案由、理由、法辩、决议。共十四页。案卷号：第 2 卷第 305 号。

呈请领采煤矿的批示、县财政兵团教育宣传工作事项、茶叶运销合作指导手册

民国三十五年（1946）永兴县政府编印。收录民国二十七年至三十五年据呈请领采煤矿的批示、有关团泰平乡队壮丁名册、抗日自卫歌一首、茶叶运销合作指导手册等。共七十一页。案卷号：第 2 卷第 313 号。

县政府、邮局、蓄储会有关为严催解缴节约储蓄款的代电

民国三十五年（1946）永兴县政府编印。收录民国三十二年至三十五年严催解缴节约储蓄款的代电、函送业务表的公函等。共三十六页。案卷号：第 2 卷第 364 号。

保民大会议事规则、保民大会概况

民国三十五年（1946）永兴县政府民政科编印。收录民国三十三年至三十五年保民大会议事规则、本县保民大会概况。共一百一十六页。案卷号：第 2 卷第 1593 号。

各机关会计报告送审办法的代电

民国三十五年（1946）永兴税捐处编印。收录民国三十五年会计簿表印刷代电、各机关会计报告送审办法。共十页。案卷号：第2卷第1766号。

本县节约储蓄第一次劝储会议议案的代电、强制储蓄条例布告

民国三十五年（1946）永兴县财经处编印。收录民国三十二年至三十五年本县节约储蓄第一次劝储会议议案的代电、强制储蓄条例布告。共三十九页。案卷号：第2卷第1789号。

县税捐征处征收乡区屠宰税调整的训令

民国三十五年（1946）永兴县财经处编印。收录县税捐征处征收乡区屠宰税调整原则的训令。共三页。案卷号：第2卷第1800号。

县教育学租报表、承耕教育学田的承耕约、请求勘察的申请书

民国三十五年（1946）永兴县财委编印。收录民国十九年至三十五年县教育学租报表、承耕教育学田的承耕约、请求勘察的申请书。共四十五页。案卷号：第2卷第2012号。

嘉禾县政府推广冬种、禁伐森林、广种蔬菜的训令

民国三十五年（1946）嘉禾县政府编。收录嘉禾县推广冬季农作物及严禁滥伐森林的训令、民国三十四年冬季复耕办法、督导农民推行广种蔬菜的训令。共二十二页，存永兴县档案馆。案卷号：第13卷第379号。

永兴县各种组织机构概况及示意图

永兴县政府编。收录民国三十六年至一九四九年永兴县民社党、青年党、警察局、自卫总队等组织概况及部分人员基本信息。共三十四页。案卷号：第2卷第3号。

三青团省立萨比中分团筹备处成立宣言

民国三十六年（1947）三青团湖南省立三中分团编。收录民国二十八年到三十六年团部干事会组织条例、三民主义青年团湖南支团筹备处成立宣言、本校团员名册等。共九十四页。案卷号：第2卷第164号。

参议会第一届第七、八次常会记录

民国三十六年（1947）永兴县政府编印。收录参议会第一届第七、八次常会记录和参议员秘书室一览表。共三十五页。案卷号：第2卷第308号。

本行组织章程、发给小南海普渡坛的契约、军官训练队学术科教育课目分配表

民国三十六年（1947）永兴县政府编印。收录民国二十六年至三十六年有关本行组织章程、发给小南海普渡坛的契约、军官训练队学术科教育课目分配表等。共六十四页。案卷号：第2卷第314号。

有关示范农会实施办法

民国三十六年（1947）永兴县政府编印。收录民国三十三年至三十六年示范农会会员名册、启用图记日期及印模的指令、填造乡镇农会概况表的训令等。共六十二页。案卷号：第2卷第404号。

永兴县国大代表选举呈文

民国三十六年（1947）永兴县司法处编印。收录永兴国大代表选举的文卷。共七十五页。案卷号：第2卷第691号。

关于选举工作细则、规定及注意事项

民国三十六年（1947）永兴县政府民政科编印。收录国大代表选举投票办事细则、规则、注意事项。共一百四十九页。案卷号：第2卷第1595号。

县政府招考乡镇干事简章、招考户籍干事概况

民国三十六年（1947）永兴县政府民政科编印。收录民国三十一年至三十六年招考户籍干事名册、招考乡镇干事简章、户籍干事考试试卷。共一百三十页。案卷号：第2卷第1603号。

永兴社会团体调查

民国三十六年（1947）永兴县政府民政科编印。收录民国三十三年至三十六年社会团体主要负责人及社会动态等情况。共九十八页。案卷号：第2卷第1621号。

外国人在华购地的规定及地权清理办法的训令

民国三十六年（1947）永兴县政府民政科编印。收录民国三十五年至三十六年外国人在华购地的规定及地权清理办法的训令。共八十五页。案卷号：第2卷第1622号。

水文测查站员工服役办法规定、临时征兵竞赛办法的代电

民国三十六年（1947）永兴县政府军事科编印。收录民国三十年至三十六年水文测查站员工服役办法、规定，1946年临时征兵竞赛办法的代电，贯彻实施兵役杜绝弊端情况的法令。共一百八十七页。案卷号：第2卷第1631号。

关于游击战区募集壮丁办法、征集组织规则及征兵会议录

民国三十六年（1947）永兴县政府军事科编印。收录民国二十八年至三十六年本府召开各乡长乡队副各接兵部主官联席会议记录、本县民国三十年全县征兵会议出席会员名册、转发联保征兵协会组织规则。共五十一页。案卷号：第2卷第1639号。

县乡区屠宰税招标布告、秋季乡区屠税招标的代电

民国三十六年（1947）永兴县财经处编印。收录民国三十五年至三十六年本县乡区屠宰税招标布告、秋季乡区屠税招标的代电。共九十四页。案卷号：第2卷第1795号。

各乡公所迅速架设电线勿得借词推诿的代电、架设电线有关事项的命令

民国三十六年（1947）永兴县财委编印。收录各乡公所迅速架设电线勿得借词推诿的代电、关于架设电线有关事项的命令。共二十七页。案卷号：第2卷第1844号。

合作社成立概况

民国三十六年（1947）永兴县财委编印。收录民国三十二年至三十六年合作社创立会议记录及合作社个人社员情况。共八十一页。案卷号：第2卷第1850号。

组织巡回医疗队的代电、收复区土地权利清理办法

民国三十六年（1947）永兴县财委编印。收录有关组织巡回医疗队巡回各乡的代电、收复区土地权利清理办法等。共八十三页。案卷号：第2卷第1859号。

各县仓储谷按期限出仓办法代电、田粮处经费案代电

民国三十六年（1947）永兴县财委编印。收录各县仓储已签谷按期限出仓办法的代电、田粮处经费案的代电。共七十七页。案卷号：第2卷第1962号。

有关救济物资、营养发放清册

民国三十六年（1947）永兴县财委编印。收录接收救济物资数量表、中学部分营养发放清册、各乡小学领受救济物资清册。共二十八页。案卷号：第2卷第2070号。

永兴县电线器材管理清册

民国三十六年（1947）永兴县财委编印。收录民国二十八年至三十六年领取铅丝、电池、总机电油、电磁等器材接管移交清册。共一百四十八页。案卷号：第2卷第2144号。

委托县银行代理各医疗单位收支管理的代电

民国三十六年（1947）永兴县卫生局编印。收录委托县银行代理各医疗单位各项收支经费的代电、药品器材消耗及办公费单据按月报核的训令、据呈拨给寒炭费的指令。共二十三页。案卷号：第 2 卷第 2230 号。

县参议会第一届第五至八次会议记录

民国三十七年（1948）永兴县参议会编。收录民国三十五年至三十七年永兴县第一届第一到第八次会议记录，县参议会参议员、秘书室人员一览表。共八十八页。案卷号：第 2 卷第 182 号。

省立三中学生自治会候选理事名单及通告

民国三十七年（1948）永兴县政府编印。收录民国三十六年至三十七年有关本校各班班会会议简况及指导员姓名名录。共二十三页。案卷号：第 2 卷第 341 号。

本区参谋室报告的情报、据呈请求修理电话线的指令、为战时公债点收无错的咨文

民国三十七年（1948）永兴县政府编印。收录民国二十八年至三十七年本区参谋室报告的情报、据呈请求修理电话线的指令、为战时公债点收无错的咨文等。共九十二页。案卷号：第 2 卷第 359 号。

县政府第四十七次县政会议议案的训令

民国三十七年（1948）永兴县政府编印。收录本府第四十七次县政会议有关议案的训令。共十九页。案卷号：第 2 卷第 396 号。

民国三十一年至三十七年呈报下乡出巡返府日期的代电、设置盘查哨所的呈文、供应过境军队茶水的代电

民国三十七年（1948）永兴县政府编印。收录民国三十一年至三十七年呈报下乡出巡返府日期的代电、设置盘查哨所的呈文、供应过境军队茶水的代电等。共五十四页。案卷号：第2卷第416号。

有关物价管理的条例、代电

民国三十七年（1948）永兴县政府编印。收录严厉管制物价、工资办法的代电，本县各行业物价工资评定表。共五十六页。案卷号：第2卷第418号。

县政府、县警察局关于指派部队守护鹅公桥的电告

民国三十七年（1948）永兴县政府编印。收录请派部队接替本县鹅公桥等地防务的公函、自卫总队派队守护鹅公桥防务以利交通的代电。共七页。案卷号：第2卷第423号。

县政府、高等法院、仁勇乡等有关司法工作的训令、代电

民国三十七年（1948）永兴县司法处编印。收录民国二十八年至三十七年县政府、高等法院、仁勇乡等有关司法工作的训令、代电。共七十页。案卷号：第2卷第978号。

省高等法院、县司法处有关司法人员审查政绩、公务人员叙职条例代电

民国三十七年（1948）永兴县司法处编印。收录民国三十四年至三十七年省高等法院、县司法处有关司法人员审查政绩、公务人员叙职条例等代电。共八十九页。案卷号：第2卷第1542号。

训练所训练大纲、训练细则

民国三十七年（1948）永兴县政府民政科编印。收录民国三十一年至三十七年本县第二期结业人员情况、训练所训练细则、大纲。共二百一十六页。案卷号：第2卷第1600号。

县政府警察局队人事编组目录、移交总清册

民国三十七年（1948）永兴县军事科编印。收录民国三十六年至三十七年有关警察局队人事编组卷的目录、移交总清册。共一百三十四页。案卷号：第2卷第1718号。

有关税捐田粮人事任免、田赋管理、组织章程

民国三十七年（1948）永兴县政府财政科编印。收录民国二十八年至三十七年省政府、省财政田粮处有关税捐田粮人事任免、提奖名单、田赋管理、组织章程、警察服装等。共一百九十六页。案卷号：第2卷第1721号。

有关财会开支规定

民国三十七年（1948）永兴县财委编印。收录民国三十五年至三十七年主办会计人员应遵守的规章办法、本县契税奖金发放情况等。共五十四页。案卷号：第2卷第1864号。

永兴县政府组织演变录和参议会概况

一九四九年永兴县政府编。收录民国二十八年至一九四九年永兴县政府组织职位和人员变动基本情况和参议会概况。共二百七十一页。案卷号：第2卷第1号、2号。

国民党有关党代会规则、监察岗、工作要目

一九四九年永兴县县党部编。收录民国二十七年至一九四九年国民党部有关党员报到办法、党代会规则、各区党部负责人名册、党员转移办法、监察岗、工作要目及省属机关党员负责人一览表等。共一百三十五页。案卷号：第 2 卷第 144 号。

县军警督察职员名册、警察训练所组织章程及各分驻所警员领粮名册

一九四九年永兴县警察局编印。收录永兴县政府民国三十六年到一九四九年有关军警督察职员名册、警察训练所组织章程及各分驻所警员领粮名册。共一百七十三页。案卷号：第 2 卷第 184 号。

为公布本省战区省立中学应变方案的代电、呈报本校发生风潮情形的代电

一九四九年永兴县政府编印。收录民国三十三年至一九四九年为公布本省战区省立中学应变方案的代电、呈报本校发生风潮情形的代电等。共五十一页。案卷号：第 2 卷第 316 号。

关于统兑、税政等一案的呈文报告、函送本团民国三十六年现役官兵证明册的公函

一九四九年永兴县政府编印。收录民国三十年至一九四九年为统兑、税政等一案的呈文报告，请求签发本队员丁应领公粮的报告，函送本团民国三十六年（1947）现役官兵证明册的公函。共十一页。案卷号：第 2 卷第 317 号。

湖大校友简讯

一九四九年永兴县政府编印。收录民国三十年至一九四九年湖大校友简讯四、五期合印本，对招募士兵应注意考核思想的代电，呈报本文日期的代电。共九页。案卷号：第2卷第325号。

有关各机关原聘用人员整理办法、第二期抗战宣传遵告全县公民书

一九四九年永兴县政府编印。收录民国二十六年至一九四九年派请公决案、有关各机关原有聘用派用人员整理办法规条、关于为第二期抗战宣传遵告全县公民书、有关防空公函等。共九十六页。案卷号：第2卷第326号。

搜集抗战史料、解释限租疑义的训令

一九四九年永兴县政府编印。收录民国二十八年至一九四九年拘究人顶替壮丁的命令、搜集抗战史料的训令、为编组保甲的训令、为派拨新兵的命令、为解释限租疑义的训令。共一百页。案卷号：第2卷第328号。

介绍职业求才登记的代电、切实负责保护森林的训令、改进私塾教育的训令、整顿工作人员作风纪律的代电

一九四九年永兴县政府编印。收录民国二十七年至一九四九年为介绍职业求才登记的代电、切实负责保护森林的训令、改进私塾教育的训令、整顿工作人员作风纪律的代电。共八十八页。案卷号：第2卷第331号。

有关国民身份证的办法、规定、代电

一九四九年永兴县政府编印。收录民国三十六年至一九四九年办理国民身份证含身份证格式、由地方迁来为时不久居民是否发给身份证、承印身份证合约等内容。共七十三页。案卷号：第2卷第378号。

县政府、三区专署、警备司令部有关查明聚众赌博的训令，严禁帮会非法活动的代电

一九四九年永兴县政府编印。收录民国三十六年至一九四九年查明聚众赌博的训令、严禁帮会非法活动的代电。共四十页。案卷号：第2卷第380号。

县政府、县国民党党部有有关本县民财教建卫军事等提案册

一九四九年永兴县政府编印。收录民国三十年至一九四九年国民党员大会的仪式、按期举行党员大会的通知、有关本县民财教建卫军事等提案册。共六十六页。案卷号：第2卷第391号。

各种集运军粮及函令

一九四九年永兴县司法处编印。收录各种集运军粮及上级来文等有关材料。共八十五页。案卷号：第2卷第1145号。

高院法令文

一九四九年永兴县司法处编印。收录民国三十四年至一九四九年省高等法院有关法令。共一百一十三页。案卷号：第2卷第1540号。

关于兵役、机构、编制的规定及应变训令

一九四九年永兴县政府秘书室编印。收录民国二十年至一九四九年省、地、县有关兵役、机构、编制的规定及应变训令，第三次全县乡长会议情况。共二百二十页。案卷号：第2卷第1580号。

治安会议资料集

一九四九年永兴县政府军事科编印。收录民国三十三年至一九四九年永（永兴）耒（耒阳）治安会议记录，本县治安座谈会的提案、物价工资管制办法、治安报告书。共一百一十三页。案卷号：第 2 卷第 1683 号。

县政府执行第三行署空室清野计划的训令、办理组织保农会的代电、保农会章程

一九四九年永兴县政府军事科编印。收录县政府执行第三行署空室清野计划的训令、办理组织保农会的代电、保农会章程。共一百三十九页。案卷号：第 2 卷第 1684 号。

有关会计事务处理办法

一九四九年永兴县政府财政科编。收录民国三十一年至一九四九年会计事务处理卷目、永兴会计人员毕业证书、会计研习会概况。共八十七页。案卷号：第 2 卷第 1728 号。

关于就近保存募捐积谷的提案

一九四九年永兴县财经处编印。收录民国三十五年至一九四九年本县关于就近保存殷商官户共同保管民随赋带募捐积谷的提案、各级粮仓接领民国三十五年随赋带募积谷数量表、本府领粮收据存根联。共九十六页。案卷号：第 2 卷第 1807 号。

各处架设电话路线的代电、核销铅丝弯脚路线的指令

一九四九年永兴县财经处编印。收录各处架设电话路线的代电、核销铅丝弯脚路线的指令。共六十五页。

案卷号：第 2 卷第 1818 号。

建设部法规、修建城区街道的代电及城镇营建计划委员会第十次会议录

一九四九年永兴县财经处编印。收录建设部法规、修建城区街道的代电及城镇营建计划委员会第十次会议录。共二十四页。案卷号：第 2 卷第 1829 号。

有关征兵和自卫队整训的代电

一九四九年永兴县财经处编印。收录民国二十九年至一九四九年配拨永兴等十县新兵的代电、自卫队来城整训的代电、官兵名册分别具报的代电。共一百三十七页。案卷号：第 2 卷第 1830 号。

有关修建城镇街道的公告

一九四九年永兴县财委编印。收录民国三十六年至一九四九年免拆墙报的报告、招商估价修建街道的公告、承修街道洽商工程计划的通告。共五十六页。案卷号：第 2 卷第 1916 号。

县城镇营建计划委员会第八、九次会议记录、发动国民义务劳动修建城区街道办法

一九四九年永兴县财委编印。收录本县城镇营建计划委员会第八、九次会议记录、发动国民义务劳动修建城区街道办法。共五十三页。案卷号：第 2 卷第 1917 号。

县政府禁止开设烟赌场的命令

一九四九年永兴县财委编印。收录禁止开设烟赌场的命令等。共十九页。案卷号：第 2 卷第 1932 号。

有关收取屠宰税、保护粮运的代电

一九四九年永兴县财委编印。收录切实保护粮运的代电、秋季乡区屠宰税额表的代电。共二十六页。案卷号：第 2 卷第 1968 号。

永兴城区建设会会议记录

一九四九年永兴县财委编印。收录民国三十四年至三十七年建设计委会第一、二、三次会议记录。共一百零一页。案卷号：第 2 卷第 2142 号。

省立三中有关教育教学工作公函、报告

一九四九年永兴县教育科编印。收录县民教馆与附小对调地址一案的公函，学生复学、休学、补救学业、补考等报告。共二百三十页。案卷号：第 2 卷第 2210 号。

县政府关于填报各乡分区地形详情的通知

永兴县政府编印。收录关于传达各指导员，兵要地志，各乡区地形详情填报的通知。共十三页。案卷号：第 2 卷第 277 号。

永兴县执委会公文

永兴县政府编印。收录本县党员大会记录、参加国民党党部集会办法、党员转入报告移交总册。共八十七页。案卷号：第 2 卷第 298 号。

教育部一一一二五号文件的代电、关于始办邮政的代电、函送印模的公函、催报本年度建筑事项的代电

永兴县政府编印。收录有关教育部一一一二五号文件的代电、关于始办邮政的代电、函送印模的公函、催报本年度建筑事项的代电等。共一百二十二页。案卷号：第 2 卷第 327 号。

永兴县各行业工会选举理监会的报告

永兴县财委编印。收录本县各行业工会会员名册、召开选举理监事会的报告。共五十七页。案卷号：第 2 卷第 1934 号。

永兴煤矿股份有限公司施行细则

永兴县财委编印。收录永兴煤矿股份有限公司施行细则、股东常会临时会议录。共二十八页。案卷号：第 2 卷第 2141。

永兴县立中学概况及招生简章

永兴县教育科编印。收录县立中学概况及招生简章。共一百三十页。案卷号：第 2 卷第 2168 号。

（八）嘉禾县档案馆

省、县政府等有关征税、禁赌、县组织法实施情况

民国十五年（1926）嘉禾县政府编。收录关于查明临武县呈款重征赋税及嘉禾县严禁赌博告示、介绍禁赌布告内容。共二十二页。案卷号：第7卷第475号。

省民政厅、县政府关于区域自治问题的会议记录

民国十八年（1929）湖南省民政厅、嘉禾县政府编。收录嘉禾县自治区划图、湖南省民政厅令嘉禾县长于民国二十三年（1934）底以前完成县自治事宜拟县实施计划方案。共四十八页。案卷号：第1卷第5号。

自治区域划分实施方案及自治事项

民国十九年（1930）嘉禾县政府编。收录自治区域划分实施方案及自治事项。共九页。案卷号：第1卷第5号。

关于省、县国有田地、房屋及共有官产的调查

民国二十年（1931）省财政厅、嘉禾县政府编。汇集嘉禾县经管国有或省有田地、房屋的调查及共有产业情况。共十五页。案卷号：第8卷第5号。

县政府、国民党党部有关纪念北伐、『九一八』等活动代电

民国二十三年（1934）嘉禾县国民党党部编。收录代表出席嘉禾县民众协助『剿匪』委员会人员、『九一九』

第五次常会情况、『七九』誓师纪念标语、总理第一次起义情况。共二十三页。案卷号：第1卷第637号。

壮丁训练纲要

民国二十五年（1936）嘉禾县政府编。收录组训壮丁情况和壮丁训练情况。共五十页。案卷号：第2卷第1号。

嘉禾各级学校及社会调查统计

民国二十五年（1936）嘉禾县政府编。嘉禾县民国二十五年有初级小学一百三十四所、高级小学三所、完全小学一所、短期义校十所及各学校学生人数、教职员人数、经费等。共六页。案卷号：第4卷51号。

嘉禾县全图（分区略图）

民国二十六年（1937）嘉禾县政府编。收录嘉禾县第五区简明图，介绍嘉禾县森林、水路、金融、商业、工业、司法、监狱概况以及嘉禾县区乡镇名称、县道经过乡村路径情况。共四十二页，有图表。案卷号：第1卷第36号。

嘉禾县城防护团防空法、奖惩法、组织法

民国二十六年（1937）嘉禾县政府编。收录嘉禾县防空办法、防护团各级人员奖惩办法、消防概要、消毒浅说、救护要领、嘉禾县城防护团暂行组织法。共十三页。案卷号：第2卷第55号。

嘉禾县实施自治计划书、陆军整编函、调查无线电通讯人员尽量登记保送报告

民国二十六年（1937）湖南省政府、湖南省民政厅编。收录嘉禾县民国二十六年实施自治计划书及陆军整编函和调查无线电通讯人员尽量登记保送报告。共十七页。案卷号：第 7 卷第 518 号。

省、县政府关于各县财政委员会征收规程

民国二十六年（1937）湖南省政府编。收录湖南省各县省税征收规程、征收处员额俸编制表及嘉禾县政府财政委员会成员履历。共二十九页。案卷号：第 8 卷第 24 号。

省、县政府关于各县电话架空线路标准及电话员服务规程

民国二十六年（1937）嘉禾县政府编。收录各县电话架空线路标准及电讯管理员助理员服务规程。共四十七页。案卷号：第 9 卷第 2 号。

嘉禾县政概况

民国二十七年（1938）嘉禾县政府编。收录嘉禾县政概况，包括地理、政治、农业、商业、工业、特产、名胜古迹、特色风俗概况。共三十页。案卷号：第 1 卷第 60 号。

各地抗敌后援会组织及工作纲要、县政府兵役工作报告

民国二十七年（1938）嘉禾县政府编。收录各地抗敌后援会组织及工作纲要，民国二十七年四月份兵役工作报告。共六页。案卷号：第 2 卷第 161 号。

省、县中小学教育、教材、课程标准、招生毕业考试、暑假等问题解决办法

民国二十七年（1938）湖南省教育厅编。收录嘉禾县针对全县中小学教育、教材、课程标准、招生毕业考试、暑假等问题做出的解决办法。共四十四页。案卷号：第4卷第51号。

省、县政府关于盐运保护、盐业价格及管理

民国二十七年（1938）湖南省政府编。收录第八区专员公署不许封用盐船令、嘉禾县食盐公卖处章程及食盐消费合作社章程。共五十二页。案卷号：第8卷第31号。

县政府关于推进民训工作的训令

民国二十七年（1938）嘉禾县政府、民训总队编。收录嘉禾县协助民训工作、制发受训民众名誉奖旗情况。共五十一页。案卷号：第8卷第55号。

嘉禾县各地农情概况调查

民国二十七年（1938）嘉禾县政府编。收录嘉禾县各地农情概况。共四十二页。案卷号：第20卷第13号。

省、县政府纪念『七七』抗战活动

民国二十八年（1939）嘉禾县政府编。收录湖南人民『七七』抗战两周年纪念办法，包括为纪念死难同胞各机关下半旗、停止一切娱乐活动等。共十页。案卷号：第1卷第749号。

省、县政府有关遗产税暂行条例

民国二十八年（1939）省、县政府专员公署编。收录遗产税暂行条例、实行条例、推行遗产税的宣传文字。

共五十六页。案卷号：第 5 卷第 43 号。

县政府有关旧存积谷贷放的指令

民国二十九年（1940）嘉禾县政府编。收录嘉禾县各粮仓民国二十九年陈蚀积谷情形。共八十五页。案卷号：第 6 卷第 96 号。

省、县政府关于征献寒衣运动办法

民国二十八年（1939）湖南省八区专员公署、嘉禾县政府编。收录湖南省八区专员公署关于征献寒衣运动办法、郴宜防空指挥部关于第九战区征献寒衣运动、嘉禾县政府关于征献寒衣情况。共四十五页。案卷号：第 8 卷第 62 号。

省政府颁发各县政府会计制度

民国二十八年（1939）嘉禾县政府编。收录湖南省政府颁发各县县政府会计制度。共四十七页。案卷号：第 11 卷第 18 号。

省、县政府关于水道交通、乡村道路、车船工会调查

民国二十八年（1939）湖南省政府编。收录嘉禾县乡村交通路线和水道交通情况。共五十九页。案卷号：第 13 卷第 44 号。

县政府会计室工作查询报告

民国二十九年（1940）嘉禾县政府编。收录嘉禾县政府呈送工作报表及本县工作查询报告。共五十页。案卷号：第 11 卷第 27 号。

省、县政府有关拍发通电、征收电报费、限制设立电台办法

民国二十九年（1940）嘉禾县政府编。收录湖南省政府提议限制设立专用电台、嘉禾县政府关于无线电挂号表已启用旧表废焚报告。共五十二页。案卷号：第 9 卷第 26 号。

嘉禾县农会组织总报告表

民国三十年（1941）嘉禾县政府编。收录嘉禾县农会筹备会议代表出席人员、农会章程、职员履历表、农贷方针等。共六十六页。案卷号：第 1 卷第 788 号。

省、县政府有关国家粮仓储谷、购谷规定

民国三十年（1941）嘉禾县政府编。收录各乡国家粮仓购谷办法、收购入仓规定及国家粮仓购谷标准。共三十三页。案卷号：第 6 卷第 144 号。

省、县政府关于各机关、部队购粮办法

民国三十年（1941）嘉禾县政府编。收录代购粮食办法及各警察机关、公务员、防空哨兵等购粮办法，以及仓库病虫害防治暂行办法。共四十一页。案卷号：第 6 卷第 159 号。

航空建设协会省分会、县政府有关一元献机运动代电及嘉禾县政府关于火速募捐一元献机款项报告

民国三十年（1941）嘉禾县政府编。收录航空建设协会省分会奉令限期结束一元献机运动及嘉禾县政府关于火速募捐一元献机款项报告。共一百零一页。案卷号：第8卷第160号。

省、县政府关于米价的报告及平议物价实施办法

民国三十年（1941）嘉禾县政府编。收录嘉禾县政府关于本县米价的报告及本县平价实施办法。共三十页。案卷号：第8卷第168号。

县政府有关各机关会计报告送审办法

民国三十年（1941）嘉禾县政府编。收录嘉禾县政府向省政府抄送会计报告注意事项及本县各地方机关造报送审办法。共五十五页。案卷号：第11卷第28号。

嘉禾县政府关于粮食增产办法的训令

民国三十年（1941）嘉禾县政府编。收录嘉禾县秧田抽查办法、粮食增产办法以及粮食生产情况。共六十一页。案卷号：第13卷第110号。

嘉禾县农工商学、妇女筹会最近情况调查表

民国三十一年（1942）嘉禾县政府编。收录嘉禾县教育会、妇女会、学生自治会的情况，主要农工商职业团体概况，包括名称、地址、技术人员情形、营业情形。共九页。案卷号：第1卷第816号。

嘉禾县政府推行社教工作、查禁书刊概况

民国三十一年（1942）嘉禾县政府编。收录嘉禾县政府推行社会教育机关工作、事业费支出、服务人员月报表及查禁书刊的名称、著作人、出版者、送书者和查禁理由。共四十一页。案卷号：第 4 卷第 230 号。

省粮政局、县政府严禁私运粮食出境处理办法

民国三十一年（1942）嘉禾县政府编。收录嘉禾县粮商情形，严防奸商贩粮出境切实查禁私运粮食出境处理办法。共十五页。案卷号：第 6 卷第 246 号。

县政府、省粮政局关于仓储管理办法、参议会募集积谷的决案

民国三十一年（1942）嘉禾县政府编。收录田管处征收征购粮食交拨办法、参议会关于募集积谷的决议案。共六十页。案卷号：第 6 卷第 248 号。

粮政局、县政府关于粮政和积谷工作提示

民国三十一年（1942）嘉禾县政府、粮政局编。收录军粮征收购交接运输办法和积谷工作提示。共三十一页。案卷号：第 6 卷第 255 号。

县政府九战区关于军粮包运、粮船失事处理办法

民国三十一年（1942）嘉禾县政府编。收录处理粮船失事暂行办法、运交军粮注意事项、军粮交拨情形。共五十二页。案卷号：第 6 卷第 310 号。

湖南省政府检颁发各县市预防天花工作指令及嘉禾县政府切实办理防疫工作报告

民国三十一年（1942）湖南省政府编。收录湖南省政府检颁发各县市预防天花工作指令及嘉禾县政府切实办理防疫工作报告。共二十三页。案卷号：第 10 卷第 11 号。

省、县政府关于设立嘉禾分理处、银行管理、筹设银行办法

民国三十一年（1942）嘉禾县政府编。收录湖南省银行民国二十九年四月以前设立嘉禾分理处和嘉禾县银行章程准则及筹设办事处公函。共三十九页。案卷号：第 12 卷第 14 号。

省、县关于荒山荒地调查及严禁砍伐森林的训令

民国三十一年（1942）湖南省政府编。收录县政府严禁砍伐森林、严禁烧山的命令及奖励种植增加产量的办法。共八十六页。案卷号：第 13 卷第 148 号。

县政府修建嘉桂县道筑路委员会规程及筑路工程的组织办法

民国三十一年（1942）嘉禾县政府编。收录筑路委员会规程和筑路工程的组织办法、嘉桂县道施工情形。共五十八页。案卷号：第 13 卷第 171 号。

县政府建设法规

民国三十一年（1942）嘉禾县政府编。收录建设法规续编理由和呈报建设工作要点。共十六页。案卷号：第 13 卷第 176 号。

嘉禾县国民兵团保队干部训练班同学录

民国三十一年（1942）嘉禾县政府编。收录嘉禾县国民兵团保队干部训练班学员信息。共三十六页。案卷号：第14卷第92号。

县政府有关举行孔圣诞辰、教师节、『七七』运动大会等代电

民国三十二年（1943）嘉禾县政府编。收录举行孔圣诞辰、教师节纪念和『七七』运动大会的通告函请，以及募集滑翔机缴费详情。共二十页。案卷号：第1卷第843号。

省、县政府和教育厅于一九四三年被查禁书刊列目

民国三十二年（1943）嘉禾县政府编。收录查禁书目，包括《诗文聊志》《诗经》《桃色国际》《政治艺术论》等。共七十四页。案卷号：第1卷第846号。

母教运动资料汇集

民国三十二年（1943）妇工委会嘉禾分会编。收录母教运动要点、母教运动委员会工作、妇女班报道事宜。共六十五页。案卷号：第1卷第858号。

嘉禾县国民教育情况调查

民国三十二年（1943）湖南省教育厅编。收录嘉禾县国民教育工作人员、工作成绩调查。共三十七页。案卷号：第4卷第330号。

嘉禾县地方自治概况

民国三十二年（1943）嘉禾县政府编。收录嘉禾县户口、气候类型、交通、收支概况、学龄儿童入学数、成年男女入学数、警保联系、改良寺庙与办理社会福利、儿童教养所、救恤经费、节约储蓄等概况。共七十二页。案卷号：第7卷第560号。

盐务局、县政府关于盐务管理的规定

民国三十二年（1943）嘉禾县政府编。汇集嘉禾县各所特种食盐名册、公函。共五十一页。案卷号：第8卷第240号。

省、县政府预防天花、霍乱、防止细菌战，验收药品、器材办法

民国三十二年（1943）嘉禾县卫生院编。收录省政府预防天花、霍乱、防止细菌战等指令。介绍嘉禾县卫生院验收民国三十二年度免费药品，募捐药箱、采购药品的办法。共八十九页。案卷号：第10卷第19号。

省、县政府关于荒地勘测、垦荒造林的训令

民国三十二年（1943）湖南省政府编。收录嘉禾县各乡民国三十一年造林情况、县农业推广所工作规程，以及改进植树造林、荒地勘测的办法。共六十七页。案卷号：第13卷第224号。

县政府关于禁种烟草改种杂粮的训令

民国三十二年（1943）嘉禾县政府编。收录嘉禾县烟草种植情况、奉令实施禁种烟草法案及督种杂粮准备冬耕情况。共五十页。案卷号：第13卷第232号。

县政府采煤办法、设权登记、矿业调查

民国三十二年（1943）嘉禾县政府编。收录战时政府采煤矿的具体办法和各民营公司具备法令手续进行设权登记训令，以及有关矿业调查表。共六十四页。案卷号：第 13 卷第 255 号。

县政府关于加强城区基础设施建设的训令

民国三十二年（1943）嘉禾县政府编。收录嘉禾县政府协助警察局及卫生院修建城厢公共水井办理情形及修筑塘坝、房屋及建筑的有关事项。共十页。案卷号：第 13 卷第 261 号。

省、县政府关于棉花生产、粮食管理、种子储备实施办法

民国三十三年（1944）嘉禾县政府编。收录湖南省棉花生产、储备种子预防歉收实施办法、各部队收购粮食的具体办法。共十七页。案卷号：第 13 卷第 305 号。

县政府关于修筑嘉临公路的布告

民国三十三年（1944）嘉禾县政府编。收录嘉禾县修筑嘉临公路征用田亩面积和四项修筑办法及本县修筑县道的情形。共九十三页。案卷号：第 13 卷第 327 号。

核实规定盘江一带、泮溪为根据地呈文

民国三十三年（1944）嘉禾县编。规定盘江一带为第一根据地，泮溪为第二根据地，分别派人前往两根据地镇守。共三页。案卷号：第 1 卷第 256 号。

嘉禾县十二个乡公所的所在地地图

民国三十三年（1944）嘉禾县政府编。汇集嘉禾县十二乡（珠泉镇、晋平乡、清伟乡、泮溪乡、清化乡、广发乡、厚宝乡、南平乡、石桥乡、贵贤乡、乐泉乡、东平乡）的最新地图。共三十二页。案卷号：第1卷第263号。

嘉禾县民国三十三年度施政计划

民国三十三年（1944）嘉禾县政府编。收录嘉禾县民国三十三年民生之政、教民之政、衡民之政、官民之政、用民之政等施政计划及细则。共一百零一页。案卷号：第1卷第276号。

省、县农会有关法令

民国三十三年（1944）嘉禾县政府编。收录关于农会的有关法令，包括上下级农会不得互相兼任、农会员工不缴会费处理办法、农会贷款加收月息一厘等条例。共六十四页。案卷号：第1卷第880号。

嘉禾县国民教育设施概况

民国三十三年（1944）湖南省教育厅、嘉禾县编。收录嘉禾县民国三十一年至三十三年国民教育设施概况。共三十二页。案卷号：第4卷第442号。

推行家庭教育、义务教育的办法

民国三十三年（1944）嘉禾县政府编。收录湖南省关于推行家庭教育办法和加强推行衡生教育办法。共三十一页页。案卷号：第4卷第443号。

省、县政府关于国民健康运动及法治工作竞赛

民国三十三年（1944）嘉禾县政府编。收录嘉禾县警察局关于遵令推行国民健康运动情况。共二十三页。案卷号：第10卷第33号。

嘉禾县政府民国三十四年度施政计划

民国三十四年（1945）嘉禾县政府编。收录嘉禾县政府民国三十四年施政计划，包括生民之政、养民之政、管民之政、用民之政。共七十五页。案卷号：第1卷第320号。

省、县关于日寇罪行、战犯罪行调查

民国三十四年（1945）湖南省政府、湖南省民政厅编。收录湖南省政府第四方面司令部为查报敌军罪行，省民政厅检发敌人罪行调查办法，搜集日寇罪行、战犯罪行概况。共六十三页。案卷号：第1卷第324号。

省、县政府有关庆祝双十节、县参议会成立事项

民国三十四年（1945）嘉禾县政府编。收录嘉禾县临时参议会第一届大会议事日程、参政部门、致辞内容和庆祝『双十节』等。共二十三页。案卷号：第1卷第916号。

各乡镇旱灾状况分析

民国三十四年（1945）嘉禾县政府编。收录嘉禾县各乡镇旱灾歉收情况。共七十二页。案卷号：第13卷第349号。

县政府战时破坏道路修复暂行办法及协助畅通水陆交通办法

民国三十四年（1945）嘉禾县政府编。收录嘉禾县道路修复暂行办法、协助畅通水路交通办法。共二十页。案卷号：第 13 卷第 363 号。

嘉禾县政府关于寇灾调查救济情况

民国三十四年（1945）嘉禾县政府编。收录敌寇过境人民受害的惨重情形以及赈灾发放、分配办法。共九十五页。案卷号：第 13 卷第 384 号。

嘉禾县政府筹建忠烈祠、悼念死难军民办法

民国三十五年（1946）嘉禾县政府编。收录嘉禾县民国三十五年建立忠烈祠实况调查及追悼死难军民办法。共二十三页。案卷号：第 1 卷第 339 号。

县政府抄发关于县乡政治机构调整办法

民国三十五年（1946）嘉禾县政府编。收录嘉禾县以及各乡政治机构人事情形以及调整办法。共四十七页。案卷号：第 1 卷第 342 号。

嘉禾县政府工作报告书

民国三十五年（1946）嘉禾县政府编。简述民国三十五年工作计划、县政府施政书面报告。共五十八页。案卷号：第 1 卷第 391 号。

专门人才调查表

民国三十五年（1946）嘉禾县政府编。收集各种人才调查表，包括县长、先生、乡长等及其姓名、籍贯、学历、著述、品学才能情况。共三十页。案卷号：第1卷第446号。

省、县政府有关筹措乡镇临时事业费筹募办法

民国三十五年（1946）湖南省政府编。收录湖南省政府关于修正本省各县市乡镇临时事业费设置及开支办法、嘉禾县政府关于乡镇临时事业费筹募办法。共八十四页。案卷号：第8卷第371号。

嘉禾县乡村电话网调查

民国三十五年（1946）嘉禾县政府编。收录嘉禾县乡村电话网及现有电话线路图。共三十六页。案卷号：第9卷第63号。

省、县政府关于会计报告送审办法若干规定

民国三十五年（1946）嘉禾县政府编。收录省会计处修正湖南省、县地方机关会计报告送审办法。共三十二页。案卷号：第11卷第74号。

嘉禾县政府提倡普遍养鱼的暂行办法和饲放生鱼情况

民国三十五年（1946）嘉禾县政府编。收录嘉禾县民国三十三年至三十五年提倡普遍养鱼的暂行办法和饲放生鱼情况。共三十三页。案卷号：第13卷第345号。

省、县政府有关农田水利、水陆交通兴修办法

民国三十五年（1946）嘉禾县政府编。收录小型农田水利工程督导兴修办法、实施细则，修建塘坝及荒地调查、协助疏通水路交通办法。共二十二页。案卷号：第13卷第371号。

省、县政府、警察局关于长警训练教育实施计划

民国三十五年（1946）湖南省政府、省警察局编。内有嘉禾县警察局长、警员分期训令教育实施计划及训练纲领。共三十三页。案卷号：第14卷第152号。

关于警察工作、执行公务、处事人员注意事项

民国三十五年（1946）嘉禾县政府编。收录嘉禾县警察局工作、执法公务、处事人员注意事项。共三十一页。案卷号：第14卷第170号。

嘉禾县详图

民国三十六年（1947）嘉禾县政府编。收录嘉禾县山脉、河流、公路、村庄、县界等内容的详细情况。共二页。案卷号：第1卷第418号。

嘉禾县各级机关、驻县中央与省重要机关概况

民国三十六年（1947）嘉禾县政府编。收录嘉禾县各级机关的基本情况，包括人员组成、职位安排、负责事项等。共十八页。案卷号：第1卷第418号。

嘉禾县政府民国三十六年度工作计划

民国三十六年（1947）嘉禾县政府编。收录本县民国三十六年工作计划，包括民政、财政、建设、警务、社政、役政、衡生、会计各方面情况。共五十六页。案卷号：第1卷第429号。

省政府关于雷申空、李国柱、李紫卿先后连任嘉禾县长文告

民国三十六年（1947）嘉禾县政府编。汇集嘉禾县县长去辞、继任布告。共十五页。案卷号：第1卷第553号。

抗战民众组训情形以及英勇事迹

民国三十六年（1947）嘉禾县政府编。收录抗战民众组训情形以及抗战英勇事迹。共六页。案卷号：第1卷第987号。

省、县政府关于律师、剧团、银钱、妇女、学友会、鱼商团体组织的法令

民国三十六年（1947）嘉禾县政府编。收集剧团剧院登记办法、嘉禾县职业及妇女团体会员、各种刊物以及商业工会法规。共二十九页。案卷号：第1卷第1072号。

县兵役协会成立案证书、兵役协会组织规程

民国三十六年（1947）嘉禾县政府编。收录嘉禾县兵役协会职员、兵役会成立案证书、兵役协会组织规程。共二十五页。案卷号：第2卷第949号。

县政府有关各乡成立积谷保管委员会修正积谷保管法规

民国三十六年（1947）嘉禾县政府编。收录县政府会议决定修订积谷保管法规，限期成立各乡镇积谷保管委员会，以及乡镇仓积谷保管员任用的三项办法。共四十八页。案卷号：第6卷第565号。

省、县政府关于乡镇造产办法实施细则

民国三十六年（1947）湖南省政府编。收录湖南省政府关于修正湖南省乡镇造产办法实施细则、各乡镇响应改造、嘉禾县政府造产情况报告。共四十七页。案卷号：第8卷第387号。

省、县政府发行、兑换票币办法

民国三十六年（1947）嘉禾县政府编。收录嘉禾县政府依据湖南省政府通知取缔拒收小票及发行票币、兑换票币办法。共三十四页。案卷号：第12卷第19号。

省、县政府关于地政法令实施情况

民国三十六年（1947）湖南省政府编。汇集地政部各项法令疑义解释、土地行政法规，介绍嘉禾县各机关团体所用房屋土地情况。共九十七页。案卷号：第13卷第426号。

省、县政府查禁耕牛出境规定、冬季农作物生产报告

民国三十六年（1947）湖南省政府编。收录查禁耕牛出境规定、嘉禾县农业推广工作情况。共三十页。案卷号：第13卷第442号。

县政府修筑嘉燕、嘉宁两路工程实施办法

民国三十六年（1947）嘉禾县政府编。收录嘉禾县修筑嘉燕、嘉宁两路工程实施办法及水路交通、邮电维修方法。共十八页。案卷号：第 13 卷第 444 号。

县政府查禁演戏聚赌概况

民国三十六年（1947）嘉禾县政府、警察局编。收录塘村圩坝、厚宝墟、龙潭圩、义乡黄甲头等乡镇演戏聚赌状况及嘉禾县警察局严禁赌博行为的情况。共九十页。案卷号：第 14 卷第 198 号。

李国柱自传

李国柱（1879—1949），字石琴。嘉禾县人。民国初年将领。清光绪三十一年（1905）留学日本，就读东京弘文专科学校。同盟会早期成员，辛亥革命先驱。辛亥革命后任湖南省政府抚恤调查处副处长、护法军第三游击司令。民国二十七年（1938）选为湖南省参议员。该书为抄本。另有《辛亥革命郴桂讨袁军殉难烈士名录》《民国三年郴桂讨袁军战役首义同志殉难姓名清册》，民国三十七年（1948）编，抄本。

嘉禾县各界庆祝『九三』胜利三周年纪念筹备事项

民国三十七年（1948）嘉禾县政府编。收录嘉禾县庆祝『九三』抗战胜利三周年有关事项。共十六页。案卷号：第 1 卷第 449 号。

国父诞辰（十一月十二日）纪念筹备

民国三十七年（1948）嘉禾县政府编。收录大会名称、大会议题方案、纪念方式及时间地点。共八页。案卷号：第 1 卷第 449 号。

嘉禾县李必蕃等四百零七位中华民国忠烈将士名录

民国三十七年（1948）联合勤务处司令部抚恤处纂订。记载了嘉禾县联勤总部关于寄送嘉禾县李必蕃等四百零七位烈士名录、中华民国忠烈将士姓名。共四十一页。案卷号：第 1 卷第 450 号。

县参议会第一届会议记录

民国三十七年（1948）嘉禾县参议会编。收集嘉禾县参议会第一届第六、九、十、十一、十九、二十次会议记录。共三十一页。案卷号：第 1 卷第 1088 号。

省、县政府有关戡乱立誓办法、悬挂国旗方式

民国三十七年（1948）嘉禾县政府编。收录湖南省戡乱建国委员会总宣誓办法、嘉禾县各机关团体悬挂国旗的方式以及自卫经费筹措办法。共十四页。案卷号：第 1 卷第 1130 号。

兵役法实施办法、征兵布告

民国三十七年（1948）嘉禾县政府编。收集妨害兵役治罪条例、征集田赋八项规定、当兵年纪与体质要求。共三十二页。案卷号：第 2 卷第 1012 号。

县政府有关禁运粮食出境、催收民欠田赋的办法

民国三十七年（1948）嘉禾县政府编。收录县政府严查非粮食商人囤积粮食的规定、本省边区要地设置禁运粮食出境检查站的通知、从严催收田赋的办法。共五十四页。案卷号：第 6 卷第 640 号。

省、县政府关于钞票管理、发行金圆券布告

民国三十七年（1948）嘉禾县政府编。收录嘉禾县政府改革币值以金圆券为单位的布告和湖南省政府收兑各县法币及金银外币办法。共八十一页。案卷号：第 12 卷第 21 号。

省、县政府关于筹设县银行具报，省政府发县银行章程准则

民国三十七年（1948）嘉禾县政府编。收录湖南省政府饬令县市银行编送决算表报及存疑统计表，省政府颁布县银行章程准则、更正银行法条。共七十七页。案卷号：第 12 卷第 22 号。

省、县政府饮水管理规则

民国三十七年（1948）湖南省政府编。收录修建塘坝计划、进度、竣工情况以及饮水管理规则、抽水办法。共十五页。案卷号：第 13 卷第 464 号。

省、县警察机关临时改编办法、警察学校组织规程及教育规程

民国三十七年（1948）嘉禾县政府编。收录警察机构简表与编制、试用警员制实施办法、省、县警察学校组织规程及警员警长警士教育规程。共四十四页。案卷号：第 14 卷第 201 号。

嘉禾县治安委员会工作纲要、经济纲要、会议记录

一九四九年嘉禾县政府编。收录嘉禾县治安委员会政治组工作纲要、经济纲要，以及第三次、第四次会议议案。共一百零七页。案卷号：第 1 卷第 1177 号。

嘉禾县政府关于加强电信防护办法

一九四九年嘉禾县政府编。收录嘉禾县政府关于加强电信防护办法及无线电台、乡村电话补助情况。共二十六页。案卷号：第 9 卷第 74 号。

（九）临武县档案馆

衡阳广德学校青年会会员录

民国九年（1920）衡阳广德学校青年会编。收录该年湖南省衡阳广德学校青年会第一二次顾问及职员表、本校教职员表、本校学生自治会职员表、学生通讯录。学生籍贯多为临武。共三十二页。案卷号：第 10 卷第 130 号。

临武县政报告书

民国十九年（1930）临武县政府编。长沙洞庭印务馆代印。收录民国十九年临武县政府关于法规、民政、财政、教育、国防、警政、『剿匪』兵、内务、建设、司法、自治、财务方面的统计、表册、报告等文件及附件、图表。共三百零四页。案卷号：第 2 卷第 11 号。

临武香花岭锡矿调查

民国二十四年（1935）编印。《实业杂志》第二百零九期，记载香花岭矿位置与交通、沿革、地质、矿床的分布与形成、采矿、排水通风、选矿、炼锡、现状等方面的情况。

湖南临蓝嘉联立简易乡村师范学校图书目录

民国二十五年（1936）五月湖南临蓝嘉联立简易乡村师范学校图书目录，手写本，共一册。

临武县保甲训练实施办法大纲

民国二十七年（1938）临武县政府编。收录临武县保长训练筹备会议记录、保长训练办法大纲、工作程序进程表、预算标准等。共三十二页。案卷号：第5卷第88号。

临武县民训总队训练报告内容大纲

民国二十七年（1938）临武县民训总队编。收录该年临武县民训总队训练报告内容大纲、训练报告表、报告总结、各级工作人员姓名册，有表。共三十一页。案卷号：第7卷第6号。

临武县各乡公所户籍员服务规程、乡镇区域调查等工作概况

民国二十七年（1938）临武县政府编。收录该年临武县乡公所户籍员服务规程、各乡公所立地及乡长姓名一览表、各区域调查表、绘制扩并各乡镇区域图及调查表注意事项、临武县设置县政督导员一览表等。共五十九页。案卷号：第10卷第84号。

临武县社会调查报告

民国二十八年（1939）临武县民训总队编。收录该年临武县人口、自治组织、土地、地方武器、公仓、教育、救济事业、工厂、合作事业等方面的社会调查报告表。共一页。案卷号：第 7 卷第 8 号。

关于临武县谷仓保管委员会成立报告及组织规程

民国二十九年（1940）临武县政府编。收录临武县民国二十六年至二十九年成立谷仓保管委员会报告、谷仓积谷清册、谷仓保管委员会组织规程及委状书、谷仓会第一二次会议记录、谷仓会任职报告等内容。共八十九页。案卷号：第 10 卷第 116 号。

临武县政府关于建仓、积谷、仓保委员会的预算报告呈文

民国二十九年（1940）临武县政府编。收录临武县民国二十八年至二十九年成立谷仓保管委员会增建仓厂地址勘定呈文、修整乡仓预算书、乡仓积谷结报表等内容。共十五页。案卷号：第 10 卷第 117 号。

临武县保甲植桐情况调查

民国二十九年（1940）临武县政府编。收录临武县植桐情形调查表、植桐林场地址租约、各乡镇林场种籽器具费预算书、桐林种植法等。共二十二页。案卷号：第 12 卷第 17 号。

湖南临武香花岭锡、砒矿勘测报告

民国三十一年（1942）民国资源委员会矿产勘测处编。收录该矿地层层序、地质构造及其与锡矿生成之关系。共四十二页。

临武县经济概况

民国三十二年（1943）编。《经济季刊》第一卷第四期，收录临武经济概况、贸易、实业、商业、财政、金融、交通及其运输状况。

湖南临武香花岭锡矿局概况

临武香花岭锡矿局编。民国三十二年（1943）七月该局印行，共十页，有表，《湖南实业特种股份有限公司矿业机关》之九。

临武县党政战军指挥所设计委员会组织规程

民国三十三年（1944）编。收录临武县党政战军指挥所设计委员会会员名册、会议通知、九项组织规程等。共十三页。案卷号：第5卷第4号。

临武县警察局长警长教育集中训练办法

民国三十三年（1944）临武县政府编。记录临武县警察局长警长教育集中训练办法。共二页。案卷号：第9卷第12号。

关于临武公职候选人清册

民国三十三年（1944）临武县政府编。收录该年度临武县政府申请甲种公职候选人简历案件清册、公职候选人应考资格审查委员会第二会议记录、申请乙种公职候选人简历案件清册、简历书附件等，有表。共一百六十五页。案卷号：第10卷第2号。

临武县农会章程

民国三十三年（1944）临武县政府编。收录临武县该年农会职业团体中心工作实施进度月报表、临武县府农会职员名册、农会章程。共三十页。案卷号：第10卷第58号。

民国三十三年临武县非工会会员名册及商会同业工会章程

民国三十三年（1944）湖南省府建设所编。收录该年临武县商会非工会会员名册，以及临武县府商会同业工会章程、名册、业务报告等。共十六页。案卷号：第10卷第62号。

临武县教会概况调查表

民国三十三年（1944）临武县政府编。收录该年度临武县教会概况调查表，有教会名称、所在地名、设立年月、传教人、教友人数、财产等。共一页。案卷号：第10卷第67号。

民国三十三年临武县教育会章程及教育会会员名册

民国三十三年（1944）临武县政府编。收录该年度临武县教育会章程、职员简历册、教育会团体会员名册、教育会个人会员名册及教育会概况调查。共十二页。案卷号：第10卷第67号。

《临武民报》

民国三十三年（1944）临武县政府编。收录该年度三、四、五、六、七月份的《临武民报》。共五页。案卷号：第 10 卷第 109 号。

临武县立中学教职员表及学生通讯录

民国三十三年（1944）临武县政府编。收录该年度临武县立中学现任教职员表、前任教职员表、学生通讯录。共三十一页。案卷号：第 10 卷第 129 号。

县征购实物监察委员会委员组织规程

民国三十三年（1944）湖南省政府、临武县政府编。收录该年度湖南省政府对各县市征聘实物监察委员会的组织规程、临武县征聘实物监察委员会委员姓名阅历表。共十四页。案卷号：第 11 卷第 3 号。

临武县各乡镇小学教员调查册

民国三十三年（1944）临武县政府编。记录临武县各乡镇现任小学教员的姓名、年龄、履历、登记年月及字号、检定年月及种类、服务学校、通讯处等。共六十五页。案卷号：第 13 卷第 1 号。

临武县各单位十二月份职员简况录

民国三十四年（1945）临武县政府秘书处编。收录该年十二月份临武县政府秘书处、民政科、财政科、建设科、军事科合作指导员室、警察局、卫生院、民教馆、农业推广所、救济院、税捐征收处等单位职员的具体职别、姓名、别号、年龄、籍贯、阅历、到职日期、担当事务等。共十一页。案卷号：第5卷第35号。

临武县干训所抄录湖南省第三十四号法令讲习大纲

民国三十四年（1945）临武县政府编。收录临武县干训所抄录的法令讲习大纲，主要内容是改进市区及公路交通办法。共四页。案卷号：第6卷第9号。

临武县各机关应变根据地勘察表

民国三十四年（1945）临武县政府编。收录临武县城至桃由坪交通路线略图、临武县各机关应变根据地勘察表等。共六页。案卷号：第9卷第13号。

临武县临时参议会第一届大会概况

民国三十四年（1945）临武县政府编。收录临武县临时参议会第一届大会决议案、临时参议会驻会委员会第一次会议记录、参议员候选人名单及详历表等。共一百五十八页。案卷号：第10卷第19号。

临武县妇女会职员录及第五届理监事名单、第二次全县代表大会记录

民国三十四年（1945）临武县政府编。收录该年临武县妇女会报告、第五届理监事名单、第二次全县代表大会记录、妇女会职员履历表等。共五十一页。案卷号：第10卷第61号。

临武县赋谷清理委员会报告书

民国三十四年（1945）临武县政府编。收录该年度临武县田赋粮食管理处牛市办事处被放焚据赋谷数数量表、本县赋谷被寇损失办理经过报告书、赋谷清理委员会名单、第一次赋积谷清理委员会会议记录、第二次赋积谷清理委员会会议记录等。共十页。案卷号：第11卷第4号。

临武县政府各机关职员录

民国三十五年（1946）临武县政府秘书处编。收录民国三十四年一月至六月份临武县政府的秘书处、民政科、财政科、建设科、军事科合作指导员室、警察局、卫生院、民教馆、农业推广所、救济院、税捐征收处等单位职员的具体职别、姓名、别号、年龄、籍贯、阅历、到职日期、担当事务等。共三十三页。案卷号：第5卷第35号。

临武县政府第五次常委会会议记录

民国三十五年（1946）临武县政府编。收录临武县政府第五次常委会会议时间、地点、出席人、讨论事项等。共一页。案卷号：第6卷第2号。

临武县地方行政干部训练计划及工作概况

民国三十五年（1946）临武县政府编。收录临武县政府该年第一期训练计划、授课报告表、查堂报告表、课程时数分配表、工作进程表及调训人数分配表，有表。共十一页。案卷号：第6卷第4号。

临武县政府第六次常委会扩大会议记录

民国三十五年（1946）临武县政府编。收录临武县政府第六次常委会扩大会议时间、地点、出席人、讨论事项等。共三页。案卷号：第6卷第75号。

临武县执行委员会政治委员会组织规程

民国三十五年（1946）临武县执委编。记录临武县执行委员会政治委员会十一项组织规程。共一页。案卷号：第9卷第9号。

临武县政府民国三十五年度施政计划

民国三十五年（1946）临武县政府编。收录临武县政府该年关于财务、民政、财政、教育、建设、警务、会计等方面的具体施政计划。共二十三页。案卷号：第9卷第15号。

临武县府民国三十五年度施政计划

民国三十五年（1946）临武县政府编。记录该年临武县民政、财政、教育、建设、警务、会计等方面的施政计划。共三十页。案卷号：第9卷第15号。

临武县政府第三十至三十八次县政会议记录

民国三十五年（1946）临武县政府编。记录该年度临武县政府第三十至三十八次县政会议的时间、地点、出席人、讨论事项等。共三十页。案卷号：第9卷第29号。

临武县政府县政会议汇报表及会议记录

民国三十五年（1946）临武县政府编。收录该年度临武县政府第一至十八、二十二至二十六次县政会议备报表，和第十九至二十一次县政会议具体记录，有表。共一百九十四页。案卷号：第9卷第30号。

临武县乡（镇）财产保管委员会组织章程、细则及办法

民国三十五年（1946）临武县政府编。收录临武县乡（镇）财产保管委员会组织章程、办事细则、工作计划进度表、共有财产整理办法。共二十一页。案卷号：第11卷第39号。

善后救济总署湖南分署关于临武县修建塘坝调查

民国三十五年（1946）临武县政府编。收录临武县修建塘坝数、受灌田亩面积、需修复或挖深塘坝估算、拟新建塘坝口数地名等。共四页。案卷号：第12卷第7号。

长沙市临武同乡会章程及组织情况

民国三十六年（1947）编。收录民国三十六年六月成立长沙市临武同乡会时的章程和同乡会组织情况。共二页。案卷号：第2卷第17号。

临武县政府设计考核委员会组织规程、办事细则

民国三十六年（1947）临武县政府编。收录临武县政府设计考核委员会十三项组织规程、十条办事细则及职员名单、第一次会议记录等。共二十一页。案卷号：第5卷第5号。

临武县各单位职员表

民国三十六年（1947）临武县政府秘书处编。收录民国三十四年一月至三月份临武县政府秘书处、民政科、财政科、建设科、军事科合作指导员室、警察局、卫生院、民教馆、农业推广所、救济院、税捐征收处等单位职员的具体职别、姓名、别号、年龄、籍贯、阅历、到职日期、担当事务等。共十一页。案卷号：第 5 卷第 35 号。

临武县外国人公司及教育会所属土地房屋调查

民国三十六年（1947）临武县政府编。主要收录临武县外国人公司及教会所属土地房屋调查表。共三页。案卷号：第 9 卷第 17 号。

临武县政府县政会议记录

民国三十六年（1947）临武县政府编。收录临武县政府民国三十五年至三十六年第三十九至四十五、四十七次县政会议记录。共三十二页。案卷号：第 9 卷第 31 号。

临武县政府第四十八至五十次会议记录

民国三十六年（1947）临武县政府编。收录该年临武县政府第四十八、四十九、五十次县政会议记录。共二十二页。案卷号：第 9 卷第 32 号。

第三区宜、临、蓝、嘉联防指挥所首次联防清剿会议资料

民国三十六年（1947）临武县政府编。记录该年宜、临、蓝、嘉联防指挥所第一次联防清剿会议的时间、地点、出席人、讨论决议事项等。共五页。案卷号：第9卷第35号。

临武县施政概况及自然灾害损失情形

民国三十六年（1947）临武县政府编。记录该年度临武县民政、教育、建设、军事等方面施政概况及自然灾害损失情形。共十一页。案卷号：第9卷第73号。

临武县国大代表选举委员会会议记录

民国三十六（1947）临武县政府编。收录临武县国民大会代表选举委员会第一至七次会议记录。共十二页。案卷号：第10卷第28号。

临武县总工会成立大会会议记录及理监事职员阅历册

民国三十六年（1947）临武县政府编。收录临武县总工会成立大会会议记录、总工会理监事及职员履历册、工会法实施细则、职业工会理监及联系会议记录等。共八十五页。案卷号：第10卷第59号。

临武县新闻记者工会概况调查

民国三十六年（1947）临武县政府编。收录该年度临武县新闻记者工会会员名册、新闻记者工会成立大会记录、新闻记者工会简章、新闻记者工会选举理监事等。共二十八页。案卷号：第10卷第75号。

临武县肃清烟毒计划及运动办法

民国三十六年（1947）临武县政府编。收录临武县肃清烟毒计划、剪发禁烟简明标语、禁烟运动工作报告表、禁烟拒毒运动办法。共五十八页。案卷号：第 10 卷第 94 号。

临武县政报创办申请有关事项

民国三十六年（1947）临武县政府编。收录关于临武县政报创办的临武县政府县政会议决议表、新闻报纸杂志登记申请书、民教馆增设干事报告及相关简报等。共十一页。案卷号：第 10 卷第 104 号。

湖南省水陆空交通图、邮电联络图、临武县无线电台概况

民国三十六年（1947）临武县政府编。收录湖南省水陆空交通图、湖南省邮电联络图、临武县无线电台概况调查表、临武县电话组技工年龄、乡保人数证明册、临武县电话组技兵工作分配报告表、临武县政府应变节余购买电讯会议记录，以及相关报告，有图表。共八十七页。案卷号：第 12 卷第 15 号。

临武县警保联系维护地方治安办法

民国三十七年（1948）临武县政府编。收录临武县十七项联系维护地方治安方法和部署情形。共三页。案卷号：第 2 卷第 7 号。

临武县公务员聘用办法及县立民众教育馆、卫生院概况调查

民国三十七年（1948）临武县政府编。收录聘任外籍人员办法、聘任机关注意事项、监察院调查证使用规则、临武县立民众教育馆概况调查表及其职员名册、临武县卫生院概况调查表及其职员名册。共三十五页。案卷号：第5卷第33号。

临武县政府抄发涉外事项有关法规

民国三十七年（1948）临武县政府编。收录民国三十四年至三十七年境内外人员出入及居留规则、外人在国内旅行规则、外国使领人员及外侨保护办法、外国人处理条例实行细则、外产处理条例、外国人收容所管理规则、外事调查有关法令及表式、涉外法规清表等。共六十四页。案卷号：第9卷第17号。

临武县组织规程实行编制综合基准概况

民国三十七年（1948）临武县政府编。收录该年临武县实用编制俸给基准表和关于警察局、卫生院、民众教育馆等机关单位的编制表。共四页。案卷号：第9卷第23号。

临武县关于农会工作的有关规定

民国三十七年（1948）临武县政府编。收录临武县民国三十五年加强农会组织及业务的办法、临武县府农会指导学员名单、三十六年临武县农民节纪念实施办法、三十七年临武县乡会会员组织业务小组办法等。共七十四页。案卷号：第10卷第57号。

临武县第九届防空节纪念大会工作报告

民国三十七年（1948）临武县政府编。收录临武县第九届防空节纪念大会工作报告。共一页。案卷号：

第 10 卷第 59 号。

临武县儿童救济捐款方法

民国三十七年（1948）临武县政府编。收录儿童救济委员会捐款办法、民国三十七年临武县在城镇和各乡镇对湖南儿童救济委员会的捐款证明单存根，以及募集儿童救济金运动书。共十七页。案卷号：第 10 卷第 121 号。

临武县政府关于省立第三师范学校临武校友会地址及成立临蓝嘉联合同学会的报告

民国三十七年（1948）临武县政府编。收录湖南县立第三师范学校临武校友会地址及成立校友会的报告，湖南省立第三师范学校临武校友会会员代表名录。共二页。案卷号：第 10 卷第 121 号。

临武县关于土地丈量的报告呈文

民国三十七年（1948）临武县政府编。收录临武县民国三十五年至三十七年为重新丈量土地的报告呈文、县地方自行筹备办理呈报成果咨理原则、田赋粮食管理处复文复查增设临时人员经费概算表、临武田赋粮食管理处提案、县管理土地呈报成果意见调查表，以及重新丈量土地的报告、布告、会议记录等。共九十九页。案卷号：第 11 卷第 8 号。

关于汪澄任内印章密码交代清册、代收文件交代清册详单

一九四九年临武县政府编。收录民国三十七年十月至一九四九年六月临武县长汪澄在任期间的印章密码交代清册、文卷簿册交代清册、图书表册交代清册、代收文件交代清册等。共八十四页。案卷号：第 9 卷第 68 号。

（十）汝城县档案馆

关于捐资在高洞开办实业学校的报告

民国十一年（1922）汝城县政府编。收录关于捐资在高洞开办实业学校的报告。共十七页。宗卷号：00011。

汝城地方自治讲习所同学录

民国十三年（1924）汝城县自治讲习所编。收录汝城县地方自治讲习所同学录。记载讲习员姓名、别号、年龄、籍贯、住址、通讯处等。宗卷号：00002。

汝城县立甲种师范讲习所学生自治会章程

民国十四年（1925）汝城县立甲种师范学生自治会编。收录汝城县立甲种师范讲习所学生自治会章程，共十章。共二十二页。宗卷号：00011。

原来官是贼

任大任编，民国十六年（1927）国民革命军第六军十七师政治部印发。任大任，汝城县人。该剧本以戏剧形式揭露国民政府官员的贪污腐化行为。

关于各级学校增加党义课程的训令

民国十七年（1928）汝城县教育局编。收录关于各级学校增加党义课程。共三页。宗卷号：00011。

汝城县第一次教育行政会议议决案

民国十九年（1930）汝城县教育局编。收录汝城县第一次教育行政会议议决案及汝城县教育局五月发布的有关第一次教育行政会议的训令、指令。宗卷号：00012。

关于推行、普及注音符号的训令

民国十九年（1930）汝城县教育局编。收录关于推行、普及注音符号的三则训令。宗卷号：00012。

汝城县教育会第二届执行委员会报告书

民国十九年（1930）汝城教育会编。

汝城县政府第一届行政会议汇刊

民国二十年（1931）汝城县政府印行。收录汝城县政府第一届行政会议汇刊，该汇刊收录插图、宣言及誓词、文件、议案等，附录有县政府行政会议规程、议事规则、办事细则；汝城县政府第一届行政会议会员、职员一览表。共四十三页。宗卷号：00007。

汝城保甲训练班同学会组组织条例

民国二十三年（1934）汝城县政府编。收录汝城保甲训练班同学会组组织条例，介绍汝城保甲训练班同学姓名、别号、年龄、住址、通讯处等。共二十三页。宗卷号：00002。

汝城县第三届行政会议汇刊

民国二十三年（1934）汝城县政府印行。收录汝城县第三届行政会议汇刊，该汇刊主要有法规、公牍、会员一览表、职员一览表、议事日程、议案、政治报告等。共五十六页。宗卷号：00009。

汝城县清查户口编组、保甲规程、须知、实施方案

民国二十四年（1935）编。收录《汝城县清查户口编组保甲规程》《汝城县清查户口编组保甲实施方案》《汝城县清查户口编组保甲实施细则》。共二十三页。宗卷号：00006。

国耻纪念演讲词

朱镇洋撰，民国二十五年（1936）国民党湖南汝城县党务指导委员会宣传部印发。朱镇洋，汝城县人。演讲词宣传爱国主义、不忘国耻、立志报国。油印本。

关于征求新党员细则

省执委会编。收录传达贯彻民国二十七年（1938）七月二十八日第五届中央常务委员会第八十二次会议通过的《关于征求新党员细则》共十六条。

关于人民自动组织抗战团体有关规定的训令

民国二十八年（1939）汝城县执委会编。收录关于各直属区分部抗敌后援会、各人民团体关于自动组织抗战团体由当地党政军指挥监督的相关规定。宗卷号：00009。

汝城县教育会章程

民国二十九年（1940）县教育会编。收录汝城县教育会章程，共九章。共七页。宗卷号：00002。

《青年日报》

民国三十年（1941）汝城民报社编。收集与汝城有关的《青年日报》第十七号报纸，油印，共二页，社长宋尉，发行人张良弼。宗卷号：00003。

在三次扩大行政会上的工作报告

民国三十年（1941）县警察局编。收录在三次扩大行政会议上湖南省警察局工作报告，包括概述、总务、警务、司法、市政、督察勤务等工作。油印本，共五十七页。宗卷号：00004。

中国国民党湖南省执行委员会三十年工作纲要

民国三十年（1941）汝城县国民党党部编。收录中国国民党湖南省执行委员会三十年工作纲领总则，共三十二条。汝城县贯彻落实措施，记录详细。宗卷号：00011。

汝城举行『七七』公祭阵亡将士的训令

民国三十年（1941）汝城县国民党党部编。收录汝城举行『七七』公祭阵亡将士及素食一日、下半旗等活动。宗卷号：00011。

关于严加注意『奸党』破坏抗战国策的训令

民国三十年（1941）汝城县国民党党部编。收录令该县各直属区分部、受训学员应密切注意、悉力防范出卖国家民族、破坏抗战国策企图遂其私欲的汉奸。宗卷号：00011。

关于策动成立乡农会的训令

民国三十年（1941）汝城县执委会编。收录令该县各直属区分部成立乡农会的训令。宗卷号：00011。

关于注意敌机施放毒气的训令

民国三十年（1941）汝城县国民党党部编。收录令该县各直属区分部、受训学员，注意防空、防敌机放毒气、中毒人员自行治疗等事宜，附中毒人员自行治疗方法。宗卷号：00011。

关于筹备纪念抗战四周年通告

民国三十年（1941）汝城县国民党党部编。收录关于汝城县纪念抗战四周年筹备事宜。宗卷号：00014。

关于汝城县扩大防空防毒演习实施计划

民国三十年（1941）汝城县政府编。收录汝城县扩大防空演习第一次会议记录和汝城县扩大防空防毒演习实施计划。共十四页。宗卷号：00018。

《汝城民报》

民国三十一年（1942）汝城民报社编。第三百七十六期，第五百五十七期，油印本。宗卷号：00003。

国民党员湖南汝城县直属第七区分部通告

民国三十一年（1942）编。收录周声扬请假书、汝城县区分部选举出席全县代表大会代表公告格式、中国国民党员湖南汝城县直属第七区分部通告等文件。共十九页。宗卷号：00007。

关于区分部恢复选举及办法的训令

汝城县执委会编。收录民国三十二年（1943）令该县直属区第七区分部恢复区分部执行委员会之选举及办法。宗卷号：00013。

汝城县立简易乡村师范学校学生自治会会议记录

民国三十一年（1942）汝城县立简易乡村师范学校编。收录学生自治会第九届第一至五次干事会议会议记录。共十四页。宗卷号：00017。

郴郡联立简易乡村师范学校同学录

民国三十一年（1942）汝城县政府编。收录教职员姓名、年龄、籍贯、职别、通讯处、就职年月以及肄业同学姓名、别甫、性别、年龄、籍贯、永久通讯处；毕业同学姓名、籍贯、永久通讯处。共二十六页。宗卷号：00022。

游击战术纲要

宋同仇撰，民国三十一年（1942）军训五团印发。宋同仇，汝城县人。收录游击战术要领，共三章。

关于国父逝世纪念日办法

民国三十二年（1943）汝城县党部编。收录该县关于国父逝世十八周年、国民精神总动员四周年纪念暨植树节之纪念办法及标语口号。宗卷号：00013。

关于召开救济华南灾民运动大会的通告

汝城县执委会编。收录民国三十二年（1943）汝城县政府关于召开救济华南灾民运动大会的通告。宗卷号：00013。

关于汝城县第一次代表大会选举法

汝城县国民党党部编。收录民国三十二年六月十二日拟定的《关于汝城县第一次全县代表大会选举法》，共十二条。宗卷号：00013。

县立初级中学概况

县立中学编。收录民国三十二年至三十三年（1943—1944）汝城县立初级中学概况表、汝城县立初级中学部分报告表、统计表、概要表等。宗卷号：00004、00005。

汝城县整理各级仓储积谷查报表

民国三十三年（1944）汝城县团政局编。该表收录仓别、仓廒所在地、仓廒（所数、廒数、容量）、积谷总数、未归仓谷数、仓存实谷数、保官或兼管人姓名、备考等。共二页。宗卷号：00008。

关于三十三年县级公粮四柱清册

民国三十三（1944）汝城县团政局编。收录关于民国三十三年县级公粮四柱清册。共五页。宗卷号：00008。

汝城县第一次代表大会议事规则

汝城县国民党党部编。收录民国三十三年（1944）汝城县第一次代表大会议事规则、会议日程表、会场须知。宗卷号：00014。

关于汝城县第一次代表大会选举的训令

汝城县国民党党部编。收录民国三十三年（1944）汝城县召开全县第一次代表大会、实施县执监委员会选举的事宜。宗卷号：00014。

关于汝城县第一次全县代表大会组织法

汝城县国民党党部编。收录民国三十三年（1944）六月十二日拟定的汝城县第一次全县代表大会组织法。宗卷号：00014。

各乡镇集中军粮数量地点里程天数期限概览

民国三十三年（1944）汝城县政府编。收录汝城县各乡镇集中军粮数量、地点里程、天数期限、运集乡镇、起运交卸地点、应征民夫等；收集有关军粮的座谈会会议记录、电报、代电；第九战区独立兵站分监部汝桂驻办处汝城军粮收入清册、收支总明细表、支出清册等。共五十八页。宗卷号：00033。

汝城县立初级中学同学录

民国三十四年（1945）县立初级中学同学会编。收录该校教职员的职别、姓名、别号、年龄、性别、籍贯、住址、阅历、到职及退职时间、通讯处；初级中学第一班至第七班、初级中学简师部第一班学生的姓名、别甫、年龄、性别、籍贯、住址村名、通讯处、备考。共二十六页。宗卷号：00014。

汝城县立乡村师范学校同学录

民国三十四年（1945）县立乡村学校编。收录本校职教员的职别、姓名、别甫、年龄、籍贯、住址、略历和通讯处。共二十六页。宗卷号：00015。

国庆敬告同胞书

汝城县执委会编。收录该县纪念民国三十四年（1945）国庆筹备事项。宗卷号：00015。

汝城县第四届民国教育师资假期训练班同学录

民国三十四年（1945）汝城县政府编。收录汝城县第四届民国教育师资假期训练班职教员姓名、别号、性别、年龄、籍贯、阅历、永久通讯处；同学姓名、别号、性别、年龄、籍贯、住址、永久通信处。宗卷号：00016。

汝城县参议会第一、二次大会资料辑览

民国三十五年（1946）汝城县参议会秘书处编。收录汝城县参议会第一届第一、二次大会资料辑览。共六十九页。宗卷号：00004。

县立中学校史简述

民国三十六年（1947）县立中学编。收录县立中学校史简述。共三页。宗卷号：00008。

启明中学成立纪念册（概况）

民国三十六年（1947）启明中学编。收录关于湖南私立启明初级中学成立、汝城私立何氏启明高级小学校四十一周年纪念册。共十六页。宗卷号：00011。

汝城县第一届小学教员讲习班同学录

民国三十六年（1947）汝城县政府编。收录第一届小学教员假期讲习班第一期乙组第一次讲习职教员姓名、别号、性别、年龄、籍贯、阅历、通讯处等；学员姓名、别号、性别、年龄、籍贯、住址、简历、通信处等。共十二页。宗卷号：00016。

县党政团联席会议关于承购省级赋谷办理平粜的会议录

民国三十六年（1947）汝城县执委会编。收录本县承购省级赋谷办理平粜的会议录，包括会议时间、地点、出席人、主席报告、讨论事项，汝城县民国三十六年平粜籴省级赋谷公粮领户名册。宗卷号：00017。

汝城简易师范学校一至四班同学录

民国三十六年（1947）汝城简易师范学校学生自治会编。收录该校现任、退任职教员姓名、别甫、性别、年龄、籍贯、住址、通讯处及第一班至第四班学生姓名、别甫、性别、年龄、籍贯、住址、通讯处。共十七页。宗卷号：00017。

汝城简易师范学校学生刊

民国三十六年（1947）汝城简易师范学校学生自治会编。刊有论文、杂著、诗歌、小说等作品板块。共八十四页。宗卷号：00018。

汝城教育概况调查表

汝城县文献委员会编。民国三十六（1947）抄本。

《民声周报》

汝城民报社编。收集民国三十六年（1947）十二月二十九日、三十七年一月十九日《民声周报》各一份，社长陈明儒，发行人均为朱眉生，油印本。宗卷号：00003。

汝城县直属第十九区分部关于党团员登记办理事宜

民国三十七年（1948）汝城县执行委员会编。收录汝城县直属第十九区分部党团员登记办理事宜。

宗卷号：00001。

关于参议会第一届八次会议提案书及第一、二审查委员会审查报告

民国三十七年（1948）汝城县参议会编。收录关于参议会第一届八次会议提案书、第一、二审查委员会审查报告，共二十七页。宗卷号：00009。

关于私立启明中学组织规程、考查办法、各项章则

民国三十七年（1948）启明中学编。收录湖南私立启明中学组织规程、操行及体育成绩考查办法、其他章则等各项章则。共五十二页。宗卷号：00011。

汝城县立简易师范学校同学录

民国三十七年（1948）县立师范学校编。收录该校退任职教员的职别、姓名、别甫、年龄、籍贯、住址和通讯处；第一至四班同学的姓名、别甫、性别、年龄、住址和通讯处。共十九页。宗卷号：00017。

汝城县军警联合稽查处第一次党政军警暨各界联席会议录

一九四九年军警督察处编。收录汝城县军警联合稽查处第一次党政军警暨各界联席会议录。宗卷号：00008。

汝城县党务干部训练班教职学员录

汝城县国民党党部编。收录国民党汝城县党务干部训练班教职学员职别、姓名、别号、性别、年龄、籍贯、学历、经历、通讯处等。油印本，共二十页。宗卷号：00020。

民国青年、民社、民盟党及星光书店情况、名册

汝城县政府公安局编。收录青年党人员和特工人员、国民党汝城县第一区、第二区等区部人员名册，介绍民国青年、民社、民盟党及星光书店情况。手写本，共一百零八页。宗卷号：00022。

汝城县诗文著作

汝城县文献委员会编。收《县志序》《桂阳八景》《朝阳书院藏书序》等文十余篇，诗五十一首。民国间抄本。

汝城县文人著作

汝城县文献委员会编。收录《明德学校二十周年纪念祝词》等文八篇，诗八首。民国间抄本。

汝城县氏族祠祀及各族族谱概况表

汝城县文献委员会编。手写本。

（十一）桂东县档案馆

桂东县议会报告书

民国十三年（1924）桂东县政府编。收录桂东县民国十三年十月议会报告等事项。共二十四页。

桂东县参议会报告书

民国十四年（1925）桂东县参议会编。收录民国十二年至十四年桂东县参议会会议记录及工作计划。共一百一十页。

桂东县总队指令及各队报告

民国十七年（1928）桂东县政府编。收录桂东县总队、各处报告、指令，县长公署训令等事项。共一百二十三页。

龙潭公司开采钨、锡矿情况及考察报告

民国二十三年（1934）桂东县政府编。收集民国二十年至二十三年龙潭公司开采锡矿训令及考察报告。共九十二页。

第四军邮政总机视察桂东分段报告

民国二十三年（1934）编。收录第四军邮政总机视察桂东分段报告，呈请各邮局对邮件应当妥善处理等函。共六十页。

桂东县县乡、保小学暂行通则

民国二十七年（1938）桂东县教育局编。规定各级小学教学时间表，修正私立学校规程，转发各保学校及乡中心学校实施办法与设备标准。

桂东县区、乡划分地图，乡长及副乡长简历，抗日陈之官兵，治安专剿、财政决策

民国二十八年（1939）桂东县政府编。收录全县交通景况图，乡长及副乡长简历，全县抗日阵亡官士清册。共四十六页。

乡保长巡视六项办法及禁烟禁赌通告

民国二十八年（1939）桂东县政府编。收录桂东县规定乡保长巡视办法六项，禁烟禁赌通告。共一百一十五页。

关于建设民生工厂的训令

民国二十九年（1940）桂东县政府编。收录桂东县召集各乡保士绅推举民生工厂筹备员，本县尚未设立民生工厂原由，民生工厂筹备姓名履历表，设立民生工厂初步计划，有图表。共一百三十二页。

各中心小学征献寒衣办法

民国二十九年（1940）桂东县政府编。收录按规定标准切实改善小学教员待遇，各中心小学征献寒衣办法，规定乡镇公所对各级学校行文规程。共七十二页。

县政府有关教育的训令

民国二十九年（1940）桂东县教育局编。收录民国二十年至二十九年桂东整理各级学校学款办法，抄发保国民学校及乡中心学校基金筹集办法，修正县乡保国民学校增筹基金实施细则。

桂东县动员抗日工作报告及推行妇女剪发运动、金融机关现状状况

民国二十九年（1940）桂东县政府编。收录桂东县教育科编制、桂东县动员抗日工作报告及推行妇女剪发运动、金融机关现状状况。共一百一十七页。

桂东县地政计划、基本情况调查

民国二十九年（1940）桂东县政府编。收录本县地政问题、改划乡调查情况及民政、财政、税务实施情况，林业、教育、矿业等情况及民国二十九年下半年工作报告。共一百二十六页。

县执委会民国二十九年工作报告

民国二十九年（1940）桂东县执委会编。收录桂东县民国二十九年工作情况。共十八页。

县执委会奉令转发日赋征收实物宣传大纲

民国三十年（1941）桂东县政府编。收录县执委会奉令转发日赋征收实物宣传大纲，张贴标语布告的通报，粮政措施宣传要点，呈报本县戏剧团体。共一百二十六页。

桂东县施政计划、各级组织纲要报告、国民会议报告书及党政军联合视察报告

民国三十年（1941）桂东县政府编。收录桂东县民国二十九年施政计划，各级组织纲要报告，国民会议报告书及党政军联合视察报告，有图表。共一百二十四页。

桂东县物资消费、物价调查概况

民国三十年（1941）桂东县政府编。收录桂东县百货出产量、消费单价调查情况，平减物价、评定粮食及日用品价格情况，关于米、肉价管制办法规定、评价委员会评定绸布业价格表、旅业价格表，有图表。共三十九页。

现用度量衡调查

民国三十年（1941）桂东县政府编。收录民国二十九年至三十年抄发全国度量衡局修正组织条例、各县调查现用度量衡器具、协助县商会办理度量衡器具、填报度量衡调查结果统计表，有图表。共一百二十七页。

桂东县粮食存储报告及粮营科第二届行政会议提案

民国三十年（1941）桂东县政府编。收录桂东县粮食存储报告，第二届行政会议及提案。

桂东县邮政局整顿资桂邮路、拆查邮件、拍发邮政公电办法，及邮政员工规章制度

民国三十年（1941）桂东县邮政局编。收录桂东县管理局文卷，整顿资桂邮路，关于拆查邮件办法，拍发邮政公电办法，邮政员工规章制度。共一百三十五页。

桂东县干部规约、党员及党务干部班教职学员姓名及职务记录

民国三十年（1941）编。收录民国二十九年至三十年桂东县干部规约三十六条、党员及党务干部班教职学员姓名及职务，有图表。共七十一页。

桂东县府关于修正联防会哨办法、购米闹荒开会活动情形、治安会议记录及政府收入紧缩概况草案

民国三十一年（1942）桂东县政府编。收录桂东县修正联防会哨办法，呈报购米闹荒开会活动情形，六月治安会议记录，民国三十一年县政府收入紧缩概况草案，有图表。共三十六页。

第三届民兵七七运动会实施办法及筹备会议记录

民国三十一年（1942）桂东县政府编。收录桂东县第三届民兵七七运动会实施办法及筹备会议记录、运动项目及给奖成绩、运动会情形。共五十三页。

桂东县第三届扩大行政会议登记册、议案编号及田赋征购联席会议提案

民国三十一年（1942）桂东县政府编。收录桂东县第三届扩大行政会议登记册，议案编号，田赋征购联席会议提案，有图表。共一百零三页。

民众输送伤兵队组织运送办法及伤兵出院处理规程

民国三十一年（1942）湖南省政府编。收录奉军委会颁发修正民众输送伤兵队组织运送办法，抄发修正伤兵出院处理规程。共四十二页。

实施公用度量衡等事项及推行度量衡实施办法

民国三十一年（1942）桂东县政府编。收录桂东县限本年六月底实施公用度量衡等事项，推行度量衡实施办法。共一百九十六页。

桂东县政府抄发母亲会简则及组织体育会办法

民国三十一年（1942）编。收录民国十三年至三十一年桂东县政府抄发母亲会简则，奉令各私立学校和个人团体农产地主一律征购。组织体育会办法，身份证领取办法。共四十一页。

本县失学民众补教育实施计划及识字暂行办法、各校增筹经费及增加班级学额，公教人员学生免役缓征实施办法

民国三十二年（1943）桂东县政府编。收录民国三十一年至三十二年桂东县失学民众补教育实施计划及识字暂行办法，各校增筹经费及增加班级学额。奉颁本县公教人员学生申请免役缓征实施办法。共三十八页。

鼎新乡殷实富户捐助县儿童保育院捐约

民国三十二年（1943）编。收录鼎新乡殷实富户捐助县儿童保育院捐约。共十九页。

县国民教育师资训练班讲义、纲要

民国三十二年（1943）桂东县教育局编。收录民国二十年至三十二年桂东县师训班讲义、各级组织纲要，第四次全县教育成绩展览会，第四次运动会规程一份，抄发全国小学语文竞赛办法。

桂东县教育概况、纸业社报告书

民国三十二年（1943）桂东县政府编。收录桂东县国民教育统计报告情况，民众教育馆工作报告，桃坪纸业社业务报告书，有图表。共四十一页。

桂东县农业生产的报告、计划、实施办法

民国三十二年（1943）桂东县政府编。收录桂东县种棉花的情况报告，民国三十二年植棉面积统计呈报，扩大春耕生产实施办法，农业推广所民国三十二年九月份工作报告书，有图表。共五十三页。

禁烟杂卷

民国三十二年（1943）桂东县政府编。收录奉令禁绝烟苗及尽法惩处、检举烟苗给奖规则、派专员前往地方勘察烟苗等事项。共五十二页。

桂东县政府工作报告及桂东县第十五—二十三次县政会议记录

民国三十三年（1944）桂东县政府编。收录桂东县政府工作报告，桂东县第十五至二十三次县政会议记录。共八十八页。

战时社会军训整备纲领及实施注意事项、军政部征用法律系毕业生规程

民国三十三年（1944）桂东县政府编。收录民国二十六年至三十三年桂东县战时社会军训整备纲领及实施注意事项、军政部征用法律系毕业生规程。共十九页。

关于消灭私存烟土的办法

民国三十三年（1944）桂东县政府编。收录桂东县禁烟标语、禁烟通告等事项。共五十一页。

桂东县第一次全县代表大会规程、法令讲解大纲

民国三十三年（1944）桂东县政府编。收录民国三十二年至三十三年桂东县参议人员名册，法令讲解大纲，开会事项，全县代表大会规程及大会秘书处组织规程、选举法大纲，有图表。共五十九页。

桂东县人民团体的训令、农会工作报告

民国三十三年（1944）桂东县政府编。收录桂东县规定人民团体应注意十项具体内容，调整各人民团体书，社会工作运动，农会概况表、农会章程。共七十三页。

日德国侨民登记处理卷、美籍妇人毕洛得至桂东传教事项

民国三十三年（1944）桂东县政府编。收录民国三十一年至三十三年敌产处理办法，处理委员会组织规程。美籍妇人毕洛得至桂东传教事项。共九十一页。

县警察局工作报告、特种壮丁训练调查

民国三十三年（1944）桂东县政府、警务处编。收录桂东县民国三十二年至三十三年警察局工作月报告，组织特种兵调查委员会电话查照党员公务员及乡绅子弟调查征集办法，征兵纲要，桂东县特种兵调查委员会委员名册，有图表。共四十页。

桂东县各乡及人民团体工作汇报、实施办法

民国三十四（1945）桂东县政府编。收录民国三十三年至三十四年桂东县各级人民团体书记工作汇报，制发工作实施办法及规则。共一百二十一页。

桂东县自卫总队奖励条例及具体实施办法

民国三十四（1945）桂东县政府编。收录民国三十三年至三十四年桂东县自卫总队奖励条例及具体实施办法。共十九页。

桂东县推行家庭教育、学校教育训令

民国三十四年（1945）桂东县政府编。收录桂东县奉转抄发推行家庭教育办法，奉转民国三十三年至三十四年度各级小学办理社教工作，抄发修正教员服务奖励规则。

桂东县伤兵、难民临时招待所

民国三十四年（1945）桂东县政府编。收录民国三十三年至三十四年桂东县伤兵、难民临时招待所等事项。共一百二十六页。

县政府教育暂行组织规程

民国三十五年（1946）桂东县政府编。收录民国三十一年至三十五年桂东县核发关于完成田赋征实手令，查收转发以广宣传，印发已拨公粮人员动态，严禁各校庇纵适龄壮丁顶替，抄发乡保教育产款整理委员会暂行组织规程、国民学校基金，令组织成立秋疫救治队及展开工作情形。

县自卫队命令、工作报告

民国三十五年（1946）县自卫队编。收录桂东县民国三十三年至三十五年自卫团规定传递情报及事项情报考绩月报情况，有图表。共三十三页。

桂东县党员大会记录及转分小组训练办法

民国三十五年（1946）桂东县执委会编。收录民国三十三年至三十五年桂东县党员大会记录，参加国民党党部集会办法，党员转入报告和移交总册。本县战时注意事项及转分小组训练办法。手写本，共三十五页。

桂东县执委会党务基层干部训练考核办法

民国三十五年（1946）桂东县执委会编。收录桂东县民国三十二年（1943）党务基层干部训练考核办法，民国三十五年十一月指定各区干部及调训学员名册。共十六页。

桂东民报社工作概况、计划及服务规划

民国三十五年（1946）民报社、县政府编。收录民国三十年至三十五年桂东县新闻社登记申请书，聘任经理、工作概况报表，工作计划和服务规划，有图表。共九十页。

县政府关于文教工作训令

民国三十五年（1946）桂东县政府编。收录民国二十七年至三十五年桂东县政府摘抄各级学校兼办社会教育办法，抄发各级学校兼办社会教育工作报告表，教育经费支给办法，乡保国民学校办理社教要点，有图表。

共七十二页。

桂东县乡保学校国民月会报告表、演讲词

民国三十五年（1946）桂东县政府编。收录民国三十二年至三十五年桂东县乡保学校国民月会报告表，国民月会演讲词，有图表。共一百一十四页。

桂东县筹组区分部组织办法

民国三十五年（1946）桂东县执委会编。收录民国二十九年至三十五年桂东县筹组区分部情形，党员分部经费暂行办法及人员履历，有图表。共七十四页。

桂东县信用合作社调查表、合作社业务计划和调查报告

民国三十五年（1946）桂东县政府编。收录桂东县各级合作社调查表、合作社业务计划和调查报告，有图表。共二十四页。

桂东县抄发抽调壮丁名册及免招缓征壮丁册

民国三十五年（1946）桂东县政府编。收录桂东县抄发抽调壮丁名册及免召缓征壮丁册，核发桂东县各乡壮丁巡逻队组织办法及保长召集各会商成立原由，有图表。共二十八页。

桂东县施政报告和工作计划

民国三十五年（1946）桂东县政府编。收录桂东县民国三十五年施政报告及工作计划。共三十二页。

桂东县县政概况大事记

民国三十五年（1946）桂东县政府编。桂东县政府重大事件记录，县志馆成立日期、情形及工作计划。共二百七十四页。

县执委会关于基层干部训练工作报告

民国三十五年（1946）桂东县执委会编。收录民国二十八年至三十五年桂东县为规定战时应变工作要项、奉颁知识青年党员从军办法六项，国防部史料局征集抗战史料故事。共一百八十一页。

县政府职员学术研究会章程、工作计划

民国三十五年（1946）桂东县政府编。收录民国三十四年至三十五年县政府职员学术研究会会议记录及讨论事项，本府职员学术研究会章程草案及工作计划。共二十九页。

军事科干部召集管理服役实施细则

民国三十五年（1946）桂东县政府编。收录民国三十三年至三十五年桂东县奉颁军事科干部召集管理服役实施细则，奉令规定备役干部征制办法四项，中心学校报案表填报，公布备役人员登记条例，有图表。共六十二页。

出征军人偿还合作社互助贷款办法及警视法大纲

民国三十五年（1946）桂东县政府编。收录民国三十年至三十五年桂东县颁发出征军人偿还合作社或者互助社贷款办法及补充办法，出征军人向合作社借款延期偿还办法，奉颁全国交通路线交通警察与海关人员联系服务办法。共十九页。

知识青年志愿从军资料汇集

民国三十六年（1947）桂东县政府编。收录民国三十三年至三十六年从军运动纲要及实施办法，青年从军到县送入营食宿费支出、就业就学、复业复学、失业失学、复员安置等报告，有图表。共一百八十页。

县政府关于粮食训令

民国三十六年（1947）桂东县政府编。收录桂东县抄发国家粮食受理办法、电转县国家粮派购行规办法、认真办理粮政、抄发民生公约宣导团工作纲要。

关于财政收支、经济状况、手工业调查统计资料

民国三十六（1947）桂东县政府编。收录民国三十六年至三十七年桂东县经济及陶业概况调查情况、造纸业经济状况调查情况。共四十六页。

桂东县教育、名胜古迹调查

民国三十六（1947）桂东县政府编。收录桂东县教育成绩、国民教育设施、名胜古迹古调查情况。共四十页。

桂东县成立县军人联谊社的报告

民国三十六年（1947）桂东县联谊分社筹备会编。收录桂东分社准予备案、组织简章、第二次社员大会会议记录。共八页。

桂东县特别小组会议规定

民国三十六年（1947）桂东县政府编。收录民国三十二年至三十六年桂东县严格规定各项特别小组会议参加人员并统一名称。十三页。

桂东县区国民党党部组织章程、第二届全县代表大会规程、总工会党团成立报告表

民国三十六年（1947）桂东县政府编。收录民国三十三年至三十六年桂东县区国民党党部组织章程、党政机构系统表，第二届全县代表大会规程、总工会党团成立报告表及日期，有图表。共三十五页。

县执委会、监察会组织条例

民国三十六年（1947）桂东县执委会编。收录民国三十五年至三十六年各县监察委员会行文注意事项，县执行委员会、县监察委员会组织条例。共六页。

桂东县战后团员登记办法、遗失证补发办法

民国三十六年（1947）桂东县分团部编。收录民国三十四年至三十六年桂东县战后团员登记办法、团员遗失团证补发办法，有图表。共七十二页。

县国民党党部社会服务处资料汇集

民国三十六年（1947）桂东县政府编。收录民国三十一年至三十六年各级党部社会服务处应一律以各级机关党部名称，本县社会服务处调查表及核查，社会服务处调查表，县社会服务处职员名册，社会工作通讯指导办法，订阅社会工作通讯月刊等事项，有图表。共七十九页。

桂东力行学术研究会章程

民国三十六年（1947）桂东力行学术研究会编。收录民国三十三年至三十六年桂东力行学术研究会会章及会员名册（工作、年龄、毕业学校）、工作计划等，有图表。共十八页。

征兵实施要则

民国三十六年（1947）桂东县政府编。收录桂东县此次征兵特有功绩人员姓名，摘抄民国三十六年度征兵实施要则，颁发民国三十五年度征兵手令，本县民国三十六年第一次征拨新兵欢送经过情形。

桂东县各乡运动会及各级学校学生毕业证书发放办法

民国三十六年（1947）桂东县政府编。收录民国三十五至三十六年桂东县各乡运动会及成绩展览会、学生演讲比赛，奉转中心学校国民学校办理社会教育，本县各保学生统一毕业证书发给办法。

桂东县行政区域志资料调查表

桂东县政府编。收录桂东县民国三十六年至三十七年行政区域志有关资料，调查表记载桂东县概况、自然地理、人口、交通、聚落、土地利用状况、农业、矿业、工业、商业、财政、社会、教育、历史文物、县志源流等。抄本，一册。

桂东县参议会工作报告

民国三十七年（1948）桂东县政府编。收录民国三十五年至三十七年桂东县参议会通知及开会日期，工作报告及交议案。共一百零四页。

县政府关于教育训令

民国三十七年（1948）桂东县政府编。收录民国三十三年至三十七年桂东县教育会议记录，转颁国民学校及中心校基金筹集委员会组织规程，本县收支处理办法。共三十八页。

国民兵组织受理训练服从规程疑义解释

民国三十七年（1948）桂东县政府编。收录桂东县奉颁甲乙级集训队编制表一份，本县国民兵地区编组以及干部统计表，解释国民兵组织受理训练服从规程疑义，规定禁烟查报表填表办法。

桂东县抗战胜利三周年纪念筹备会议记录

民国三十七年（1948）桂东县邮政局编。收录桂东县抗战胜利三周年纪念筹备会议记录。共二百六十四页。

县自卫干训中队军训讲义

民国三十七年（1948）李家珍等编写。收录桂东县自卫队军训及训练情况讲义。共三十八页。

桂东县参议会大会决议案、县政府各科室及自卫总队工作报告

一九四九年桂东县参议会编。收录桂东县参议会大会决议案、县政府各科室及自卫总队工作报告。共九十八页。

桂东县学术研究会组织规程、会议记录

一九四九年桂东县政府编。收录民国三十四年至一九四九年桂东县学术研究会组织规程及启用图记日期，第一次临时会议记录，有图表。共三十二页。

桂东县自卫队有关报告

一九四九年桂东县政府编。收录民国三十七年至一九四九年桂东县欠拨自卫兵一案，桂东县自卫队常备中队薪饷手续，桂东接兵情形。共二十五页。

桂东县议会报告书

桂东县政府编。收录桂东县议会报告等事项。共二百零二页。

桂东县议会第三至八次常会报告书

民国桂东县政府编。收录桂东县议会第三至八次常会报告等事项。共一百零二页。

桂东县参议会第一届第六次大会决议案

桂东县参议会编。收录桂东县参议会第一届第六次大会决议案。共一百五十页。

《桂东青年》

桂东县旅省学友会编。收录会刊词、祝词、会刊目录，主要内容有文学的时代性、物理学的概论。共二十三页。

抗战时期乡土教材

油印本。

（十二）安仁县档案馆

关于修建文庙、孔庙经费筹集办法及呈请省府文稿、批复

民国十八年（1929）省教育厅、安仁县政府编。收录有关修文庙、孔庙的布告、指令、捐款等内容。抄本，共二十三页。案卷号：第1号。

国民政府公务员惩戒法

民国二十年（1931）安仁县政府编。收录有关公务员惩戒条文。油印，共八页。案卷号：第 2 号。

禁续会碑文、会产及县志

民国二十八年（1939）县教育局编。收录禁续会碑文、会产等内容。抄本，共十五页。案卷号：第 11 号。

各乡镇新筹稻谷事务费及县政府指令

民国三十年（1941）县政府编。收录民国二十九年至三十年全县各乡镇新筹稻谷、事务费，高小生毕业生等内容。抄本，共七十六页。案卷号：第 14 号。

县政府关于抗战伤亡员兵亲属免派积谷令

民国三十年（1941）安仁县政府编。收录有关减免抗战伤亡兵将家属免税等内容。案卷号：第 57 号。

县政府关于插花飞地拟具范围及管理办法

民国三十年（1941）安仁县政府编。收录有关与周边县市插花飞地界定的范围及管理办法等内容。共九十页。案卷号：第 62 号。

县政府关于壮丁逃役管理办法

民国三十年（1941）安仁县政府编。收录全县壮丁逃役管理办法及当地特产、粮食种植调查情况。共五十六页。案卷号：第72号。

关于邮路、邮件通行等事项的训令

民国三十年（1941）安仁县邮政局编。收录有关邮路、邮件等邮政重要事项。油印本，共十七页。案卷号：第75号。

县政府关于严防汉奸通敌及破坏活动等令转遵照函

民国三十年（1941）安仁县政府编。收录全县作战地带有关安保工作。共二十一页。案卷号：第81号。

县乡指导员工作日记

民国三十年（1941）安仁县政府编。收录全县指导乡镇工作的人员下乡工作情况。共九十三页。案卷号：第84号。

安仁县人事任职及省府批复训令

民国三十年（1941）湖南省政府、安仁县政府编。收集全县人事任职及省府批复训令，县政府申报人事任职和公务员审查表及省府的批复训令等。油印本，共七十九页。案卷号：第112号。

县政府关于筹办乡镇中心学校和建筑县储粮分仓库、中心仓库办法及资金解决办法

民国三十年（1941）安仁县政府编。收录筹办乡镇中心学校和建筑县储粮分仓、中心仓办法等。共四十四页。

案卷号：第124号。

为呈报发生霍乱情形的工作报告

民国三十一年（1942）安仁县政府编。收录全县应对霍乱危情的工作情况。共七十页。案卷号：第152号。

关于中医学习培训教案

民国三十一年（1942）安仁县政府编。收录中医学习培训教案、学员录取培训、论中医学近代史、医学常识、防病测验试题等内容。共一百四十七页。案卷号：第171号。

全县治安管理办法

民国三十一年（1942）安仁县政府编。收录全县治安管理情况。共四十一页。案卷号：第182号。

县政府关于惩治违法贪污、隐匿兵役的训令

民国三十一年（1942）安仁县政府编。收集全县惩治违法乱纪的案件材料。共八十三页。案卷号：第200号。

安仁县调整区域规划管理概况

民国三十二年（1943）安仁县政府编。收集全县区域规划以及区地管理的概况、区地地形图、警训、抗日文电等内容。共七十四页。案卷号：第225号。

第九战区军粮筹集办法

民国三十二年（1943）安仁县政府编。收集第九战区集中军粮和组建军粮训令等文件。油印本，共五十五页。案卷号：第231号。

安仁县政府关于惩治贪污代电、公函

民国三十二年（1943）安仁县政府编。记录全县有关惩治贪污、纠正错捕、民众申冤、整理分仓积谷、征兵费用开支标准及征兵费开支情况。共六十九页。案卷号：第239号。

安仁县主要物产、名称及产地地名调查表

民国三十二年（1943）湖南省政府编。收录全县主要物产名称及产地地名调查表。共六页。案卷号：第267号。

关于衡安昆连之石岩垅罗汉寺划归安仁管辖的函

民国三十二年（1943）安仁县政府编。收集石岩垅罗汉寺划归安仁县管辖的文件。共十九页。案卷号：第294号。

国民政府公布修正农会法

民国三十二年（1943）安仁县政府编。收集全县农会法律条文。共三十页。案卷号：第305号。

传染病防治办法

民国三十二年（1943）安仁县政府编。收录县政府关于春季传染病疫苗急救、卫生人员调查、药品采购、冬季传染病预防法、发流行性脑膜炎防治单及治疗预防办法及药品采购等。共二十四页。案卷号：第 317 号。

民国三十年至三十三年气象简报

民国三十三（1944）安仁县政府编。收录民国三十年至三十三全县期间的气象资料。共八十页。案卷号：第 40 号。

关于加强推行地方自治原则

民国三十四年（1945）安仁县政府编。收集全县有关地方自治的文件。共二十页。案卷号：第 501 号。

安仁县寇灾损失调查情形

民国三十四年（1945）安仁县政府编。记载全县灾情调查及补损情况。共七十九页。案卷号：第 640 号。

全县第七次县政府会议宣言及各机关编制名额，与战后人事任免文件

民国三十五年（1946）安仁县政府编。收录民国三十四年至三十五年全县第七次县政府会议宣言及各机关编制名额，与战后人事任免派令、命令等。共七十一页。案卷号：第 685 号。

县政府关于屠宰税征收及保护牲畜的办法

民国三十五年（1946）安仁县政府编。收录全县征集牲畜屠宰税及保护牲畜的办法文件。油印本，共一百一十六页。案卷号：第 817 号。

儿童营养站工作情形

民国三十五年（1946）安仁县政府编。收集全县有关儿童成长营养补助及营养站建设文件、发放名册与呈报表册。油印本，共四十七页。案卷号：第 938 号。

县参议会的成立大会提案决议

安仁县参议会编。收录民国三十五年（1946）县参议会的成立、当选参议员及候选人名册及各乡参议员的选举等情形和会议提案决议等会议资料。共一百三十九页。案卷号：第 1406 号。

湖南省敬老尊贤办法及部分乡镇贤老名册

民国三十六年（1947）湖南省政府编。收录省有关敬老敬贤的办法及部分乡镇贤老名册。共五页。案卷号：第 1051 号。

关于修筑县乡道路的计划安排

民国三十六年（1947）湖南省政府编。收录省政府有关修筑全县道路计划安排，布局表及设计图纸。铅印本，共七十六页。案卷号：第 1056 号。

安仁县各乡农会概况

民国三十六年（1947）安仁县政府编。收录全县农会概况及农会名单。共七十七页。案卷号：第 1074 号。

安仁县兵役协会组织规程

民国三十六年（1947）安仁县政府编。收录全县有关兵役协会组织规章制度及协会职员名册。抄本，共四十四页。案卷号：第1116号。

公民史地知识常识测试试题

民国三十六年（1947）安仁县政府编。收录全县公民史地知识常识测试及分值。抄本，共三十三页。案卷号：第1390号。

后记

《郴州通典·文献总目》的编辑出版，是集体智慧的结晶。在搜集整理各类文献目录过程中，国家图书馆、湖南图书馆悉心指导并提供目录资料；郴州市档案局（馆）、中共郴州市委党史研究室、湘南学院、郴州市图书馆以及各县（市区）档案局（馆）、党史研究室、政协文史委（文史研究会）协力配合；广大文史爱好者热心支持。直接参与文献目录收集整理的人员有：石兴华、樊冬柏、张日生、吴绪斌、欧阳莹、郭乐斌、陈雅、侯依林、梁歆、吴紫丹、邓淑微、曹林悦、邓嘉惠、曹林利、吴志文、周笑。提供文献目录较多的人员有：池福民、李万忠、刘永红、欧资海、李宙南、李性亮、谢应龙、吴义雄、李经光、谭全刚、胡年兵、邓湘宜、李安牛、黄秀涛、李正志、吴泽军、李继慧、胡邑生、王生、朱冬云、宋意心、何小奴、范全才、陈建平、胡海波、郭名德、陈俊文、谭诗科、黄显文、张扬践、何文等同志。

值此出版之际，一并致谢！

《郴州通典》编辑部

二〇二〇年八月

书（篇）名笔画索引

四画

五画

六画

七画

八画

九画

十画

十一画

十二画

十三画

十四画

十五画

十六画

十七画

十八画

十九画

二十画

二十一画

二十五画

著者笔画索引

五画

六画

七画

八画

九画

十画

十一画

十二画

十三画

十四画

十五画

十六画

十七画